西北大学“双一流”建设项目
Sponsored by First-class Universities and Academic Programs of Northwest University
陕西省宏观经济研究院年度报告项目
陕西省宏观经济软科学研究基地项目
教育部人文社会科学重点研究基地——中国西部经济发展研究院建设项目
陕西省哲学社会科学重点研究基地——陕西省宏观经济与增长质量协同创新中心建设项目
陕西省“高层次人才特殊支持计划”项目
陕西省“三秦学者”创新团队建设项目

REPORT ON
MACROECONOMIC DEVELOPMENT
IN SHAANXI (2021)

APPROACH TO REALIZING SHAANXI'S MODERNIZATION

陕西宏观经济发展报告

陕西基本实现现代化的路径

2021

任保平　吴振磊　李林阳◎等著

中国经济出版社
CHINA ECONOMIC PUBLISHING HOUSE
北京

图书在版编目（CIP）数据

陕西宏观经济发展报告．2021：陕西基本实现现代化的路径／任保平等著．--北京：中国经济出版社，2021.9

ISBN 978-7-5136-6661-9

Ⅰ.①陕… Ⅱ.①任… Ⅲ.①区域经济-宏观经济分析-研究报告-陕西-2021 Ⅳ.①F127.41

中国版本图书馆 CIP 数据核字（2021）第 197810 号

责任编辑　贺　静
责任印制　巢新强
封面设计　华子设计

出版发行　中国经济出版社
印 刷 者　北京九州迅驰传媒文化有限公司
经 销 者　各地新华书店
开　　本　710mm×1000mm　1/16
印　　张　21.5
字　　数　308 千字
版　　次　2021 年 9 月第 1 版
印　　次　2021 年 9 月第 1 次
定　　价　89.00 元
广告经营许可证　京西工商广字第 8179 号

中国经济出版社 **网址** www.economyph.com **社址** 北京市东城区安定门外大街 58 号 **邮编** 100011
本版图书如存在印装质量问题，请与本社销售中心联系调换（联系电话：010-57512564）

编委会

学术顾问：

王忠民　陕西省宏观经济研究院院长

编委会主任：

张晓光　陕西省发展和改革委员会党委书记、主任

郭立宏　西北大学校长、教授、博士生导师

刘迎军　陕西省发展和改革委员会副主任

编　　委：

朱　刚　陕西省发展和改革委员会综合处处长

徐田江　陕西省发展和改革委员会规划处处长

任保平　西安财经大学副校长

陕西省宏观经济研究院执行院长

教育部人文社会科学重点研究基地——中国西部经济发展研究院院长

吴振磊　西北大学副校长、经济管理学院院长

陕西省宏观经济研究院常务副院长

马朝琦　西北大学社会科学科研管理处处长

汪　涛　西北大学发展规划与学科建设处处长

李丰庆　西北大学社会科学科研管理处副处长

李林阳　陕西省宏观经济研究院副院长

序　言

全面开启陕西现代化的新征程

“十四五”时期是我国全面建成小康社会、实现第一个百年奋斗目标之后，开启全面建设社会主义现代化国家新征程的第一个五年，2021 年是陕西现代化的开局之年。省委十三届八次全会审议通过的中共陕西省委《关于制定国民经济和社会发展第十四个五年规划和二〇三五年远景目标的建议》提出，要深入贯彻习近平总书记来陕考察重要讲话和十九届五中全会精神，贯通落实“五项要求”“五个扎实”，坚持新发展理念，奋力开启陕西全面建设社会主义现代化新征程。奋力开启陕西全面建设社会主义现代化新征程，必须要深刻认识进入新发展阶段、贯彻新发展理念、构建新发展格局的新形势新任务。

一、全面开启陕西基本实现现代化新征程的发展基础

“十三五”以来，在以习近平同志为核心的党中央坚强领导下，全省上下以习近平总书记来陕考察重要讲话作为新时代陕西各项工作的总纲，积极应对复杂多变的国际国内形势，统筹推进疫情防控和经济社会发展，决胜全面建成小康社会取得决定性成就，为全面开启陕西基本实现现代化新征程奠定了坚实的发展基础。

一是全面开启陕西基本实现现代化的经济基础不断夯实。陕西深入实施创新驱动发展战略，全力深化创新型省份建设，有力推动科技与经济紧密结合、创新成果与产业发展紧密对接，创新驱动高质量发展的作用逐步显现。“十三五”末，陕西的综合实力显著提升，生产总值年均增长6.3%，突破2.6万亿元，人均突破1万美元。陕西以秦创原创新驱动平台为总平台，建设“两链”融合促进器。促进高新区发展成为“两链”融合主阵地，打造以硬科技为特色的世界一流高科技园区，形成创新产业集群，包括以电子信息、新能源汽车、生物医药为主导产业，光子为特色产业的产业布局。陕西创新型省份的建设成果丰硕，大飞机“起飞”、“嫦娥”探月、珠峰“测高”体现了陕西的科技担当。现代基础设施体系更加健全，铁路营业里程、高速公路通车里程分别突破6000公里和6100公里，县县通高速如期实现。

二是全面开启陕西基本实现现代化的社会基础不断夯实。陕西全面开启脱贫攻坚战取得胜利，288万农村贫困人口实现脱贫，56个贫困县全部摘帽，基本消除绝对贫困和区域性整体贫困。人民生活水平显著提高，城乡居民收入年均分别增长8.1%和9.1%，就业规模和质量不断提升，各类教育普及程度明显提高，公立医院改革走在全国前列，多层次社会保障制度实现全覆盖，新冠肺炎疫情防控取得重大战略成果，平安陕西建设扎实推进，社会保持和谐稳定。民主政治建设有序推进，积极营造良好的民主法治环境，加强地方立法工作，加强对权力运行的制约和监督，全民法律意识不断增强，法治陕西建设有了新提高。

三是全面开启陕西基本实现现代化的生态基础不断夯实。一是生态环境质量明显改善。秦岭生态环境质量显著好转，秦岭优良等级面积超过96%，植被覆盖率持续上升，东北部部分地区改善幅度达30%以上；土壤湿度逐年增加，秦岭中部和南部部分地区增幅达

50%；森林资源数量持续增长，森林面积达1.33亿亩，森林覆盖率达43.06%。黄河流域生态保护持续推进，退耕还林成果全国领先，累计退耕还林还草4309.7万亩，占全国的9%，居全国第一；水土流失治理成效显著，累计治理水土流失面积803.99万公顷，水土流失治理速度居于全国前列；土地沙化治理成效显著，沙化面积缩减10万公顷，使得陕西绿色版图向北推进400公里。二是环境治理成效卓著。全省空气质量逐步提升，"十三五"期间，空气质量综合指数改善19.8%；主要河流水质持续改善，河流优良水质优于国考指标20个百分点，入黄泥沙明显减少；主要污染物排放量不断削减，全省化学需氧量、氨氮、二氧化硫、氮氧化物排放量分别下降11.43%、10.47%、19.41%、14.32%。

四是全面开启陕西基本实现现代化的改革开放基础不断夯实。"放管服"等重点领域改革深入推进，相对集中行政许可权改革成效明显，营商环境不断优化，实有市场主体数量居全国第12位；国企净资产和利润总额年均分别增长12.8%、23.3%。供给侧结构性改革持续深化，高技术产业、战略性新兴产业年均分别增长16.4%和10.2%。对外开放迈出新步伐。自贸试验区21项典型经验在全国复制推广，综合保税区数量居全国第6位，西安咸阳国际机场航线通达全球37个国家和地区，客货吞吐量分别居全国第8、第10位。对外贸易年均增长14.8%，实际利用外资和引进内资年均分别增长12.8%、13.9%，融入共建"一带一路"大格局不断走深走实。

在看到成绩的同时，也应看到欠发达仍然是陕西的基本省情，发展不平衡不充分的问题仍较为突出。一是经济韧性亟待增强，"十三五"期间，全省经济增速和财政收入出现回落趋势，全社会固定资产投资增速波动明显，外商实际投资增长率呈现下滑趋势，社会消费品零售总额对地区生产总值的贡献度持续降低；二是创新驱动潜能释放不足，特别是全省产业结构、能源结构与碳达峰、碳中和工作要求还不相适应，战略性新兴产业增加值与R&D经费投入强度有待进一步提升；三是开放不足制约发展，陕西进出口总额占比增速动力不足，年增长率持续下滑，陕西自由贸易试验区的贸易贡献潜力有待进一步发掘；四是区域发展协同性仍需增强，关中地区产业结构具有显著优势，但对陕北、陕南地区的协同带动能力较弱，关中地区辐射优势和腹地优势尚未激发，区域关联性仍需进一步增强；五是民生改善任务依然繁重，居民人均可支配收入属于较低水平，内需支撑力仍需加强，公共服务、公共安全和民生领域发展有待提振。

二、奋力开启陕西全面建设社会主义现代化新征程

习近平总书记在庆祝中国共产党成立100周年大会上的重要讲话中指出："我们坚持和发展中国特色社会主义，推动物质文明、政治文明、精神文明、社会文明、生态文明协调发展，创造了中国式现代化新道路，创造了人类文明新形态"。综观百年未有之大变局和陕西发展态势，把握历史方位和区域定位，陕西已经站在一个新的起点上。未来五年，是陕西推进结构调整、动能转换、经济转型的攻坚期，也是陕西率先全面建成小康社会、率先迈上基本实现社会主义现代化新征程的关键期。奋力开启陕西全面建设社会主义现代化新征程，就是要推动高质量发展，就是要创造高品质生活，就是要实现高效能治理。

一是抢抓"追赶超越"的新机遇。第一，把握新技术革命的发展趋势，牢牢抓住新时代推进西部大开发形成新格局的重大机遇，重构陕西经济发展格局。推进新基建，强化发展"数字动力"，以秦创原创新驱动平台建设为依托，加快推动5G网络、数据中心、互联网、物联网等新型基础设施建设；着力构建具有陕西特色的现代产

业体系，打造新的经济增长点，做优高端能源化工产业，做强先进制造业，壮大高技术产业和战略性新兴产业，推进“3+X”特色农业发展。第二，充分用好黄河流域生态保护与高质量发展、新一轮西部大开发等国家战略带来的重大战略机遇，持续加强生态保护，加强培育特色优势产业，扎实提升文化的传承与创新，充分激活陕西新时期发展的新活力。第三，主动融入“一带一路”建设，立足双循环的新格局，依托内陆改革开放高地的区位、产业及政策优势，不断提升开放水平，解决开放不足的问题。

二是全面推动高质量发展。高质量发展是基本实现现代化的内在要求和贯穿主线，而陕西实现高质量发展的关键在于创新型经济发展，要努力实现经济量的合理增长和质的稳步提升，最大限度地挖掘创新潜力，在集中力量搞创新、搭建好创新平台、培育创新型企业方面下功夫。第一，理念创新引领发展全局。敢于解放思想，摆脱依靠要素投入推动经济增长的路径依赖，时时处处事事与新发展理念对标；向发达省份学习借鉴先进的发展理念和创新模式，培育新动能，形成以创新为主要引领和支撑的发展动力结构。第二，改革创新聚焦发展重点。聚力改革措施，在增强微观主体活力、有效对接微观主体需求、全面优化营商环境等改革上实现新突破；提升创新发展能力，建设高能级科技创新平台，集聚创新型人才及团队，着力突破一批共性关键核心技术和“卡脖子”技术，实现产业高端化发展。第三，开放创新促进互惠共享。依托“一带一路”建设，积极拓展同国际国内科技界、产业界和政府间的创新能力交流合作，打破制约创新要素流动的壁垒；加强供应链、产业链、创新链薄弱环节的人才培养和引进，重点引进急需的特殊专业和领军人才，优化区域生产力布局，增强要素集聚配套。

三是创造高品质生活。党的十九届五中全会旗帜鲜明地把促进全体人民共同富裕摆在更加重要的位置，蕴含着中国共产党“为人民谋幸福，为民族谋复兴”的初心，为我们更好践行党的根本宗旨、提高保障和改善民生水平提出了新的要求。共同富裕是社会主义的本质要求，是人民群众的共同期盼。我们推动经济社会发展，归根结底是要实现全体人民共同富裕，创造高品质生活。当前，陕西发展不平衡不充分问题仍然突出，城乡区域发展和收入分配差距较大，促进全体人民共同富裕是一项长期任务。在陕西全面建设社会主义现代化新征程中，要始终将提升人民生活水平、促进人民全面发展、实现人民共同富裕作为推动经济社会发展的出发点和落脚点，以共同富裕为目标创造高品质生活。

四是扎实推进高效能治理。在全面建设社会主义现代化新征程中，经济建设目标已由提升增速转向高质量发展，而高效能治理着眼于治理体系和治理能力现代化，通过提高治理效能和治理质量，保障并支撑高质量发展。如果没有高效能治理，经济、政治、社会风险就难以避免，会使国家陷入经济危机、政治危机或社会危机。陕西正处于转型发展、创新发展、跨越式发展的关键时期，面临城乡关系重构、产业结构深度调整、区域布局优化等经济社会深层次挑战。要坚持科学治理与高质量发展相结合，深入全面地理解和践行新发展理念，要进一步完善制度、明晰责任、狠抓落实，实现治理体系和治理能力现代化。通过优化治理体系、提升治理能力，解决制约高质量发展的深层次问题。迈步新征程，必须固根基、扬优势，补短板、强弱项，在改革创新中推进省域治理，为陕西高质量发展走在前列提供坚实保障。

“陕西宏观经济发展报告”系列丛书在任保平院长的精心组织和倾心付出下已经连续出版了5部，在省内外取得了良好的反响，成为西北大学服务陕西区域经济发展的标志性成果。今年《陕西宏观经济发展报告（2021）：陕西基本实现现代化的路径》的主题是“陕西省基本实现现代化的路径”，阐明了陕西基本实现现代化的形势与趋势展望，阐释了陕西基本实现现代化的路径与对策，构建了推进陕西基本实现现代化的支持体系，为政府、企业和社会提供了有价值的参考依据。值此报告公开出版发行之际，特为此作序。

西北大学校长、教授、博士生导师

郭立宏

2021 年 8 月 10 日

目　录

1　陕西基本实现现代化的形势与趋势展望

党的十九届五中全会提出了“十四五”规划和2035年远景目标，其中“十四五”规划指出，我国要加快发展现代产业体系，推动经济体系优化升级。2035年远景目标指出我国将开启全面建设社会主义现代化国家新征程。陕西地域辽阔，具有自然资源丰沛、矿能及动能资源丰富的显著优势，同时，我国实行西部大开发战略，以及建设“一带一路”倡议，为陕西经济社会发展带来了重大机遇和后发优势。但是陕西处于我国西部内陆地区，现阶段经济发展能力、社会进程水平较东部沿海地区仍有差距，因此，研究陕西基本实现现代化的重大理论和实践问题具有重要意义。基于此，本章首先构建陕西基本实现现代化的标准体系，测度并评价2015—2019年陕西现代化建设的基本态势。其次，将陕西与具有代表性的省区进行现状对比以及区域比较，进一步分析陕西现代化建设的特征及现状。再次，归纳陕西在现代化实现中存在的制约因素及矛盾，并探索相应的优化路径及政策建议。最后，为保证2035年陕西顺利且平稳地实现基本现代化的目标，使用趋势外推法对2020—2035年各年度陕西现代化指标进行平均趋势预测。

1.1　陕西基本实现现代化的标准体系

基于“十四五”时期远景目标，中国社会主义现代化建设不仅表现在数量的拓展与延伸方面，而且反映在质量的转变方面，如经济结构的优化、产业结构的转型以及生态质量的提高，这是由我国进入经济新时代，新阶段的发展特征决定的，更突出地体现为人民的全面化、现代化发展，这是由社会主义制度的优越性决定的，是将以人为本作为社会主义建设的出发点和落脚点。具体来说，现代化建设应充分涵盖经济发展现代化、社会进程现代化、城乡区域现代化、生态文明现代化、政治文明现代化等方面。

其中，经济发展现代化，要求形成新型工业化、信息化、城镇化、农业现代化体系，并形成对外开放新格局，人均生产总值达到中等发达国家水平；社会进程现代化是指形成现代化的公共基础设施、现代化的公共服务及社会保障体系均等化，并包含人的全面发展中的教育、健康、文化达到现代化水平；城乡区域现代化旨在协调区域矛盾，关注城乡一体化，缩小城乡居民收入差距，以及提升城市、县镇的公共设施供给能力；生态文明现代化，强调广泛形成绿色生产、低碳生活的现代化方式，关注人民生存的环境及代际发展，坚持可持续发展，致力于环境治理与生态保护的现代化水平；政治文明现代化，强调我国形成现代化的法治社会、具有现代化治理能力的政府。

基于此，我国现代化建设的具体内容应充分涵盖以上五个方面，对于我国地区现代化建设的评判体系，洪银兴教授及其课题组（2014）① 提出了苏南地区现代化建设指标体系。该体系的形成具有理论内涵和重要的实践参考价值，且该指标体系涵盖了我国现代化发展建设及进程中需要关注的重点领域和重要方面，整体具备系统性和全面性特征。鉴于此，我们依然延续苏南地区现代化建设指标体系，从经济现代化、城乡现代化、社会现代化、生态文明、政治文明五个基本维度，基于数据的可得性和指标口径的一致性，构建了涵盖 29 个方面指标 44 个基础指标的陕西现代化建设的指标体系，鉴于陕西经济社会发展的具体特征和问题，对具体基础指标进行调整，并加入了信息化以及对外开放指标，以分别反映经济发展的信息化能力，以及陕西对外开放的发展现状，具体的指标体系构建及基础指标选择如表 1－1 所示。

① 洪银兴，等．区域现代化理论与实践研究［M］．南京：江苏人民出版社，2014：80－83.

表 1－1　陕西现代化建设指标体系（试行）

<table>
<tr><th>基本维度</th><th>序号</th><th colspan="2">基础指标</th><th>单位</th><th>指标属性</th></tr>
<tr><td rowspan="11">经济现代化</td><td>1</td><td colspan="2">人均地区生产总值</td><td>元</td><td>正指标</td></tr>
<tr><td>2</td><td colspan="2">服务业增加值占地区生产总值比重/%</td><td></td><td>正指标</td></tr>
<tr><td rowspan="2">3</td><td rowspan="2">现代农业发展水平</td><td>农业劳动生产率</td><td>—</td><td>正指标</td></tr>
<tr><td>农业机械总动力</td><td>万千瓦</td><td>正指标</td></tr>
<tr><td>4</td><td colspan="2">全要素生产率</td><td>—</td><td>正指标</td></tr>
<tr><td>5</td><td colspan="2">规模以上工业企业 R&D 经费支出占地区生产总值比重/%</td><td></td><td>正指标</td></tr>
<tr><td>6</td><td colspan="2">技术市场成交额占地区生产总值比重/%</td><td></td><td>正指标</td></tr>
<tr><td>7</td><td>信息化水平</td><td>电子商务销售额占比/%</td><td></td><td>正指标</td></tr>
<tr><td>8</td><td colspan="2">每万人有效发展专利数</td><td>项</td><td>正指标</td></tr>
<tr><td>9</td><td colspan="2">外商投资企业货物进出口总额占地区生产总值比重/%</td><td></td><td>正指标</td></tr>
<tr><td>10</td><td colspan="2">规模以上文化制造业营业收入占地区生产总值比重/%</td><td></td><td>正指标</td></tr>
<tr><td rowspan="7">城乡现代化</td><td>11</td><td colspan="2">城镇化率/%</td><td></td><td>正指标</td></tr>
<tr><td rowspan="2">12</td><td rowspan="2">公共交通和服务水平</td><td>人均城市道路面积</td><td>平方米</td><td>正指标</td></tr>
<tr><td>公共交通和轨道交通客运量</td><td>亿人次</td><td>正指标</td></tr>
<tr><td rowspan="3">13</td><td rowspan="3">居民收入水平</td><td>城镇居民人均可支配收入</td><td>元</td><td>正指标</td></tr>
<tr><td>农村居民人均可支配收入</td><td>元</td><td>正指标</td></tr>
<tr><td>泰尔指数</td><td>—</td><td>逆指标</td></tr>
<tr><td>14</td><td colspan="2">县城燃气普及率/%</td><td></td><td>正指标</td></tr>
<tr><td rowspan="8">社会现代化</td><td>15</td><td>居民健康水平</td><td>每千人拥有执业助理医师数</td><td>人</td><td>正指标</td></tr>
<tr><td>16</td><td colspan="2">互联网普及率/%</td><td></td><td>正指标</td></tr>
<tr><td rowspan="5">17</td><td rowspan="5">基本社会保障</td><td>城乡基本养老保险覆盖率/%</td><td></td><td>正指标</td></tr>
<tr><td>城乡基本医疗保险覆盖率/%</td><td></td><td>正指标</td></tr>
<tr><td>失业保险覆盖率/%</td><td></td><td>正指标</td></tr>
<tr><td>社会保障和就业支出占财政支出比重/%</td><td></td><td>正指标</td></tr>
<tr><td>每千名老人拥有养老床位数</td><td>张</td><td>正指标</td></tr>
<tr><td>18</td><td>现代教育水平</td><td>地区人口平均受教育年限</td><td>年</td><td>正指标</td></tr>
</table>

续表

基本维度	序号	基础指标		单位	指标属性
社会现代化	19	人力资源水平	规模以上工业企业 R&D 人员全时当量	人年	正指标
			每十万人中高等教育平均在校生	人	正指标
	20	每万人社会组织数		个	正指标
	21	每万人拥有图书馆建筑面积		平方米	正指标
生态文明	22	单位地区生产总值电耗		千瓦时/元	逆指标
	23	主要污染物排放量	化学需氧量	万吨	逆指标
			二氧化硫	万吨	逆指标
			氨氮	万吨	逆指标
			氮氧化物	万吨	逆指标
	24	城市空气质量达到二级标准的天数比例		天	正指标
	25	人均水资源量		立方米/人	正指标
	26	环境治理	水土流失治理面积	千公里	正指标
			城市污水日处理能力	万立方米	正指标
	27	绿化水平	森林覆盖率/%		正指标
			建成区绿化覆盖率/%		正指标
政治文明	28	党风廉政建设水平	“党风廉政”词频日均搜索量	次数	正指标
	29	法治和平安建设水平	“法治建设”词频日均搜索量	次数	正指标
			公共安全财政支出占财政支出比重/%		正指标

在经济现代化建设分项维度中，选择了人均地区生产总值、服务业增加值占比、农业劳动生产率、农业机械总动力、全要素生产率，共同反映陕西的基本经济规模、经济结构和经济效率的现代化水平，且关注了经济发展方式转型，并纳入规模以上工业企业 R&D 经费支出占比、技术市场成交额占比、每万人有效发展专利数，来反映地区创新实力和研发能力，使用电子商务销售额占比体现陕西经济发展的信息化水平，选择外商投资企业货物进出口总额占比和规模以上文化制造业营业收入占比分别衡量陕

西对外开放程度和文化产业发展能力。因此，从以上 10 个方面 11 个基础指标综合衡量我国陕西经济现代化的建设能力及发展现状。

在城乡现代化建设分项维度中，选择城镇化率、公共交通和服务水平、县城燃气普及率反映城乡公共基础设施的分担量和服务能力，其中，使用人均城市道路面积以及公共交通和轨道交通客运量共同反映公共交通及其服务水平。选择城镇居民人均可支配收入、农村居民人均可支配收入以及泰尔指数综合反映城乡居民收入水平和收入差距，其中，泰尔指数重点衡量地区间收入差距的不平等，且指标属性为逆指标。因此，从以上 4 个方面 7 个基础指标综合衡量和评估我国陕西城乡现代化的建设能力及发展现状。

在社会现代化建设分项维度中，分别选择城乡基本养老保险覆盖率、城乡基本医疗保险覆盖率、失业保险覆盖率、社会保障和就业支出占财政支出比重、每千名老人拥有养老床位数，来综合衡量基本社会保障程度，选择规模以上工业企业 R&D 人员全时当量、每十万人中高等教育平均在校生数反映人力资源综合能力，使用地区人口平均受教育年限反映社会现代教育水平，选择每千人拥有执业助理医师数指标来体现居民健康水平，以上 4 个方面综合反映社会现代化进程中人的全面发展能力，而选择互联网普及率、每万人社会组织数、每万人拥有图书馆建筑面积分别体现社会现代化发展中信息公共设施、社会组织、文体公共设施的人均拥有量。因此，从以上 7 个方面 12 个基础指标综合衡量和评估我国陕西社会现代化的建设能力及发展现状。

在生态文明建设分项维度中，使用单位地区生产总值电耗反映地区的能源消耗，使用化学需氧量、二氧化硫、氨氮、氮氧化物等主要污染物的排放量反映地区污染物的排放，选择城市空气质量达到二级标准的天数比例指标和人均水资源量指标来分别反映生态环境的综合质量和资源储备水平，选择水土流失治理面积、城市污水日处理能力表示地区的环境污染治理能力和治理效果，使用森林覆盖率和建成区绿化覆盖率来共同体现地区的绿化水平。因此，从以上 6 个方面 11 个基础指标综合衡量和评估我国陕西生态文明的建设能力及发展现状。

在政治文明建设分项维度中，为测度地区党风廉政建设水平以及法治和平安建设水平，并基于数据的可获得性，分别采用“党风廉政”一词在百度指数中的词频日均搜索量反映地区党风廉政建设水平，使用“法治建设”一词百度指数中的词频日均搜索量反映地区法治建设能力，使用公共安全财政支出占财政支出比重反映地区公共平安建设效能。因此，从以上 2 个方面 3 个基础指标综合衡量和评估我国陕西政治文明的建设能力及发展现状。

1.2 对陕西现代化程度的评价

基于陕西现代化建设的指标体系，进一步对涉及的指标数据进行计算，进而对全部基础指标进行去量纲、标准化处理。

1.2.1 指标计算与方法选择

具体涉及的计算公式及处理方法如下：

（1）部分指标计算方法

①全要素生产率——DEA 法

选择使用潜在产出法中比较常用的 Dea – Malmquist 指数法对陕西各地区 2019 年全要素生产率进行估算，以 2011 年为基期，将计算得到的真实 GDP 作为产出指标，以资本和劳动作为投入指标，具体使用资本存量和就业人数为基础指标，使用 DEAP 软件进行编程，由此求得地区的全要素生产率增长率。

②农业劳动生产率

农业劳动生产率 = 第一产业增加值 / 第一产业从业人数 ×100%

③泰尔指数

本章涉及泰尔指数的计算公式为：

$$dis_t = \sum_{i=1}^{2} \left(\frac{p_{it}}{p_t}\right) \ln\left(\frac{p_{it}}{p_t} \Big/ \frac{z_{it}}{z_t}\right)$$

其中，dis_t 代表 t 时期的泰尔指数，$i=1$，2 分别表示城镇和农村地区，z_{it} 表示 t 时期城镇或农村的人口数量，z_t 表示 t 时期的总人口，p_{it} 表示城镇和农村的总收入（用相应的人口和人均收入之积表示），p_t 表示 t 时期的总收入。

（2）正向、逆向、适度指标的去量纲化处理方法

正向指标：

$$\frac{x_{ij} - \min\limits_{1\leqslant i\leqslant n} x_{ij}}{\max\limits_{1\leqslant i\leqslant n} x_{ij} - \min\limits_{1\leqslant i\leqslant n} x_{ij}}$$

逆向指标：

$$\frac{\max\limits_{1\leqslant i\leqslant n} x_{ij} - x_{ij}}{\max\limits_{1\leqslant i\leqslant n} x_{ij} - \min\limits_{1\leqslant i\leqslant n} x_{ij}}$$

（3）方法选择

本章采取主成分分析为测算方法，以协方差矩阵为输入，抽取最大贡献度，从原始数据集中选择最佳变量集，以提取多元指标的综合信息，最大限度地保留数据的有用信息。主成分分析方法可供剔选评级指标，对多元指标的降维处理、综合处理和信息筛选具有显著的优越性。因此，选择主成分分析方法进行测算。

1.2.2 测算结果与综合评价

（1）各分项维度指数及综合评价

基于上述指标计算及方法选择，计算2015—2019年陕西现代化建设各分项维度指数及现代化综合指数值，计算得到的地区具体分项维度指数值及其排名结果如表1－2所示。

表1－2　2015—2019年陕西现代化建设各分项维度指数及排名

年份	经济现代化指数	排名	城乡现代化指数	排名	社会现代化指数	排名	生态文明指数	排名	政治文明指数	排名
2015	0.100	5	0	5	0.084	5	－0.138	5	0.185	5
2016	0.200	4	0.182	4	0.26	4	0.424	4	0.258	4

续表

年份	经济现代化指数	排名	城乡现代化指数	排名	社会现代化指数	排名	生态文明指数	排名	政治文明指数	排名
2017	0.313	3	0.463	3	0.394	3	0.541	3	0.602	3
2018	0.611	2	0.742	2	0.444	2	0.923	2	1	1
2019	0.957	1	1	1	0.997	1	1.246	1	0.852	2

从表1－2中可以直观地看到陕西在现代化建设各分项维度的指数值及排名。具体来看，在经济现代化发展维度中，2015—2019年陕西经济现代化呈持续提高的基本态势，2015年陕西经济现代化指数为0.100，2019年为0.957，2019年是2015年的9.57倍，说明陕西2019年的经济现代化建设取得了较为突出的进展。

在城乡现代化发展维度中，2015—2019年陕西城乡现代化呈现出持续增长的基本态势，2015年陕西城乡现代化指数为0，2019年为1，这意味着在选取的城乡现代化评价指标中，所有指标在2015年均处于最低，在2019年处于近年来最高，说明陕西2015年城乡现代化建设较为薄弱，在2015—2019年四年的时间里，各项指标均实现了显著的增长。

在社会现代化发展维度中，2015—2019年陕西社会现代化呈现出持续增长的基本态势，2015年陕西社会现代化指数为0.084，2019年为0.997，2019年较2015年提高了10.87倍，说明近年来陕西社会现代化建设水平也有所提高。

在生态文明分项维度中，2015—2019年陕西生态文明指数呈现出持续提高的基本态势，2015年陕西生态文明指数为－0.138，2019年为1.246，2019年较2015年提高了10.03倍，可以看出，2015年陕西生态文明发展处于落后态势，主要表现在污染物的排放量较大、水土流失治理的关注度不高等方面，而2019年陕西生态文明指数的进步依赖于对主要污染物的排放采取了有效的约束，在水土流失、城市污水治理能力等污染防治及治理能力等方面也取得了较好的进展。

在政治文明分项维度中，2015—2019年陕西政治文明指数呈现出增长的基本态势，2015 年陕西政治文明指数为 0. 185，在近年来排名第五，2018 年陕西政治文明指数达到近年来峰值，2019 年陕西政治文明指数为 0. 852，排名第二，较 2018 年政治文明指数有所回落，陕西政治文明指数 2019 年较 2015 年提高了 3. 61 倍，说明陕西近年来政治文明建设水平有所提高，但是未来仍需进一步加快政治文明建设的步伐。

陕西现代化建设五大分项维度指数折线图和柱状图分别如图 1 －1 和图 1 －2所示。

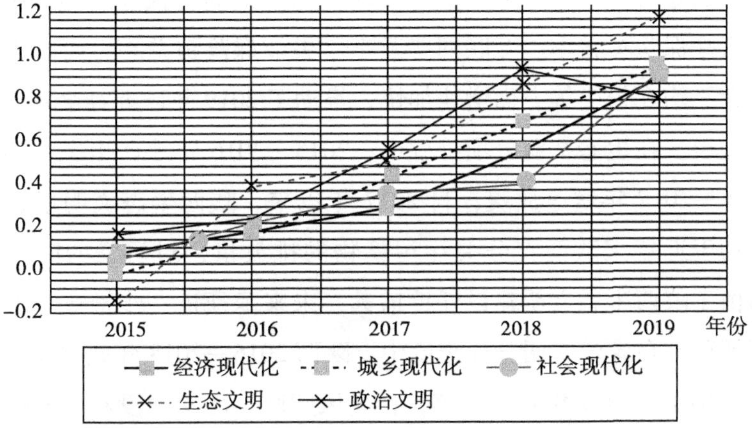

图 1 －1　2015—2019 年陕西现代化建设五大分项维度指数折线图

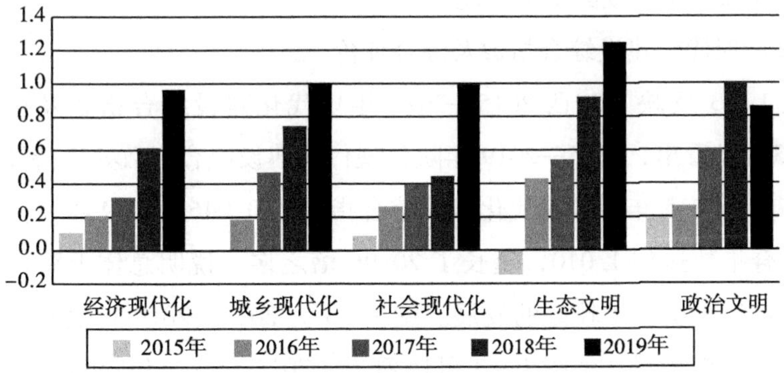

图 1 －2　2015—2019 年陕西现代化建设五大分项维度指数柱状图

具体来看，在经济现代化分项维度中，2015—2017 年陕西经济现代化增速较为缓慢，2017—2019 年陕西经济现代化指数呈快速增长趋势，重点表现为近年来陕西的全要素增长率、每万人有效发展专利数以及技术市场成交额占比增速较快，带动了地区经济现代化的发展，这意味着2017年以后陕西更为重视产业结构的调整以及经济效率的优化。在城乡现代化分项维度中，陕西城乡现代化建设在2016年以后呈现出较快的发展趋势，重点表现在人均城市道路面积、居民的可支配收入水平提高等方面，加快了陕西城乡现代化进展，城乡差距缩小。在社会现代化分项维度中，陕西2015—2018年社会现代化进展较为缓慢，而自2018年以后，社会现代化发展呈现出显著提升的态势，重点表现在每千人拥有执业助理医师数、城乡基本医疗保险覆盖率、互联网普及率、失业保险覆盖率、每十万人口中高等教育平均在校生等方面增速加快，推动了2019年陕西社会现代化建设的倍速发展。在生态文明分项维度中，2015—2016年陕西生态文明增速最快，2016—2017年增速放缓，自2017年以来，陕西生态文明增速有所提高，归功于近年来陕西充分关注污染物的排放量，对污染的防治力度加大，但由于陕西生态文明建设任重道远，未来亟须进一步推进生态文明建设的新征程。在政治文明分项维度中，陕西2016—2018年政治文明建设进程加快，2018—2019年有所回落，在党风廉政、法治建设和公共安全方面的重视力度均有所下降，未来陕西需要充分关注政治文明建设，以进一步推动地区现代化建设的基本实现。

（2）现代化建设综合指数及综合评价

表1－3反映了陕西2015—2019年现代化建设综合指数及排名。由表1－3可以看出，2015—2019年陕西现代化建设综合指数处于持续增长的基本态势，2015年陕西现代化建设综合指数为0.046，2019年陕西现代化建设综合指数达到1.010，增长了20.96倍之多，说明总体上陕西现代化建设在近年来实现了较好的发展。图1－3为2015—2019年陕西现代化建设综合指数折线图。由图1－3可以看出，2017—2018年陕西现代化建设综合指数增速最快，2018—2019年有所回落，但依然呈现出显著提高的发展态势，因此，整体上陕西在2015—2019年，地区现代化发展还是保持稳定且持续的增长，在现代化进程中具有较好的表现。

表 1－3　2015—2019 年陕西现代化建设综合指数及排名

年份	现代化指数	排名
2015	0.046	1
2016	0.265	2
2017	0.463	3
2018	0.744	4
2019	1.010	5

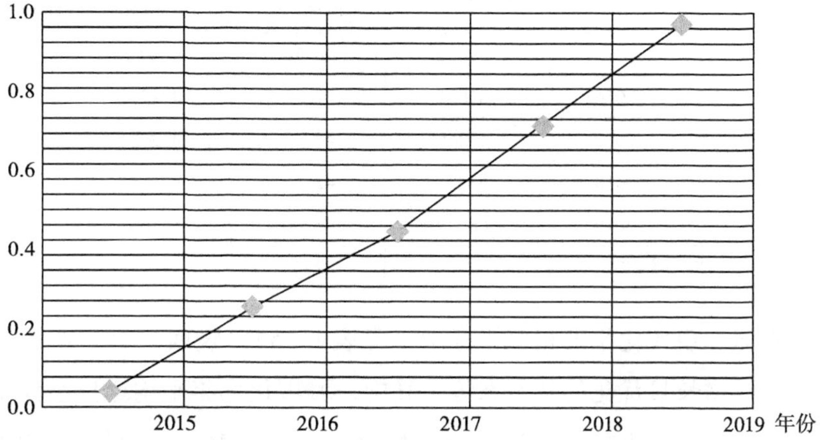

图 1－3　2015—2019 年陕西现代化建设综合指数折线图

1.3　陕西现代化发展的现状分析

基于陕西 2015—2019 年基本实现现代化的分项及综合指数分析，得到陕西基本实现现代化的态势，为进一步探索陕西现代化发展的现状及特征，从陕西现代化建设相关指标的比较、与具有代表性省区对比以及区域对比三个方面进行具体分析。

1.3.1　2015—2019 年陕西现代化建设相关指标的现状比较

表 1－4～表 1－8 分别反映了 2015—2019 年陕西经济现代化、城乡现代化、社会现代化、生态文明、政治文明各维度相关指标的具体比较及年平均增长率。在经济现代化维度相关指标中（见表 1－4），陕西 2015—

2019 年均呈现出持续的增长态势。其中，人均地区生产总值年平均增长率为 7.0%；服务业增加值占比年平均增长率为 2.4%；技术市场成交额占比年平均增长率为 7.3%；电子商务销售额占比年平均增长率为 8.5%。这意味着陕西近年来在经济结构优化方面取得了显著的进步。

表 1-4　2015—2019 年陕西经济现代化相关指标比较

类别	年份	人均地区生产总值/元	服务业增加值占比/%	技术市场成交额占比/%	电子商务销售额占比/%
陕西	2015	47626	40.70	4.005	5.135
	2016	51015	42.35	4.138	5.400
	2017	57266	42.40	4.205	5.542
	2018	63477	42.76	4.605	7.449
	2019	66649	45.80	5.689	7.732
年平均增长率/%		7.0	2.4	7.3	8.5

在城乡现代化维度相关指标中（见表 1-5），陕西 2015—2019 年均呈现出持续增长且优化的基本态势。其中，城市化率年平均增长率为 2.0%；城镇居民人均可支配收入指标年平均增长率为 6.4%；农村居民人均可支配收入指标年平均增长率为 7.2%；泰尔指数年平均增长率为 -3.2%。由于泰尔指数是逆指标，这也意味着陕西近年来城乡收入差距在持续缩小，城乡之间的协调能力及二元经济结构在持续优化。

表 1-5　2015—2019 年陕西城乡现代化相关指标比较

类别	年份	城市化率/%	城镇居民人均可支配收入/元	农村居民人均可支配收入/元	泰尔指数
陕西	2015	53.92	26420.20	8688.90	12.661
	2016	55.34	28440.09	9396.45	12.219
	2017	56.79	30810.30	10264.50	12.219
	2018	58.13	33319.25	11212.84	11.308
	2019	59.43	36098.21	12325.66	10.772
年平均增长率/%		2.0	6.4	7.2	-3.2

在社会现代化维度相关指标中（见表1－6），陕西2015—2019年规模以上企业R&D人员全时当量年平均增长率为0.9%，说明近年来陕西规模以上企业R&D人员投入工作量减少，意味着陕西亟须重视企业研发人员的投入力度；城乡基本养老保险覆盖率年平均增长率为0.2%，意味着城乡基本养老覆盖率需要进一步提高；每万人拥有图书馆建筑面积年平均增长率为7.8%，该指标在近年来持续增长。

表1－6 2015—2019年陕西社会现代化相关指标比较

类别	年份	规模以上企业R&D人员全时当量（人·年）	城乡基本养老保险覆盖率/%	每万人拥有图书馆建筑面积/平方米
陕西	2015	45052	45.202	64.4
	2016	45362	45.122	71.7
	2017	44672	45.210	73.9
	2018	39315	45.075	83.4
	2019	42983	45.551	93.8
年平均增长率/%		0.9	0.2	7.8

在生态文明维度相关指标中（见表1－7），陕西2015—2019年单位地区生产总值电耗年平均增长率为1.8%，但单位地区生产总值电耗并未呈现出持续下滑态势，而是呈现出波动增长态势，意味着陕西对于单位地区生产总值电耗关注度不够，尚未采取有效降低能源损耗、提高能源产出效率的实质性举措；森林覆盖率年平均增长率为0.8%，说明近年来森林覆盖率有所提高；建成区绿化覆盖率年平均增长率为－0.6%，说明建成区绿化覆盖率在近年来也有所下滑，为了加快推动地区生态文明的现代化发展，应大力调整能源使用结构及提高效率，增强地区绿化建设，提高人民生活居住的幸福度。

表1－7 2015—2019年陕西生态文明相关指标比较

类别	年份	单位地区生产总值电耗（千瓦时/元）	森林覆盖率/%	建成区绿化覆盖率/%
陕西	2015	0.068	41.42	40.6
	2016	0.070	41.42	40.1

续表

类别	年份	单位地区生产总值电耗（千瓦时/元）	森林覆盖率/%	建成区绿化覆盖率/%
陕西	2017	0.068	41.42	39.90
	2018	0.065	43.06	38.77
	2019	0.074	43.06	39.32
年平均增长率/%		1.8	0.8	-0.6

在政治文明维度相关指标中（见表1－8），陕西2015—2019年党风廉政满意度指标年平均增长率为6.5%；法治建设满意度指标年平均增长率为1.9%；公众安全度指标年平均增长率为3.2%。由此可以看出，陕西政治文明建设在2015—2018年均实现了快速增长，而2018—2019年呈现出显著滑落态势，陕西对于政治文明的现代化发展的关注度不够。

表1－8　2015—2019年陕西政治文明相关指标比较

类别	年份	党风廉政满意度/频次	法治建设满意度/频次	公众安全度/%
陕西	2015	79	31	4.275
	2016	80	14	4.916
	2017	99	21	5.003
	2018	113	39	5.082
	2019	108	34	5.000
年平均增长率/%		6.5	1.9	3.2

1.3.2　2019年陕西和其他省份现代化建设的现状比较

进一步比较分析2019年陕西与具有代表性的西部省份以及东部省份现代化发展相关指标的态势，其中，西部地区选取现代化建设发展较好的重庆，以及现代化建设发展较为落后的甘肃、贵州；东部地区则选取现代化建设最具有优势的北京、上海、江苏、广东，分别进行五大维度相关指标的比较。

表1－9为2019年陕西与代表性省份经济现代化相关指标比较，其中，

人均地区生产总值指标中，北京人均地区生产总值最高，是陕西的 2.464 倍，陕西与东部省份存在较大差距。服务业增加值占比指标中，北京服务业增加值占比是陕西的 1.823 倍，可以看出，陕西服务业增加值占比与北京、上海存在较大差距，同时，在西部省份中也处于落后地位。研发经费支出占比指标中，西部省份整体与东部省份存在较大差距，陕西研发经费支出占比为 2.266%，高于重庆、甘肃、贵州，但与东部代表性省份差距显著，尤其是北京的研发经费支出占比达到 6.315%，是陕西的 2.787 倍。北京、上海的电子商务销售额占比分别为 65.691%、53.629%，陕西仅为 7.732%，北京、上海远远高于陕西。外商投资企业进出口总额占比指标中，陕西外商投资企业进出口总额占比为 8.895%，与上海的 57.241% 差距悬殊，且与广东、江苏等沿海地区依然存在差距。

表 1-9　2019 年陕西与代表性省份经济现代化相关指标比较

相关指标	陕西	重庆	甘肃	贵州	北京	上海	江苏	广东
人均地区生产总值/元	66649	75828	32995	46433	164220	157279	123607	94172
服务业增加值占比/%	45.8	53.2	55.1	50.3	83.5	72.7	51.3	55.5
研发经费支出占比/%	2.266	1.989	1.264	0.863	6.315	3.996	2.790	2.878
电子商务销售额占比/%	7.732	20.177	6.349	8.440	65.691	53.629	9.910	28.019
外商投资企业进出口总额占比/%	8.895	14.153	0.040	0.282	14.457	57.241	25.958	27.833

表 1-10 为 2019 年陕西与代表性省份城乡现代化相关指标比较，其中，城镇化率指标中，上海的城镇化率指数最高，是陕西的 1.486 倍，且北京、广东、江苏、重庆均高于陕西，差距较大。人均城市道路面积指标中，陕西高于北京、上海，却低于江苏、广东，也存在较大差距。城镇居民人均可支配收入、农村居民人均可支配收入指标中，陕西也显著低于选取的代表性东部省份。且泰尔指数指标中，陕西远高于选取的代表性东部省份，这意味着陕西居民收入水平与东部省份存在较大差距，且陕西的城乡差距较大，二元结构矛盾依然突出且严重。

表1－10　2019年陕西与代表性省份城乡现代化相关指标比较

相关指标	陕西	重庆	甘肃	贵州	北京	上海	江苏	广东
城镇化率/%	59.43	66.8	48.49	49.02	86.60	88.30	70.61	71.40
人均城市道路面积/平方米	16.836	14.382	19.307	14.527	7.677	4.719	25.411	25.411
城镇居民人均可支配收入/万元	3.601	3.794	3.232	3.440	7.385	7.362	5.106	4.812
农村居民人均可支配收入/万元	1.233	1.513	0.963	1.076	2.893	3.320	2.268	1.882
泰尔指数	10.772	7.054	15.777	14.614	3.146	2.149	5.174	6.419

表1－11为2019年陕西与代表性省份社会现代化相关指标比较。其中，互联网普及率指标中，北京互联网普及率指数最高，上海其次，且江苏、广东均高于陕西，总体上陕西与东部地区存在较大差距。城乡基本养老保险覆盖率指标中，陕西高于北京、上海、江苏、广东，却低于甘肃、贵州，可以认为，陕西城乡养老保障覆盖率较高，与陕西城乡收入差距较大相关。失业保险覆盖率指标中，北京失业保险覆盖率高达60.121%，同时，上海、广东、江苏也高于陕西，陕西的失业保险覆盖率则与东部地区存在较大差异。而陕西规模以上企业R&D人员全时当量达到42983人年，上海规模以上企业R&D人员全时当量最高为80694人年，是陕西的1.877倍，陕西虽然教育事业发展具有比较优势，但研发型人力资源供给依然处于劣势，要追赶超越东部发达地区，仍需进一步努力。

表1－11　2019年陕西与代表性省份社会现代化相关指标比较

相关指标	陕西	重庆	甘肃	贵州	北京	上海	江苏	广东
互联网普及率/%	99.062	96.536	87.748	97.161	152.730	131.683	104.741	123.256
城乡基本养老保险覆盖率/%	45.551	37.214	51.845	51.222	9.507	3.175	28.957	22.969
失业保险覆盖率/%	10.999	16.482	6.533	7.620	60.121	40.560	22.233	30.369
规模以上企业R&D人员全时当量/人年	42983	62424	8547	23164	44241	80694	508375	642490

表 1 – 12 为 2019 年陕西与代表性省份生态文明相关指标比较。其中，单位地区生产总值电耗指标中，北京的指数最低，上海其次，而陕西单位地区生产总值电耗高于东部地区，陕西单位地区生产总值电耗较高，高达 0.074，是北京的 2.242 倍，未来陕西需要充分关注耗能效率的提高，陕西可通过调整产业结构及资源利用效率，大力发展资源消耗能力较低的比较优势产业来缓解能耗劣势。2019 年陕西的二氧化硫排放量为 19.901 万吨，北京地区最低，仅为 0.468 万吨，陕西二氧化硫排放量虽然远低于贵州和江苏，却高于其他省份，说明陕西的污染排放问题依然严峻，未来也需要进一步加强并优化污染物的防治与处理，制定防污标准，增强监管约束，从企业端进行严格的管控，保障生态文明现代化进程的顺利实现。城市空气质量达到二级标准的天数比例，在选取的代表性省份中，陕西城市空气质量达到二级标准的天数比例最少，仅为 61.644%，说明陕西亟须提高空气质量，重视生态文明的建设和发展。人均水资源量指标中，陕西整体较东部省份具有资源优势，这是由区位和资源禀赋优势决定的，但依然与西部地区的贵州、重庆具有差距，未来需要重视合理的开发及利用，节约资源数量，提高资源利用效率。陕西城市污水日处理能力及实力在西部省份中处于较高水平，但是与东部省份的城市污水日处理能力存在非常大的差距，其中，广东城市污水日处理能力为 2453.07 万立方米，是陕西的 6.177 倍，因此，陕西需要加大污染处理的投资，并学习广东、江苏等地区的防污技术，提高地区的污染治理效率和效果，从而加快陕西的生态文明现代化建设的进程。

表 1 – 12　2019 年陕西与代表性省份生态文明相关指标比较

相关指标	陕西	重庆	甘肃	贵州	北京	上海	江苏	广东
单位地区生产总值电耗（千瓦时/元）	0.074	0.049	0.148	0.092	0.033	0.041	0.063	0.062
二氧化硫排放量/万吨	19.901	12.893	14.442	40.696	0.468	1.456	38.316	19.722

续表

相关指标	陕西	重庆	甘肃	贵州	北京	上海	江苏	广东
城市空气质量达到二级标准的天数比例/%	61.644	84.658	81.096	98.082	65.753	84.658	69.863	80.274
人均水资源量（立方米/人）	1280	1600	1234	3095	114	199	287	1809
城市污水日处理能力/万立方米	397.15	394.11	160.40	280.11	703.57	834.30	1942.12	2453.07

表1－13为陕西与代表性省份政治文明相关指标比较。其中，“党风廉政”词频日均搜索数中，广东、北京的“党风廉政”词频日均搜索数最高，分别为124次、123次，陕西“党风廉政”词频日均搜索数为108次，在选取的代表性西部省份中最高，但与东部省份存在差距，陕西在今后的发展中，仍然需要加强党风廉政学习，多开展党内风气、党内职能的相关学习。广东、江苏、北京的“法治建设”词频日均搜索数较高，而陕西偏低，这意味着陕西地方政府需要关注政治文明建设，加快推进政府的法治治理能力现代化进程。公共安全财政支出占比指标中，广东、北京、江苏的指数值较高，陕西公共安全财政支出占比为5.000，高于甘肃和贵州，却落后于其他现代化发展较好的省份。综合来看，陕西需要充分加强廉政建设、法治平安建设，提高地区人民对党内廉政、政府治理、社会法治平安的满意度，以持续推进地区政治文明建设。

表1－13　2019年陕西与代表性省份政治文明水平比较

相关指标	陕西	重庆	甘肃	贵州	北京	上海	江苏	广东
“党风廉政”词频日均搜索数/次	108	84	78	101	123	99	116	124
“法治建设”词频日均搜索数/次	34	37	21	28	77	45	82	96
公共安全财政支出占比/%	5.000	5.542	4.841	4.708	7.298	5.054	6.785	8.249

1.3.3 2019 年陕西和各区域现代化建设的现状比较

表 1－14 为 2019 年陕西与四大区域现代化建设相关指标比较。其中，陕西第三产业增加值为 11821.490 亿元，高于西部地区和东北地区平均水平，却显著低于东部地区和中部地区，东部地区第三产业增加值平均为 28874.611 亿元，是陕西的 2.443 倍，差距悬殊。而陕西农业机械总动力为 2331.493 万千瓦，低于四大区域平均水平，其中，中部地区农业机械总动力最高为 4569.031 万千瓦，是陕西的 1.960 倍，这意味着陕西的产业结构在全国各区域中较为落后，未来陕西需要充分协调和优化产业结构，重视产业结构的高级化发展。陕西每万人有效发展专利数为 4.843 项，高于西部地区平均值 2.648 项，却远远低于东部地区平均值 14.585 项，东部地区每万人有效发展专利数是陕西的 3.012 倍，这意味着陕西的研发实力和发明能力在西部地区具有优势，但要追赶超越东部地区，任重而道远。在公共交通和轨道交通客运量方面，陕西 2019 年交通分担量达到 32.162 亿人次，高于西部、中部、东北地区的平均水平，但低于东部地区平均水平。陕西 2019 年每十万人中高等教育平均在校生为 3812 人，高于西部、东部、中部、东北地区，在全国各区域中处于领先地位，可以认为陕西教育资源充沛，但同时，陕西的研发、创新人力资源却处于落后态势，这说明陕西未来需要加快教育优势向产业研发流转的速度，破除产学研转移壁垒和摩擦。建成区绿化覆盖率指标中，2019 年陕西为 39.316%，高于中部和东北地区，却低于西部和东部地区，这说明陕西的绿化建设有待增强。

表 1－14　2019 年陕西与四大区域现代化建设相关指标比较

地区	第三产业增加值/亿元	农业机械总动力/万千瓦	每万人有效发展专利数/项	公共交通和轨道交通客运量/亿人次	每十万人中高等教育平均在校生/人	建成区绿化覆盖率/%
陕西	11821.490	2331.493	4.843	32.162	3812	39.316
西部地区平均值	8743.080	2335.193	2.648	17.156	2463.917	39.458

续表

地区	第三产业增加值/亿元	农业机械总动力/万千瓦	每万人有效发展专利数/项	公共交通和轨道交通客运量/亿人次	每十万人中高等教育平均在校生/人	建成区绿化覆盖率/%
东部地区平均值	28874.611	3164.220	14.585	43.973	3221.200	42.129
中部地区平均值	15638.023	4569.031	4.151	20.074	2429.429	35.958
东北地区平均值	8773.383	4122.238	2.905	27.162	3013.333	38.777

1.4 陕西基本实现现代化的制约因素

基于对陕西现代化建设的综合评价和现状分析，进一步梳理并归纳陕西基本实现现代化的制约因素。

1.4.1 陕西创新研发实力薄弱，产业结构矛盾依然严峻

陕西虽然具有后发优势和“一带一路”开放的区位优势，但现阶段，陕西仍未找准自身定位及地区特色优势，创新研发实力薄弱、产业结构矛盾加剧成为陕西基本实现经济现代化的重要制约。具体来说，陕西经济现代化发展中人均地区生产总值、农业劳动生产率、电子商务销售额占比、每万人有效发明专利数以及外商投资企业进出口总额占比指标值在全国范围呈现出较低水平。这意味着陕西的经济规模现代化、农业现代化、高层次开放亟待加强。其一，陕西在经济发展中，信息化能力、创新能力非常薄弱，制约了地区经济发展现代化的基本实现，虽然陕西教育资源丰富，但教育及知识转化为创新能力、创新转化为实际生产力的路径对接尚未实现，尤其是人力资本流失及错配、企业研发投入规模不足等导致了创新动能尚未构建，产学研流转摩擦较大，也同样阻碍了创新动能的比较优势激发。其二，陕西产业结构层次较低，效率损失较为严重，陕西农业生产效率水平低下，制造业耗能高且比重大，而服务业比重较低且品质弱化，高技术新兴产业尚未实现体系化和区域化，从而导致陕西目前产业结构层次低，产业之间关联性和合作度不高。因此，经济结构的矛盾与桎梏成为陕

西基本实现现代化水平的重要制约。

1.4.2 陕西城乡二元矛盾严重，公共服务供给能力不足

陕西在城乡现代化发展与建设中，主要存在城乡差距较大、二元矛盾突出以及公共服务和公共设施供给不足的主要制约因素。具体来看，陕西人均城市道路面积、农村居民人均可支配收入以及泰尔指数在全国范围内处于劣势地位，说明陕西目前仍然对公共交通服务水平以及农村居民生活水平的重视及其力度不足，在未来的发展中，重点解决城乡二元矛盾成为陕西基本实现城乡现代化建设的当务之急。其一，虽然陕西城镇、农村人均收入稳定且持续地增长，但地区城乡二元结构矛盾、城乡居民收入差距、城乡分配不平等、不合理现象依然严重，陕西需要重视收入分配制度的持续优化，并为乡镇提供制度扶持，以破除城乡二元结构壁垒。其二，陕西公共服务供给能力不足，陕西虽因其独特的地域广阔优势，人均道路面积显著高于东部省份，但是公共交通的客运分担量却处于全国落后水平。因此，陕西需要重点提高地区公共服务供给能力，加快公共交通、公共基础设施的现代化建设，提高基础设施及公共服务能力，这不仅是地区城乡现代化建设的重要方面，也是推进新型城市现代化建设、改善人民生活质量、增强城市承载能力和提高运行效率的重要保障。

1.4.3 陕西人力资源质量优势不足，社会保障力度有待增强

在社会现代化发展方面，陕西的教育资源虽然较为充沛，但人力资源的研发投入和研发水平层次较低，同时地方政府对社会保障的重视程度不够，成为社会现代化发展的重要制约因素。具体来看，其一，陕西人力资源质量优势不足，人均综合受教育程度偏低。一方面，陕西地区每十万人中高等教育平均在校生数虽然处于全国领先水平，但是陕西平均受教育程度较低，综合教育优势仍有待提高，未来需要致力于提高这些地区的教育资源和教育供给，整体提升陕西的教育水平；另一方面，陕西应当充分重视地区人力资源质量的提高，东部省份研发人员投入量较高，研发实力较强优化了地区的产业结构，所以其经济现代化发展实力也呈现出较好的成

果，而陕西的研发人员投入量处于落后水平，人力资源的质量动力制约了地区现代化的基本实现，大力培育创新型人力资源、增强企业研发人员投入成为关注的重点。其二，陕西地方社会保障力度不够，政府对住房保障支出的关注不够，同时，养老保险覆盖率、失业保险覆盖率均处于全国中等偏下水平。另外，陕西的失业保险的覆盖率以及公共服务中每千名老人拥有养老床位数的供给不足，未来则需要更多地关注地方公共服务供给的能力和效率，重视地区医疗、养老、失业保险的覆盖力度。

1.4.4 陕西污染排放水平较高，绿色生产力尚未构建

陕西在生态文明建设方面存在较大的压力和制约，主要污染物的排放均处于较高水平，且地区空气质量较低，绿色生产力尚未构建成为阻碍生态文明现代化发展的核心约束。其一，陕西污染较为严重，主要污染物的排放量非常高。其中，二氧化硫以及氮氧化物排放量较高，造成环境空气质量较差，未来需要关注这些污染物的排放量和处理能力，提高地区空气环境质量。其二，陕西绿化建设水平较低，绿色生产力尚未构建。虽然陕西具有先天资源禀赋优势，但是工业化的生产模式不当造成了生态质量低下，生态修复、生态治理的力度不够，且陕西的城市绿化建设水平偏低。因此，陕西需要在加强森林修复和绿化建设的同时，将着力点放在污染物排放的清洁处理上，优化能源型和污染型产业转型，嵌入绿色技术，大力提倡生产端污染物的低碳分解、循环清洁。其三，陕西尚未发展绿色产业，生态产品供给不足，生态连廊、生态园区相关产业比较优势尚未激发，也成为陕西生态文明建设持续增强的重要约束。

1.4.5 陕西地方政府对政治文明重视不够，政府治理现代化有待增强

陕西在政治文明建设方面，其党风廉政、法治平安建设指数均处于较为落后的水平，同时，地方政府的现代化治理能力有待增强，成为政治文明现代化建设的主要制约因素。其一，陕西法治建设能力和廉政建设水平有待提高，需要在企业、事业单位定期开展党风廉政建设，培育基层干

部、党内人员的廉洁作风，并在全社会大力推进现代化法治社会的基本建设，培养法治精神、学好法治理念、走好法治道路，从而推动陕西人民提高党内廉政满意度、法治建设满意度水平。其二，地方政府对于内部行为规范、法治廉政的监督需要制度层面更高的要求。在今后的发展中，需要提升政府的现代化治理能力，并实现地区政府的治理体系和治理标准现代化，简政放权、优化服务，提高政府服务效率，营造良好的政府形象。其三，陕西在现代化建设中，公共安全建设与东部地区存在显著差距。未来陕西需要进一步加强公共安全建设。公共安全建设方面，地方政府的作用不容忽视，地方政府需要合理规划财政支出，优化制度供给的质量和效率，积极提高地区人民公共平安满意度。

1.5 陕西基本实现现代化的模式选择与实现路径

通过分析陕西基本实现现代化存在的制约因素，进一步探索并提出优化现有约束矛盾的模式选择和适应性实现路径，具体提出发展创新型经济、构建现代化产业体系的结构布局；加强基础设施建设，协调城乡一体化发展；平滑产学研机制，激发人力资源质量优势；嵌入绿色生产力，提高经济发展的质量和效率；深化供给侧结构性改革，提升政府治理体系和治理能力现代化水平等路径建议，为陕西地方政府加快推动基本实现现代化提供借鉴和参考。

1.5.1 发展创新型经济，构建现代化产业体系的结构布局

陕西为基本实现经济现代化发展，需要加快推动陕西产业结构向服务业、高新技术产业、绿色生态产业转型，通过大力发展创新型经济，以创新型人才和创新科技为依托，进而实现陕西产业结构的优化与升级。其一，陕西需要加快培育创新新动能，完善创新产业链，在陕西的产业优势基础上，应当着力提升航天航空、生物制药、电子信息产业、能源化工产业的创新实力，积极引导技术资源和研发资源向主导产业集聚，带动产业的创新增长点。其二，增强智能制造、“互联网+”、大数据、云计算等信

息化产业的增长力，构建战略性新兴产业新布局。加快新一代信息化产业发展是未来陕西现代化产业布局、产业结构调整的重点方向，同时，智能制造作为调整陕西工业及制造业朝向现代化发展的核心竞争实力，成为陕西第二产业优化和转型的重要突破。其三，陕西需要加快推进现代化服务业体系构建，重塑现代化产业体系新布局，现代化服务业以新型化、高质量为依托，开拓系统化、科学化服务业布局，并结合协调地域特色优势的理念，加快现代化产业体系的合理构建。

1.5.2 加强基础设施建设，协调城乡一体化发展

陕西为基本实现城乡现代化，需要依赖地方政府，根据地区存在的具体问题和现实问题，因地制宜地发展比较优势产业，协调城乡一体化发展，同时，陕西仍需进一步加强基础设施建设，增强公共服务保障。其一，陕西需要进一步扩大交通基础设施建设，依托丝绸之路经济带的建设，推进丝路连廊国际化交通运输基础设施建设，通过构建立体互联、智慧引领、绿色安全的交通网络，打造经济、高效、便捷、绿色安全的西部陆海新通道，形成交通基础设施的完整性布局，依托发展规划和城市布局，构筑一体化的交通运输核心枢纽站。同时，为地区人民出行提供便利、快捷的交通基建支持。其二，陕西未来应着力于协调城乡一体化，平衡地区二元经济结构矛盾。一方面，通过合理地激发地域特色，在乡、村、镇、区及各级城市因地制宜地发展优势产业，形成上下级协同产业链，发挥关联性产业的协同演进作用，带动农村地区经济实现新的腾飞。另一方面，陕西需要加大公共性服务保障力度，加快推进地区医疗、养老、失业、居民住房等公共服务供给，补齐民生短板，优先发展民生建设，以实现陕西城乡现代化发展。

1.5.3 平滑产学研机制，激发人力资源质量优势

陕西为基本实现社会现代化发展，需要充分激发人力资源质量优势，并通过平滑产学研机制，将人力资源优势转为现实生产力。其一，陕西需要加快劳动力质量培育，提高创新人才的积累和培育，一方面，加大教育

供给，能够塑造个人的文化理念、精神文明，对个人理想的塑造和社会价值的实现均具有重要意义；另一方面，推动高质量人才培养，理论型创新人才可促进知识创新和理论创新，研发型创新人才以及研究人员可推动应用创新的发生，企业、产业端技术型人才则可以促进技术的边际进步，从而优化要素结构、提高生产要素的配置效率，以提高生产前沿端的全要素生产率。其二，平滑产学研机制，推动产学研协同创新。以知识创新为起点，加快应用型技术突破，企业作为科技创新的主体，企业研发部门具有显著的科技研发前沿性优势，并且能够快速地将研发成果顺利地转化为现实生产力，通过完成的创新链，顺利对接知识创新、成果创新、技术创新和创新产业的孵化，围绕陕西一流高校充沛的教育资源优势，充分激发人力资源质量红利。

1.5.4 嵌入绿色生产力，提高经济发展的质量和效率

陕西为基本实现生态文明建设，需要坚持绿色发展理念，构建绿色生产力，增强生态公共产品供给，从而提高经济发展的质量和效率。其一，构建绿色生产力，实现地区生态效益的增强。陕西在大力加强防污治理的同时，需要着力构建绿色生产力，在生产的前沿端使用绿色生产要素，嵌入绿色生产技术，提高清洁、低碳能源对传统能源的替代率，将绿色生产力贯穿于生产的各个环节之中，以增强地区生态效益。其二，提高生态产品公共供给，构筑生态产业连廊。生态公共产品，如青山绿水、清洁的空气和干净的环境等，具有公共性和非竞争性特征，因此需要地方政府牵头，进行大力治理和严格监管，同时，陕西政府还需要对传统型企业绿色化技术的引进和改造进行激励，进行生态产业连廊、生态农业基地、生态产品示范区的建设，从而实现陕西产业结构的绿色化升级。其三，陕西亟须构建绿色循环的经济体系，提高经济发展的质量和效率。地方政府在贯彻落实生态文明现代化的同时，需要致力于实现经济的可持续、高质量、高效率、低损耗、可循环、可再生的发展，从而实现经济、社会、生态效益的三元统一。

1.5.5 深化供给侧结构性改革，提升政府治理体系和治理能力现代化水平

陕西为加快政治文明建设，推动基本实现现代化的发展进程，地方政府需要深化体制改革，尤其是供给端制度优化与改革，其一，陕西亟须进一步深化供给侧结构性改革，一方面，建立竞争有序的现代化市场体系，陕西在“一带一路”倡议下，向西拓展市场开放水平成为新的机遇，这就需要建立自身的竞争优势，而开放、有序的现代化市场体系是重要保障。在有序、公平、公开的市场竞争下，淘汰落后产能，激发优势企业，有序保障企业进入和退出机制，对政府的高效率治理和职能转变具有较高要求。另一方面，深化供给侧结构性改革，需要政府持续优化并破除体制壁垒，加快现代化制度的全面构建成为未来政府工作的重要方向。其二，地方政府不仅需要在社会长治久安、人民生活幸福等方面发挥作用，还需要逐步推进政府治理能力和治理体系的现代化建设，这就需要着力于在法治能力、效率水平、廉政行为、安全意识、公共服务、发展规划、短期目标、长期战略等方面建立完备的绩效体系，进而形成评估政府治理能力的综合标准，优化政府治理能力，提高政府治理效率，使其朝向现代化发展。

1.5.6 未来15年陕西基本实现现代化的趋势展望

“十四五”规划和2035年远景目标指出到2035年我国基本实现社会主义现代化，鉴于这一发展目标，进一步预测2020—2035年，陕西各指标的年度发展规划和发展目标的长期发展趋势。

首先，提出基本实现现代化的发展标准。2035年远景目标指出2035年我国人均GDP达到中等发达国家水平，而以世界银行、国际货币基金组织、经济合作与发展组织和联合国等四个国际机构的标准平均值来看，2020年发达国家人均GDP的中位数大约为2.45万美元，但由于陕西较东部地区的经济规模、经济总量具有一定差距，因此陕西2035年现代化基本实现的目标为：人均GDP达到2万美元。1966年提出的“布莱克标准”

认为，现代化国家中，农业增加值所占比例为5%～10%，而按照工业化来讲，农业增加值占GDP的比重是7%以下，由于我国农业增加值占比已实现低于7%，但陕西农业增加值占GDP的比重仍然达不到这一目标，因此，将陕西2035年现代化基本实现的目标调整为：农业增加值占GDP的比重为7%以下。国家发展改革委2017年预计，2025年我国服务业增加值占GDP比重将提高到60%，《中国现代服务业发展战略研究》一书（2019）预测，到2030年我国服务业增加值占GDP的比重将达67.2%，而2019年世界各国服务业增加值占GDP的比重中，中国服务业增加值占GDP的比重为53.92%，韩国服务业增加值占GDP的比重为56.77%，德国服务业增加值占GDP的比重为62.39%，结合陕西实际发展条件，在2035年发展目标中，陕西现代化基本实现的目标调整为：服务业在GDP中占65%以上。研发领域中，2019年我国研究与试验发展（R&D）经费投入总量首次突破2万亿元，达到22143.6亿元，研发经费强度投入（研发经费投入占GDP比重）达到2.235%，据2020年世界知识产权组织公布的创新指数，中国创新水平位列全世界第14，2018年美国研发经费强度投入达到2.84%，日本为3.75%，2035年远景目标提出，我国要在2035年跻身创新型国家前列，因此，将陕西2035年现代化基本实现的目标调整为：研发经费投入占GDP的比重达到3%以上。

另外，在社会化目标中，一是城镇化率，即城镇人口占总人口比重，2020年我国城镇化率达到了61.4%，韩国的城镇化率达到了81.4%，美国的城镇化率达到了82.7%，根据我国发展实际情况，将陕西2035年现代化基本实现的目标调整为：城镇化率达到70%以上。二是人均预期寿命，2035年我国现代化基本实现的目标要求，人口预期寿命达到世界先进水平，根据世界卫生组织预期，我国2019年人口寿命预期为76.1年，日本为83.7年，韩国为82.4年，德国为81年，可以看出，世界发达国家人口寿命预期均高于80年，因此，将陕西2035年现代化基本实现的目标调整为：人口预期寿命达到80年以上。三是2019年我国每千人拥有执业医师数达到2.59人，而德国等发达国家每千人拥有执业医师数超过4人，结合陕西实际情况，将陕西2035年现代化基本实现的目标调整为：每千人拥有执业助理医师数超过3人。四是教育水平。采用人口平均受教育年限指标，2018年我国人均受教育年限达到13.6年，但陕西的教育水平较为落后，2019年平均受教育年限仅为10年，因此，结合我国陕西实际情况，将陕西2035年现代化基本实现的目标调整为：人口平均受教育年限达到15年以上。

其次，鉴于2019年陕西现代化发展的现状，以及2035年基本实现现代化目标，测算2020—2035年各指标的年平均增长率，采用趋势外推法进行平均年度目标的预测。

最后，具体的各指标在2020—2035年的目标预测如表1－15所示。其中，2019年各指标值为实际值，而2035年各指标值为目标值，以预测2020—2034年陕西各指标的发展趋势。可以看出，2020—2035年，陕西人均GDP需要维持4.7%的年平均增长率，农业增加值占比需要以－0.6%的年平均增长率下降，服务业增加值需要以2.2%年平均增长率增长，研发投入强度的年平均增长率需要实现1.8%，城镇化率的年平均增长率需要实现1.0%，每千人拥有医生数的年平均增长率需要实现0.4%，平均受教育年限的年平均增长率需要实现2.3%，从而顺利完成陕西2035年基本实现现代化的发展目标。

表1－15　2020—2035年陕西现代化发展指标各年度目标趋势预测

年份	人均GDP/美元	农业增加值占比/%	服务业增加值占比/%	研发投入强度/%	城镇化率/%	每千人拥有医生数/人	平均受教育年限/年
2019	9661.38	7.72	45.80	2.27	59.43	2.80	10.42
2020	10110.87	7.67	46.81	2.31	60.04	2.81	10.66
2021	10581.27	7.63	47.85	2.35	60.66	2.82	10.91
2022	11073.56	7.58	48.91	2.39	61.28	2.84	11.16
2023	11588.76	7.53	49.99	2.43	61.91	2.85	11.41
2024	12127.92	7.49	51.10	2.48	62.55	2.86	11.68
2025	12692.16	7.44	52.23	2.52	63.19	2.87	11.95
2026	13282.66	7.40	53.38	2.56	63.84	2.89	12.22

续表

年份	人均 GDP/美元	农业增加值占比/%	服务业增加值占比/%	研发投入强度/%	城镇化率/%	每千人拥有医生数/人	平均受教育年限/年
2027	13900. 63	7. 35	54. 56	2. 61	64. 50	2. 90	12. 50
2028	14547. 35	7. 31	55. 77	2. 66	65. 16	2. 91	12. 79
2029	15224. 16	7. 26	57. 00	2. 70	65. 83	2. 92	13. 08
2030	15932. 46	7. 22	58. 26	2. 75	66. 51	2. 94	13. 39
2031	16673. 71	7. 17	59. 55	2. 80	67. 19	2. 95	13. 69
2032	17449. 45	7. 13	60. 87	2. 85	67. 88	2. 96	14. 01
2033	18261. 28	7. 09	62. 22	2. 90	68. 58	2. 97	14. 33
2034	19110. 87	7. 04	63. 59	2. 95	69. 29	2. 99	14. 66
2035	20000. 00	7. 72	65. 00	3. 00	70. 00	3. 00	15. 00
年平均增长率/%	4. 7	-0. 6	2. 2	1. 8	1. 0	0. 4	2. 3

2　陕西“三农”基本实现现代化的路径与政策

党的十九届五中全会将“三农”工作作为全党工作的重心，提出要“优先发展农业农村，全面推进乡村振兴战略，加快农业农村现代化，走中国特色社会主义乡村振兴道路”。习近平总书记来陕考察的重要讲话中专门强调扎实推进特色现代农业建设，为陕西谱写追赶超越新篇章指明了方向。“十四五”时期，立足开启“三农”现代化新征程，陕西需要协力推进农业现代化、农村现代化和农民现代化一体规划，融合发展。

2.1　陕西“三农”基本实现现代化的评判标准

2.1.1　“三农”现代化的内涵

“三农”现代化是指农业现代化、农村现代化、农民现代化。本章从过程和结果两个层面对农业现代化进行概念界定，农业现代化是一个改造传统农业的过程，是用现代物质条件装备农业，用现代科学技术改造农业，用现代产业体系提升农业，用现代经营形式推进农业，用现代发展理念引领农业，用培养新型农民手段发展农业。从过程上看，农业现代化发展要不断提高农业机械化、水利化、化学化、电气化、科技化、适度规模化、生态良性化、专业化以及生产者知识化。从结果上看，农业现代化发展要提高农业劳动生产率、土地产出率和商品化率。农村现代化与农业现代化是两个相互联系的概念。目前，中国农村现代化正处在一个特殊的历史变革进程中。一方面，中国从农业时代到工业时代的转型尚未全部完成；另一方面，随着工业革命的继续深入，中国农村也开始进入知识化、信息化时代，农业现代化必然要与知识化、信息化相融合。因此，农村现代化是农村由传统农业社会向现代工业社会转变的历史过程，以富强、民主、文明、和谐为总体目标；以经济的工业化、信息化和知识化，政治的法制化和民主化，文化和价值观的多元化，剩余劳动力的非农化、职业化，农村的城镇化，城乡的一体化为主要内容，是经济和社会全面发展、整体推进、协调运作的系统综合进程。

2.1.2 陕西“三农”现代化的评价指标体系构建

陕西“三农”基本实现现代化的指标体系应充分包含农业现代化、农村现代化、农民现代化三个方面。因此，一级指标设置为农业现代化、农村现代化、农民现代化。同时，根据全面性、科学性、系统性、可操作性、数据可得性等指标选取原则，本章设置 9 个二级指标以及 26 个三级指标，构建陕西“三农”现代化的指标体系（见表 2 - 1）。

（1）农业现代化评价指标

农业现代化方面，设置农业生产条件、农业产出能力、农业可持续发展以及农业制度创新能力 4 个二级指标。农业生产条件指标中，主要从农业技术角度出发，设置农用机械总动力、地膜使用量和当年机械收获面积 3 个三级指标；农业产出能力指标中，主要从结果层面来界定，由于农业现代化发展要提高农业劳动生产率、土地产出率和商品化率，因此，在该二级指标下设置第一产业贡献率和农业劳动生产率两个三级指标；农业可持续发展指标中，主要从生态环境角度出发，设置年末常用耕地面积和水土流失治理面积两个三级指标；农业制度创新能力指标中，设置家庭农场和土地确权登记率两个三级指标。家庭农场是以家庭成员为主要劳动力，以家庭为基本经营单元，从事农业规模化、标准化、集约化、商品化生产经营，并以农业收入为家庭主要收入来源的新型农业经营主体，是现代农业的主要经营方式。

（2）农村现代化评价指标

农村现代化方面，设置农村公共服务能力、农村基础设施建设能力以及农村人居环境3个二级指标。农村公共服务能力指标中，从医疗、养老、教育角度出发，设置每千农业人口村卫生室人员、农村养老服务机构、农村初中学生人均配备本科以上学历专任教师数和新型农村合作医疗参合率4个三级指标。农村基础设施建设能力指标中，设置投递线路和农村居民家庭平均每百户移动电话加入互联网数两个三级指标。投递路线是指投递员在所负责的投递段道上向用户投交邮件、报刊所行走的路线。农村人居环境指标中，设置农村卫生厕所普及率、生活垃圾得到有效治理的行政村占比和生活污水得到有效治理和管控的行政村占比3个三级指标。

（3）农民现代化评价指标

农民现代化方面，设置农村居民收入水平和农村居民支出水平两个二级指标。农村居民收入水平指标中，设置城乡居民收入比、农村居民家庭人均可支配收入和农村居民人均可支配财产净收入3个三级指标；农村居民支出水平指标中，设置农村居民恩格尔系数、农村居民人均消费支出、农村居民人均教育文化娱乐消费支出、农村居民用电量和农村居民家庭平均每百户年末拥有家用汽车量5个三级指标。

表2-1　陕西“三农”现代化指标体系

	一级指标	二级指标	序号	三级指标	单位	指标属性	权重
“三农”现代化	农业现代化	农业生产条件	1	农用机械总动力	万千瓦	正向	0.1150
			2	地膜使用量	吨	正向	0.1002
			3	当年机械收获面积	千公顷	正向	0.1232
		农业产出能力	4	第一产业贡献率	%	正向	0.0872
			5	农业劳动生产率	元/人·年	正向	0.1049
		农业可持续发展	6	年末常用耕地面积	千公顷	正向	0.1634
			7	水土流失治理面积	千公顷	正向	0.1006
		农业制度创新能力	8	家庭农场	个	正向	0.1036
			9	土地确权登记率	%	正向	0.1021

续表

	一级指标	二级指标	序号	三级指标	单位	指标属性	权重
“三农”现代化	农村现代化	农村公共服务能力	10	每千农业人口村卫生室人员	人	正向	0.0918
			11	农村养老服务机构	个	正向	0.1344
			12	农村初中学生人均配备本科以上学历专任教师数	个/人	正向	0.1029
			13	新型农村合作医疗参合率	%	正向	0.1129
		农村基础设施建设能力	14	投递线路	公里	正向	0.1057
			15	农村居民家庭平均每百户移动电话加入互联网数	个	正向	0.1011
		农村人居环境	16	农村卫生厕所普及率	%	正向	0.1052
			17	生活垃圾得到有效治理的行政村占比	%	正向	0.1248
			18	生活污水得到有效治理和管控的行政村占比	%	正向	0.1212
	农民现代化	农村居民收入水平	19	城乡居民收入比	—	逆向	0.1354
			20	农村居民家庭人均可支配收入	元/人	正向	0.1211
			21	农村居民人均可支配财产净收入	元	正向	0.1349
		农村居民支出水平	22	农村居民恩格尔系数	%	逆向	0.1146
			23	农村居民人均消费支出	元/人	正向	0.1185
			24	农村居民人均教育文化娱乐消费支出	元	正向	0.1410
			25	农村居民用电量	亿千瓦时	正向	0.1196
			26	农村居民家庭平均每百户年末拥有家用汽车量	辆	正向	0.1148

2.1.3 指标计算与方法选择

基于陕西“三农”现代化指标体系，进一步对涉及的指标数据进行计算，并进而对全部基础指标进行去量纲、标准化处理，具体涉及的计算公式及处理方法如下：

（1）部分指标计算方法

①农业劳动生产率 = 第一产业增加值 /第一产业从业人数 ×100%

②农村初中学生人均配备本科以上学历专任教师数 = 农村初中本科以上学历专任教师数/农村初中在校学生数

③恩格尔系数 = 食品支出总额/家庭或个人消费支出总额 ×100%

（2）正向、逆向、适度指标的去量纲化处理方法

为正向指标时，计算方法为：

$$C_{ij} = \frac{v_{ij} - v_{ij}^{\min}}{v_{ij}^{\max} - v_{ij}^{\min}} \tag{2-1}$$

为逆向指标时，计算方法为：

$$C_{ij} = \frac{v_{ij}^{\max} - v_{ij}}{v_{ij}^{\max} - v_{ij}^{\min}} \tag{2-2}$$

式（2－2）中，C_{ij} 代表极差归一化后的值，$v_{ij}^{\max}$ 和 $v_{ij}^{\min}$ 分别代表某一具体指标原始数据在参评年份中的最大值和最小值。

（3）方法选择

本章使用熵值法对各指标进行赋权及计算综合指数，具体分为四步：

①原始数据矩阵归一化。即运用式（2－1）、式（2－2）对数据进行无量纲化处理。

②定义熵。在有 m 个指标、n 个被评价对象的评估问题中，第 i 个指标的熵为 $h_i = -k\sum_{j=1}^{n} f_{ij}\ln(f_{ij})$ 其中，$f_{ij} = r_{ij}/\sum_{j=1}^{n} r_{ij}$ ，$k = 1/\ln(n)$ ［当 $f_{ij} = 0$ 时，$f_{ij}\ln(f_{ij}) = 0$ ］。

③定义熵权。定义了第 i 个指标的熵之后，可得到第 i 个指标的熵权：

$$w_i = \frac{1 - h_i}{m - \sum_{i=1}^{m} h_i} \left(0 \leq w_i \leq 1, \sum_{i=1}^{m} w_i = 1 \right)$$

④计算综合指数。公式如下：

$$g_i = \sum_{j=1}^{n} r_{ij} w_{ij}$$

其中，g_i 为第 i 期农业、农村、农民现代化指数。

2.2 对陕西“三农”现代化水平的评价

2.2.1 “三农”现代化建设综合指数及综合评价

图2－1为利用熵值赋权法计算出的各指标综合指数，反映了陕西2015—2019年“三农”现代化建设综合指数趋势。由图2－1可知，2019年陕西“三农”现代化建设综合指数是2015年的1.57倍，说明2015—2019年陕西“三农”现代化建设综合指数连续稳定增长。

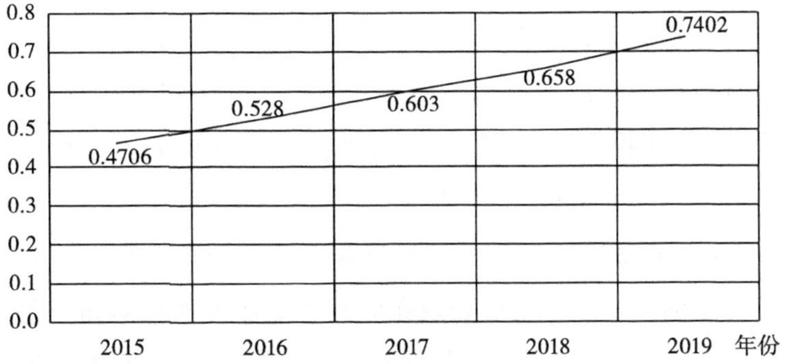

图2－1 2015—2019年陕西“三农”现代化建设综合指数折线图

2.2.2 “三农”现代化一级指标指数及其评价

基于上述指标选择及方法计算，得出2015—2019年陕西“三农”现代化一级指标指数柱状图（图2－2）。

表2－2 2015—2019年陕西“三农”现代化一级指标指数

年份	农业现代化指数	农村现代化指数	农民现代化指数
2015	0.1639	0.1723	0.1344
2016	0.1727	0.1908	0.1645
2017	0.2123	0.1918	0.1989
2018	0.2141	0.2087	0.2352
2019	0.2369	0.2364	0.2669

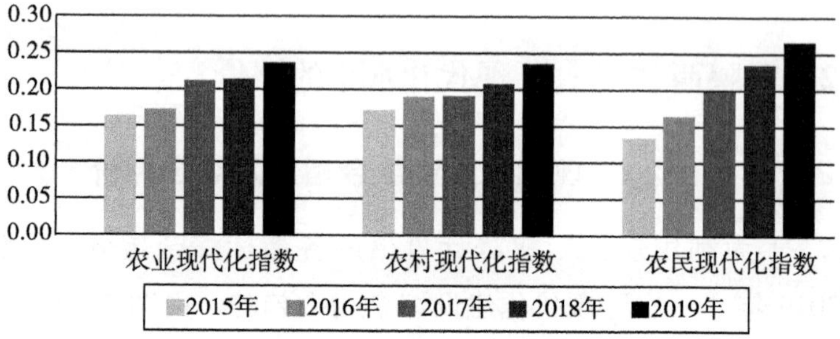

图 2－2　2015—2019 年陕西“三农”现代化一级指标指数柱状图

表 2－2 和图 2－2 反映了陕西农业现代化、农村现代化、农民现代化指数值及变化态势。具体来看，在农业现代化建设维度中，2015—2019 年陕西农业现代化呈现出持续增长的基本态势。在农村现代化建设维度中，2019 年较 2015 年提高了 1.372 倍，说明近年来陕西农村现代化建设总体呈缓慢上升的态势。2017 年陕西农村现代化指数出现增长几乎停滞的现象，但在 2018 年和 2019 年增长速度逐步上升，2017 年陕西农村现代化发展出现停滞不前的现象，主要表现在农村养老服务机构数量、每千农业人口村卫生室人员数下降，每千农业人口村卫生室人员数减少等方面，而 2018 年和 2019 年陕西农村现代化指数的稳定上升依赖于对于农村养老、卫生、医疗等方面的重视和推进。在农民现代化建设维度中，2015—2019 年陕西农民现代化呈现出连续增长的基本态势。

2.2.3　陕西“三农”现代化二级指标指数和三级指标指数及其评价

2015—2019 年陕西“三农”现代化二级指标综合指数如表 2－3 所示。农业现代化、农村现代化、农民现代化部分三级指标对比结果如表 2－4、表 2－5、表 2－6 所示。

表 2－3　2015—2019 年“三农”现代化二级指标指数

一级指标	二级指标	2015 年	2016 年	2017 年	2018 年	2019 年
农业现代化	农业生产条件	0.0730	0.0590	0.0679	0.0675	0.0709
	农业产出能力	0.0332	0.0348	0.0384	0.0344	0.0513

续表

一级指标	二级指标	2015 年	2016 年	2017 年	2018 年	2019 年
农业现代化	农业可持续发展	0.0331	0.0399	0.0615	0.0641	0.0654
	农业制度创新能力	0.0247	0.0391	0.0445	0.0481	0.0493
农村现代化	农村公共服务能力	0.0841	0.0911	0.0955	0.077	0.0943
	农村基础设施建设能力	0.0388	0.0423	0.0318	0.0492	0.0446
	农村人居环境	0.0494	0.0573	0.0645	0.0826	0.0975
农民现代化	农村居民收入水平	0.054	0.0609	0.0778	0.0907	0.108
	农村居民支出水平	0.0804	0.1036	0.1211	0.1445	0.1589

表 2-4 2015—2019 年陕西农业现代化代表性指标对比

类别	年份	农用机械总动力/千瓦时	第一产业贡献率/%	水土流失治理面积/千公顷	农村家庭农场份/个
陕西	2015	2667.3	5.1	7288.3	4245
	2016	2171.9	4.7	7571.2	9327
	2017	2242.5	5.1	7765.0	12201
	2018	2311.8	3.4	7918.0	15433
	2019	2331.5	5.9	8039.8	16330
年平均增长率/%		-2.85	10.22	2.49	45.71

由表 2-3、表 2-4 可知，2015—2019 年陕西农业现代化建设各分项指数呈现出波动上升态势。具体来看，在农业生产条件分项维度中，农用机械总动力年平均增长率为-2.85%，但是整体来看，除 2016 年外，2017—2019 年陕西省农用机械总动力均呈上升趋势，说明陕西省机械化作业领域不断扩大，农业劳动效率有所提升。陕西第一产业贡献率年平均增长率为 10.22%，说明陕西省农、林、牧、渔业发展较为稳定。此外，陕西省 2015—2019 年水土流失治理面积年平均增长率为 2.49%，这说明陕西省在生态保护建设方面成效显著，为可持续发展奠定了基础。制度创新能力方面，陕西省农村家庭农场个数从 2015 年的 4245 个增长到 2019 年的 16330 个，年平均增长率为 45.71%。可以看出，陕西省农业制度创新能力显著提升，家庭农场作为我国农村社会经济领域中的新事物，为完善农村基本经营体制探索提供了有效路径，对现代化农业经营体系的构建具有推动作用。

表2－5　2015—2019年陕西农村现代化代表性指标对比

类别	年份	农村养老服务机构/个	农村居民家庭平均每百户年末移动电话接入互联网数/个	农村卫生厕所普及率/%
陕西	2015	338.0	66.1	25.8
	2016	323.0	104.7	30.6
	2017	349.0	112.9	31.3
	2018	321.0	157	35.5
	2019	345.0	172.9	49.3
年平均增长率/%		0.77	28.85	18.30

由表2－3、表2－5可知，2015—2019年陕西农村现代化建设各分项指数呈现出波动上升态势。具体来看，农村公共服务方面，农村养老服务机构2015—2019年平均增长率为0.77%，说明陕西省养老服务体系建设逐步完善。农村基础设施建设能力在2015—2019年总体呈现出波动上升趋势，农村投递线路总长度在2018年迅速下降是造成农村基础设施能力建设波动的主要原因。农村人居环境持续改善，表明陕西省农村人居环境整治成效显著，农村生态环境得到较大改善。

表2－6　2015—2019年陕西农民现代化代表性指标对比

类别	年份	城乡居民收入比	农村居民人均消费支出/元	农村居民人均教育文化娱乐消费支出/元	农村居民恩格尔系数/%
陕西	2015	3.04	7900.71	1037	27.83
	2016	3.03	8567.69	1103	26.93
	2017	3.00	9305.57	1083	25.97
	2018	2.97	10070.76	1253	25.59
	2019	2.93	10934.67	1387	25.90
年平均增长率/%		－0.92	8.46	7.74	－1.76

由表2－3、表2－6可知，2015—2019年陕西农民现代化建设各分项指数均呈现出持续上升态势。具体来看，城乡居民收入比2015—2019年年平均增长率为－0.92%，表明城乡收入差距在逐年缩小。农村居民人均消

费支出年平均增长率为8.46%，说明农村居民消费水平在逐年提升，其中教育文化娱乐消费支出也在逐年增加，2015—2019年年平均增长率为7.74%，农村居民恩格尔系数2015—2019年年平均增长率为-1.76%，表明农村居民恩格尔系数整体呈下降趋势，再一次说明农村居民生活水平正在逐年提高。

2.3 陕西和兄弟省份“三农”现代化的现状比较

基于陕西2015—2019年“三农”基本实现现代化的分项指标及综合评价指数，初步得到现阶段陕西“三农”现代化的发展水平，本节通过将陕西2015—2019年“三农”现代化相关指标与江苏、广东、甘肃、贵州进行同维度的横向对比，进一步探索陕西“三农”现代化发展的现状和特征。

表2-7反映了2019年陕西与甘肃、贵州、江苏、广东农业现代化相关指标的对比情况。农用机械总动力指标中，陕西排名第四，说明陕西在农业机械化、自动化水平上依然与东部地区存在差距。第一产业增加值占地区生产总值比重指标中，陕西排名第三。在农作物总播种面积指标中，陕西排名第四（甘肃地区该项指标数值缺失），家庭农场指标中，陕西排名第二（甘肃和广东该项指标数值缺失），说明陕西在农业制度创新方面处于西部地区前列，但与东部地区依然存在差距。

表2-7 2019年陕西与代表性省份农业现代化指标对比

指标	陕西	甘肃	贵州	江苏	广东
农用机械总动力/千瓦时	2331.5	2174.0	2484.6	5112.0	2455.8
第一产业增加值占地区生产总值比重/%	7.7	12.0	13.6	4.3	2.6
农作物总播种面积/千公顷	4132.08	—	5481.56	7442.63	6536.07
家庭农场/个	16330	—	2174	52000	—

表2-8反映了2019年陕西与甘肃、贵州、江苏、广东农村现代化相关指标对比情况。在平均每村拥有农村养老服务机构指标中，陕西排名第

四，说明陕西在农村公共服务方面与东部地区存在较大差距。乡镇文化站作为农村公共文化体系的基层组织，是社会主义精神文明建设的重要方面，陕西在这一指标中位列第二。农村居民家庭平均每百户拥有移动电话数这一指标中，陕西排名第三。生活垃圾得到有效治理的行政村占比这一指标中，陕西排名第二（甘肃和广东该项指标数值缺失），说明陕西应继续加强力度完善农村人居环境整治措施。

表 2-8　2019 年陕西与代表性省份农村现代化指标对比

指标	陕西	甘肃	贵州	江苏	广东
农村养老服务机构（个/村）	0.0212	0.0075	0.0483	0.0794	0.0630
农村居民家庭平均每百户拥有移动电话数/个	260.6	—	298.7	246.07	286.34
生活垃圾得到有效治理的行政村占比	88.3%	—	77.3%	99.86%	—
乡镇文化站（个/村）	0.073	0.077	0.100	0.061	0.064

表 2-9 反映了 2019 年陕西与甘肃、贵州、江苏、广东农民现代化相关指标对比情况。城乡居民收入比指标中，陕西排名第三，说明陕西在缩小城乡收入差距方面与东部地区还存在很大差距。目前城乡二元结构问题突出。二元结构不仅表现在现代农业和传统农业的结构上，还表现在现代城市和落后的农村的结构上。在农村居民人均消费支出这一指标中，陕西排名第三，并且东部地区农村人均消费支出普遍高于西部地区，说明东西部农村居民生活水平存在较大差距。此现状也在农村居民恩格尔系数这一指标中被再次证实，陕西在农村居民恩格尔系数指标中排名第二。

表 2-9　2019 年陕西与代表性省份农民现代化指标对比

	陕西	甘肃	贵州	江苏	广东
城乡居民收入比	2.93	3.36	3.20	2.25	2.56
农村居民人均消费支出/元	10934.70	9694.00	10221.70	17715.90	16949.40
农村居民恩格尔系数/%	25.90	29.16	36.70	26.20	37.10

2.4 陕西基本实现“三农”现代化的制约因素

基于对陕西“三农”现代化建设二级指标、三级指标的综合评价和现状分析，进一步梳理并归纳陕西“三农”基本实现现代化的制约因素。

2.4.1 陕西农业产业发展质量不高，科技创新要素和人力资本要素稀缺

陕西在推进农业现代化发展与建设中，主要存在农业产业发展质量不高和科技创新要素、人力资本要素投入不足的制约。一是产业发展质量不高。农产品供给结构性矛盾突出，自然风险、市场风险抵御能力较低，精深加工不足，农业全产业链融合发展不足，品牌竞争力不强，农产品仓储、物流、信息服务等条件亟待提升。二是陕西省科技创新要素和人力资本要素不足。在“十三五”建设期间，陕西农业科技创新要素和人力资本要素不断积累：组建40个省级现代农业产业技术体系，组装集成推广技术500多项，农业科技贡献率达到59.2%，主要农作物耕种收综合机械化率68%；高素质农民由2015年的1.23万人增长到15.5万人①。但是陕西与东部较发达省份农业相比，还存在科技创新要素和人力资本要素不足、农业科技进步贡献率不高的差距。

2.4.2 陕西农村基础设施薄弱，公共服务供给不足

陕西在建设农村现代化过程中存在基础设施薄弱、公共服务供给不足的制约。农村基础设施和公共服务水平与城区差距依然较大，长效管护机制还未完全建立，农村集体经济实力整体较弱，无经营收益村超过35%，农村发展不平衡的问题依然突出。相比于东部发达省份，农村养老服务机构、乡镇文化站等提升农民生活质量的公共产品供给不足，说明陕西对农村公共产品供给重视度不足。未来则需要更多地关注农村公共服务供给的数量和质量，重视农村医疗、养老、精神娱乐等方面的公共产品供给力度。

① 数据源于陕西省“十四五”推进农业农村现代化规划（征求意见稿）。

2.4.3 农村生产要素流动性不足，深化农村改革有待加强

陕西在推进农村现代化发展与建设中，存在农村生产要素流动性不足的制约，陕西深化农村改革仍然面临多重挑战。“十三五”期间，陕西农村改革成果显著，率先全面完成农村承包地确权登记颁证工作，99.5%的村完成改革任务，土地流转面积1587.4万亩，流转率达到26.9%。[①] 成绩来之不易，问题依旧存在。一是农村资源要素产权界定不够清晰。农村资源产权界定不清晰，大量农村资源要素得不到有效利用，农村承包地“三权”平等保护的体制机制尚未充分建立，工商资本下乡存在诸多障碍。二是农村改革专项性、碎片化、不配套问题严重，农村改革系统性有待加强。

2.4.4 陕西城乡收入差距严峻，农民收入持续增长保障机制不健全

在推进陕西农民现代化进程中，缩小城乡居民收入差距、健全农民收入持续增长保障机制是现实而又紧迫的任务。一是农民收入水平偏低且城乡收入差距较大。2020年陕西农村居民人均可支配收入13316元，居全国第27位，绝对值低于全国平均水平约4000元；2020年陕西城乡居民人均可支配收入分别增长4.9%和8%，城乡居民收入比由2015年的3.04下降到2019年的2.93，城乡收入相对差距不断缩小，但绝对差距持续扩大，农村内部收入差距依然严峻。二是在农民收入持续增长保障机制方面，相对于市民而言，农民在城镇职工平等就业、同工同酬、劳动者权益保护等方面还存在一定的差距。

① 数据源于陕西省“十四五”推进农业农村现代化规划(征求意见稿)。

2.5 陕西基本实现“三农”现代化的模式选择与实现路径

2.5.1 强化科技要素和人力资本要素投入，建设现代农业产业体系

（1）盘活农业科技资源，强化科技创新支撑

一是立足于“十四五”时期陕西农业农村现代化发展的战略需求，发挥西北农林科技大学示范区的科教支撑作用，整合农业高新技术企业、高等院校、科研院所等优势资源，打造农业科技创新联盟，为农业科技自主创新奠定软硬件基础。二是开展干旱半干旱地区农业科研科技攻关，实施农业关键核心技术攻关工程，引进优质创新资源要素，组织开展联合攻关，支持重点企业联合高校共建科技研发转化平台，加快科技创新成果市场化速度，建立农业创新成果运用与交易市场，强化科技对农业现代化的引领作用。三是坚持农业科技创新的基础性、公益性属性，加大农业科技创新政策支持力度，调整优化农业科技投入结构，注重保护农业科技知识产权，提升农业科技人员待遇水平，将科研投入转向以推动科技进步、自主创新和技术人才引进为主的研发投入模式。坚持创新驱动发展，全面塑造陕西农业发展新优势。

（2）提高农民科技文化素质，推动乡村人才振兴

乡村振兴不仅要关注高精尖的农技、管理人才，也要重视“土专家”“田秀才”等乡土人才。既要引进外来人才，也要就地孵化本土人才，推动资本、技术等资源流向乡村建设，让乡村成为乡土人才干事创业的乐园。积极构建立体、全面、开放的农民教育培训新格局，培养有文化、懂技术、善经营、会管理的高素质农民队伍，造就更多乡土人才，助力实现“三农”基本现代化。

（3）深化农业供给侧结构性改革，建设现代农业产业体系

坚持供给侧改革主线不动摇，优化农业生产结构，发展陕西特色农业。继续调减市场剩余的低端供给，调增市场紧缺的中高端供给，逐步构建起农业优势区域布局和专业生产格局。统筹推进农业绿色发展，推进设施农业转

型升级、畜牧业高质量发展，抓好特产，如奶山羊、苹果、木耳、红枣、核桃、中药材、肉羊等产业规模化、标准化、品牌化建设。抓好生猪生产，引导大型企业在渭北、陕北布局建场，做好猪肉储备工作。实施农产品加工提升行动，配套建设冷链仓储设施，推动农村一二三产业融合发展。

（4）农业现代化未来趋势展望

到 2035 年，陕西实现农业工业化，基本实现农业现代化。农业科技贡献率和高素质农民人数大幅增长，主要农作物耕种收综合机械化程度基本全覆盖，农业结构得到根本性改善，现代农业产业体系、生产体系、经营体系基本成熟。

2.5.2 实施乡村建设行动，统筹城乡发展一体化

（1）推动农村基础设施提档升级

一是完善农村用水保障。建立健全农村饮用水安全管理长效机制，成立农村饮用水安全工作领导小组，具体负责农村饮水安全工程的组织实施和日常管理，及时研究解决农村饮用水安全问题。同时抓好水源地调查、监测和保护工作，组织相关部门对农村饮用水源地进行调查，包括水资源总量，水质情况、可供水人口、周围农村人口总量等内容。二是加快农村电力物流能源网络建设。加快推进新一轮农村电网改造、乡村电气化工程、燃气下乡、煤炭清洁化利用，构建农村配电物联网，满足农产品加工、乡村旅游等农村新产业新业态和农民消费升级用电需求。三是推动“四好农村路”建设。加快县乡公路改建，提高农村和边境地区交通通达深度，破除妨碍生产要素市场化配置和商品服务流通的体制机制障碍，降低全社会交易成本。

（2）持续改善农民人居环境

一是以改厕和污水垃圾处理为重点，整治农村人居环境，统筹推进厕所粪污与生活污水、畜禽养殖废弃物治理有效衔接，支持联户、联村、村镇一体化处理和资源化利用。推进化肥农药减量化和土壤污染治理，加强白色污染治理。二是加大乡村生态保护与修复力度。加强乡村自然生态空

间保护，以美丽宜居乡村为主要载体，打造山水林田湖草全域大美格局。实施流域环境综合治理，积极开展乡村河湖湿地生态系统保护和修复，推进水土流失综合治理，加强生态清洁小流域建设。

（3）重点提升农村公共服务供给能力

一是优先发展乡村教育事业。规划布局乡村基础教育学校，推动建立以城带乡、整体推进、均衡发展的义务教育发展机制。全面改善薄弱学校和寄宿制学校办学条件，鼓励和发展农村普惠性幼儿园。深化乡村教师工资福利和社会保险政策，选派鼓励优秀教师到农村薄弱学校支教任教，建立健全城乡教师双向流动机制。

二是加强农村养老卫生服务站、文化站等公共产品的供给力度，开展美好环境与幸福生活共同缔造活动，以改善群众身边、房前屋后人居环境的实事和小事为切入点，打造一批美丽宜居示范镇村，让广大农民群众在一点一滴中感知变化、感受幸福。

三是健全农村社会保障制度。加快立法，完善农村社会保障制度，形成严密的网络，完善多层次社会保障体系，建成覆盖全民、统筹城乡、公平统一、可持续的多层次社会保障体系。因地制宜地完善城乡居民医疗保险、城乡居民社会养老保险、农村低保等农村保障项目。

（4）农村现代化未来趋势展望

到2035年，陕西农村基础设施提档升级全部完成，人居环境大为改善，农村公共服务供给能力基本实现现代化。乡村产业规模迈上新的台阶，农民收入达到全国平均水平，城乡居民收入差距持续缩小，共同富裕迈出坚实步伐；城乡融合发展体制机制更加完善，城乡基本公共服务均等化基本实现，乡风文明达到新高度，乡村治理体系和治理能力基本实现现代化；农村生态环境根本好转，生态宜居美丽乡村基本实现。

2.5.3 提高农民收入，大力培育高素质农民

（1）持续稳定推进农民收入增加

陕西为促进农民持续增收，一是持续稳定农民就业。保持农民在建

筑、电子、商贸、快递等劳动密集型行业集中就业，农民工就业数量总体保持稳定，工资收入持续适量增长。同时，保障农民工工资和就业合同管理，严厉打击欠薪违法行为，完善城乡劳动者平等就业制度，推动形成平等竞争、规范有序、城乡统一的劳动力市场，稳定农民工就业信心。二是支持农民灵活就业、就地就近就业。加快做大做强地方特色名小吃产业，推动地摊经济的发展。通过政策扶持和技能培训，引导农村富余劳动力从事家政服务业。同时注重开发垃圾污水处理设施管护、历史文化村落遗存看护、绿化养护、旅游名胜村防火、卫生保洁、森林管护等公益性岗位，优先安排给不能外出就业或低收入农民，力争实现公益性岗位建制村全覆盖。

（2）大力培育高素质农民

陕西实现农民现代化，大力培育高素质农民势在必行。一是就家庭农场、农民合作社和农业社会化服务组织发展需求，培养新型农业经营主体和服务主体、农业经理人等具有较强示范带动作用的高素质人才队伍，提升主体从业者的专业技能和生产经营能力。二是针对陕西省特色农业，如千亿苹果、千亿奶山羊、千亿木耳等，以种植业、养殖业、农产品加工业大户为重点，围绕陕西特色农业需求和乡村振兴要求，实施高素质农民培育工程。三是聚焦农村电商和商贸流通，开展技术指导、项目推广等服务，加大农业产业支持力度，让农民大跨步追上时代潮流。四是推动农民提升学历教育，减轻农民在学习方面的生活负担，支持更多农民提升学历教育，进而发展成为新型职业农民。

（3）健全农民收入持续增长保障机制

健全农民收入持续增长保障机制，一是优化农民就业创业条件，完善城乡劳动者平等就业制度，推动形成平等竞争、规范有序、城乡统一的劳动力市场，落实农民工与城镇职工平等就业、同工同酬制度。二是完善农产品价格形成机制。坚持市场化改革取向和保护农民利益并重，完善粮食等重要农产品价格形成机制和收储制度。健全重要农产品收储体系，完善地方储备粮油承储、轮换管理办法，提高储备效率，确保储备粮油数量、质量和存储安全。

（4）农民现代化未来趋势展望

到2035年，陕西农民收入大幅增加，城乡收入差距得到根本性改善，高素质农民数量显著增加，农民生活质量和水平得到较大提升，获得感、幸福感、安全感显著增强。

2.5.4 深化农村改革，完善农村要素资源配置

（1）积极开展农村土地制度改革

深化改革是实现农村现代化的重要法宝。“十四五”时期陕西深化农村改革仍然面临多重挑战。一是巩固完善农村土地承包管理制度。保持农村土地承包关系稳定并长久不变，落实第二轮土地承包到期后再延长30年政策。在农村耕地实行所有权、承包权、经营权“三权分置”的基础上，按照依法自愿有偿原则，引导农民通过土地经营权入股、土地托管、产业托管、代耕代种等方式流转承包土地的经营权。二是推进宅基地三权分置改革。扎实推进宅基地“房地一体”确权登记颁证，探索宅基地“三权分置”实现形式，稳慎推进农村宅基地改革。三是建立农村集体经营性建设用地入市制度。拓展农村集体产权制度改革试点成果，培育农民合作社、家庭农场等新型农业经营主体，壮大新型农村集体经济。推动农村改革，要尊重基层和群众创造，既鼓励探索，又稳慎推进，最大限度地激发农村资源要素活力。

（2）构建新型农业经营体系

构建新型农业经营体系，一是扶持发展新型农业经营主体。深入实施家庭农场培育计划与农民专业合作社和土地股份合作社规范化提升行动，健全家庭农场名录管理制度，推进合作经营模式，提升经营管理水平。二是深化农垦企业化改革。坚持分类推进、分级负责、分步实施，加快集团化、企业化改革及办社会职能改革，推动垦区高质量发展。建立健全省农垦管理新体制新机制，加强农垦国有农用地保护和利用管理，创新农垦农业经营体系，构建陕西垦区现代农业产业体系。

（3）健全城乡融合发展机制

深化农村改革，要健全城乡融合发展机制，推动城乡要素平等交换、双向流动，增强农业农村发展活力。健全城乡统一的建设用地市场，积极探索实施农村集体经营性建设用地入市制度。建立土地征收公共利益用地认定机制，缩小土地征收范围。探索宅基地所有权、资格权、使用权分置实现形式。保障进城落户农民的土地承包权、宅基地使用权、集体收益分配权，鼓励依法自愿有偿转让。实施大学生村官“三支一扶”行动，探索挂职、兼职和在岗、离岗创新创业等制度，推进城市人才服务乡村。深化农村集体产权制度改革，发展新型农村集体经济。健全农村金融服务体系，发展农业保险。

2.5.5 将巩固拓展脱贫攻坚成果与乡村振兴有效衔接

陕西“三农”工作正处于巩固脱贫攻坚成果与乡村振兴的历史交汇期，处于新时代推进新发展格局、高质量发展等战略机遇期。建立健全巩固拓展脱贫成果与乡村振兴有效衔接长效机制是中国特色社会主义进入新时代做好“三农”工作的重要一环。

将巩固拓展脱贫攻坚成果与乡村振兴有效衔接。一是建立健全巩固拓展脱贫攻坚成果长效机制。保持过渡期内主要帮扶政策总体稳定，健全动态监测和帮扶机制，继续加强脱贫地区产业帮扶，补上技术、设施、营销等短板，防止规模性返贫。强化易地搬迁后续扶持，多渠道促进就业，加强配套基础设施和公共服务。二是推进脱贫地区乡村振兴。培育壮大农业龙头企业，通过机制创新提高本地人口就业率和对当地经济的贡献率。对脱贫县、脱贫村、脱贫人口一定要“扶上马、送一程”，做好与乡村振兴的政策衔接、工作衔接、机制衔接，确保在共同富裕的道路上一个也不掉队。

3 陕西工业基本实现现代化的路径与政策

“十四五”时期，我国进入新发展阶段，迈向全面建设社会主义现代化国家新征程。党的十九大报告中指出，建设现代化经济体系，必须把发展经济的着力点放在实体经济上。习近平总书记也多次指出，要大力发展实体经济，筑牢现代化经济体系的坚实基础。因此，发展实体经济是建设现代化经济体系的基础和关键。工业是实体经济的主体与核心，能否实现工业的现代化，直接关系到现代化建设任务能否顺利完成。

习近平总书记2020年在陕西考察时提出“奋力谱写陕西新时代追赶超越新篇章”的总要求是陕西在迈向全面建设社会主义现代化国家新征程中的重大战略任务。为此，工业基本实现现代化是陕西完成这一总要求的重点与保障。陕西工业基本实现现代化的基本内涵是在强优势、补短板的方向上实现陕西工业包括结构、效率、效益等在内的整体性优化升级。因此，陕西工业基本实现现代化包含两个核心命题：一是陕西工业基本实现现代化的方向与要求是什么，二是如何实现陕西工业基本实现现代化。

本章在分析工业现代化的一般内涵和时代内涵的基础上，总结了工业现代化的评判标准，进而针对陕西实际情况，从速度效益、技术创新、可持续发展、两化融合、人力资源五个维度综合评价了陕西工业现代化的发展水平，指出了陕西工业基本实现现代化的基本方向与要求，进而提出了创新、数字化、集聚、开放、分工五个推动陕西工业基本实现现代化的路径，并对未来15年陕西基本实现现代化的趋势进行了预测。

3.1 陕西工业基本实现现代化的评判标准

3.1.1 工业现代化的基本内涵

(1) 工业现代化的含义

当前，中国的工业现代化具有双重内涵：其不仅仅包括一般意义上的现代化的含义，在此基础上，更重要地体现在中国开启全面建设社会主义现代化国家新征程的新时代的新内涵上。

一般意义上的工业现代化是指“通过发展科学技术，采用先进的技术手段和科学的管理方法，使工业自身建立在当代世界科学技术的基础上，使整个国家的工业生产和技术水平达到当时的先进水平”。工业现代化是一个相对的动态的概念，衡量一个国家工业现代化的水平，要以同时代世界范围内工业现代化的先进水平作为标准，而科学技术是不断进步的，与之相对应的世界工业先进水平的标准也是在不断提高的①。

而在开启全面建设社会主义现代化国家的新征程中，工业现代化对于中国实现现代化具有三重含义：工业现代化既是中国实现现代化的内涵与目标，也是实现现代化的重要手段，还是推动现代化的重要过程。

首先，工业现代化是中国实现现代化的内涵与目标。党的十九大站在新的历史起点上，进一步明确了第二个百年奋斗目标分两个阶段推进的战略安排，即到2035年基本实现社会主义现代化，到本世纪中叶把我国建成富强民主文明和谐美丽的社会主义现代化强国。党的十九届五中全会描绘了到2035年基本实现社会主义现代化的远景目标，其中包括“建成现代化经济体系”，而现代化的工业是现代化经济体系的重要组成部分。因此，工业现代化是中国实现现代化中的重要内涵与目标。

其次，工业现代化是中国实现现代化的重要手段。中国实现现代化，建设现代化经济体系，必须把发展经济的着力点放在实体经济上，把提高

---

① 韩毅．论工业现代化的世界历史进程[J]．中国社会科学院研究生院学报，2007(1)：97－103.

供给体系质量作为主攻方向。工业是实体经济的主体部分，工业高质量发展是经济高质量发展的基础和关键。而中国要建成社会主义现代化强国，工业是基础，工业是筋骨，工业是支柱，离开工业实体经济的发展，现代化建设难以实现①。

同时，工业现代化是中国现代化的重要过程。现代化是人类社会从传统社会向现代社会转变的历史过程，而社会变迁的动力来自经济增长和结构变革，也就是工业化②。这意味着中国实现现代化需要以工业化进程的不断推进和深化为前提，且这种工业化进程不同于过去追求高速增长的工业化道路，必须是高质量的工业化进程，即工业现代化。工业现代化的过程，就是推动中国实现社会主义现代化的过程。

（2）工业现代化的标准

根据工业现代化的一般含义，工业现代化具有四个一般标准③：

第一，有利于工业生产力的发展。经济社会发展归根结底还是来自生产力的发展。邓小平指出："社会主义的本质，是解放生产力，发展生产力，消灭剥削，消除两极分化，最终达到共同富裕。"我国基本矛盾的主要方面在于生产力方面。因此，中国工业现代化的根本方向就是解放和发展生产力④。

第二，有利于人民收入和生活质量的提高。提高人民的生活水平是我国社会主义现代化建设的出发点和落脚点，要让人民普遍分享工业现代化的成果，物质文化生活水平全面提高，走上共同富裕的道路。

第三，有利于工业技术水平和竞争力的提高。工业生产技术水平和创新能力进入世界先进行列是判断工业现代化水平的核心标准，技术水平和

---

① 郭朝光．当前中国工业发展问题与未来高质量发展对策[J]．北京工业大学学报（社会科学版），2019(2)：50－59.

② 黄群慧．以高质量工业进程促进现代化经济体系建设[J]．行政管理改革，2018(1)：11－14.

③ 何传启．现代工业的新前沿——中国现代化报告2014—2015：工业现代化研究综述[J]．科学与现代化，2015(3)：19.

④ 萧新桥．马克思主义理论指导下的中国工业高质量发展的逻辑与出路[J]．新型工业化，2019(8)：118－124.

创新能力也与工业竞争力的高低密切相关。只有具备先进的技术水平和强大的国际竞争力，才能扩大在国际和国内市场上的占有率，在国际分工中占据优势地位。

第四，有利于工业的环境友好和绿色发展。工业发展方式从粗放的数量扩张向集约的质量提高转变，能源消耗和环境污染的程度逐渐降低，是工业现代化进程的一般规律。如果不能形成绿色工业生产体系、实现工业与环境的协调发展，工业发展将无法推动社会进步、改善人类福祉，环境和资源也将成为工业发展的“终极约束”。

按照中国开启社会主义现代化新征程的重大的时代内涵，产业现代化有其明确内涵，即产业的高质量发展。因此，在上述一般标准的基础上，工业现代化还须满足五个标准：①②

第一，速度和效益有机统一。工业现代化要以一定的增长速度为基础，同时，效益是工业实现良性循环和健康发展的关键，工业现代化需要实现速度和效益的有机统一。

第二，技术创新能力不断提高。实现工业现代化需要以科技创新作为其核心驱动力，提高技术创新能力是推动工业转型升级、实现高质量发展的根本要求。

第三，资源节约和环境友好。工业现代化要求实现工业经济与资源环境的和谐发展，推动工业生产方式绿色转型，在资源节约、环境友好的基础上，增强工业可持续发展能力。

第四，两化融合不断深化。以信息化带动工业化，以工业化促进信息化，是走新型工业化道路的内在要求。信息技术与工业发展深度融合，是推动生产力、生产方式不断变革的重要途径，也是现代化工业体系区别于传统工业体系的重要特征。

第五，人力资源结构优化和待遇提升。实现工业现代化应以高水平的

---

① 工信部赛迪智库．中国工业发展质量区域排行榜[J]．中国工业评论，2016(7)：34－36.

② 任保平，张倩．西部地区高质量发展中现代化产业体系的评价及其构建路径[J]．中国经济报告，2020(2)：40－53.

人力资本作为支撑，并着眼于解决广大人民群众的就业问题，使企业职工能够分享工业发展的成果。

（3）工业现代化的类型

按照一般意义，不同的国家和地区，其工业现代化大致可分为两类：一类是发达国家的工业现代化，也称为领先型工业现代化；另一类是落后国家的工业现代化，即追赶型工业现代化。

领先型工业现代化，是指对于工业生产和技术已经达到世界先进水平的国家和地区来说，虽然暂时实现了工业现代化，但其工业现代化的进程仍然要伴随科技进步不断向新的世界先进工业水平迈进。因此，发达国家和地区工业现代化的具体内容，是使自己已经处于世界先进水平的工业生产不断地跟上日新月异的科技发展的步伐，把工业不断地建立在最新最先进的科学技术的基础之上，从而保持自己在世界工业生产中的领先地位。

赶超型工业现代化，是指对于落后国家和地区来说，采取适合自己的发展战略，通过有计划的技术改造和学习世界先进技术，不仅要逐步地缩小与工业发达国家和地区的距离，早日赶上发达国家和地区，而且要追逐当代最新的科学技术的发展，使自己的工业生产达到世界先进水平①。

当前，中国经济逐步转入中速稳定增长期，这一时期的两种增长类型可以概括为“补短型增长”与“升级型增长”②。按照中国开启社会主义现代化新征程的重大时代内涵，根据全国以及各区域的发展实际，中国的区域工业现代化也可以类似地分为“赶超型工业现代化”与“升级型工业现代化”。其中，“赶超型工业现代化”是指相对于全国平均水平而言，工业化程度还较为落后的地区，提升技术水平，优化产业结构，逐步从传统高耗能、粗放式发展模式向高质量发展转变，实现工业水平从相对落后向全国领先的发展。“升级型工业现代化”主要是指追赶当今世界工业发展领先的国家，以使自身达到世界先进水平，在全球科技和经济发展前沿进

① 韩毅．论工业现代化的世界历史进程[J]．中国社会科学院研究生院学报，2007(1)：97－103.

② 刘世锦．补短型增长与升级型增长[J]．比较，2020(4)：50－56.

行探索,创造新的世界先进工业水平。

3.1.2 陕西工业现代化的发展态势

(1)工业生产保持增长

2015—2019年,陕西工业增加值持续上升,2019年全部工业增加值达到9609.7亿元,比上年增长5.1%(见图3-1)。其中,规模以上工业增加值增长5.2%。2020年受新冠肺炎疫情影响增速有所下降,但仍然保持了正增长,全年全部工业增加值比上年增长0.8%,规模以上工业增加值增长1.0%。①

分行业来看,2020年能源工业受疫情影响较小,规模以上能源工业增加值同比增长2.3%,高于全省规模以上工业增速1.3个百分点。其中,煤炭开采和洗选业增长5.4%,石油和天然气开采业下降1.4%。非能源工业增加值下降0.2%,其中,计算机、通信和其他电子设备制造业增长37.4%,电气机械和器材制造业增长16.5%,汽车制造业增长7.4%,金属制品业增长18.7%,以上四个行业的迅速增长合计拉动全省规模以上工业增速2.9个百分点。②

从经济类型来看,"十三五"期间,全省非公经济总量快速增长,非公经济增加值年均增长11.18%,2015—2019年,非公经济增加值占全省GDP的比重由53.4%小幅增至54.6%,同一时期,工业非公经济增加值占行业比重增幅相对较大,从50.3%增至54.9%。③ 2020年,非公经济受到疫情较大冲击,占GDP比重降至51.1%,工业非公经济占比降至54.2%。从企业规模看,非公企业总体以小型企业居多,大中型企业较少。④

工业投资方面,自2010年以来,陕西省工业投资增长总体低于全社会固定资产投资增速。2019年的工业投资增速出现大幅提升,但2020年又

---

① 资料来源:2019年和2020年《陕西省国民经济和社会发展统计公报》。

② 资料来源:陕西省统计局网站《工业生产企稳回升 发展质量不断提高》,http://tjj.shaanxi.gov.cn/tjsj/tjxx/qs/202102/t20210208_2152755.html。

③ 资料来源:陕西省统计局网站《2019年陕西非公经济发展情况分析》,http://www.shaanxi.gov.cn/sj/tjfx/202003/t20200324_1481595.html。

④ 资料来源:陕西省统计局网站《2020年陕西非公经济发展分析》,http://tjj.shaanxi.gov.cn/tjsj/tjxx/qs/202102/t20210226_2154439.html。

回落 11.9 个百分点，转为 -0.4%（见图 3-2）。

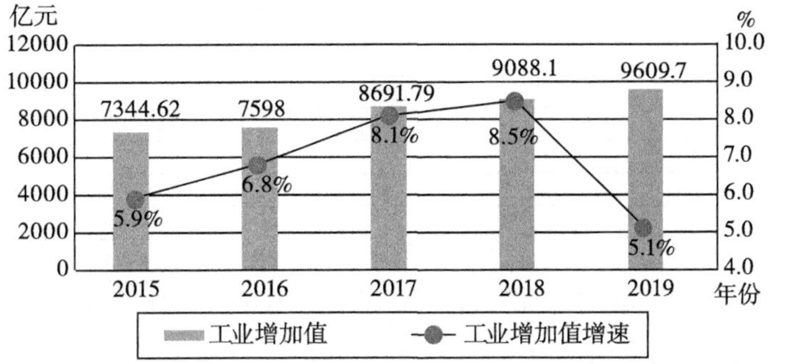

图 3-1　2015—2019 年陕西工业增加值及增加值增速

资料来源：2019 年《陕西省国民经济和社会发展统计公报》。

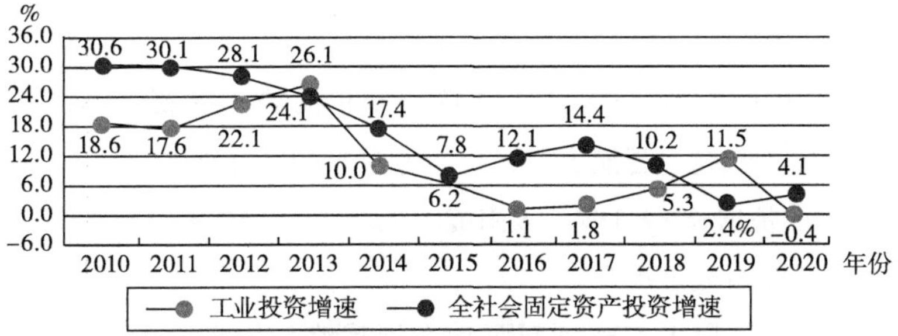

图 3-2　2010—2020 年陕西工业投资和全社会固定资产投资增速

资料来源：陕西省历年统计年鉴。

（2）发展质量不断提高

“十三五”以来，陕西战略性新兴产业蓬勃发展，已成为陕西实现经济高质量发展的新动能和生力军。2017—2020 年，工业战略性新兴产业增加值保持较快增长，且增速显著高于规模以上工业增加值增速（见图 3-3），对工业转型升级起到了重要的引领带动作用。

作为制造业核心竞争力和发展水平的代表，高技术和装备制造业发展迅速。高技术制造业占全省规模以上工业的比重连续四年提升，2020 年占比达到 11.9%，增加值同比增长 16.1%，拉动全省规模以上工业增长 1.6 个百分点；装备制造业在 2020 年的增加值同比增长 14.7%，高于全省规模以上工业增速 13.7 个百分点，高于制造业增速 4.5 个百分点，拉动全省

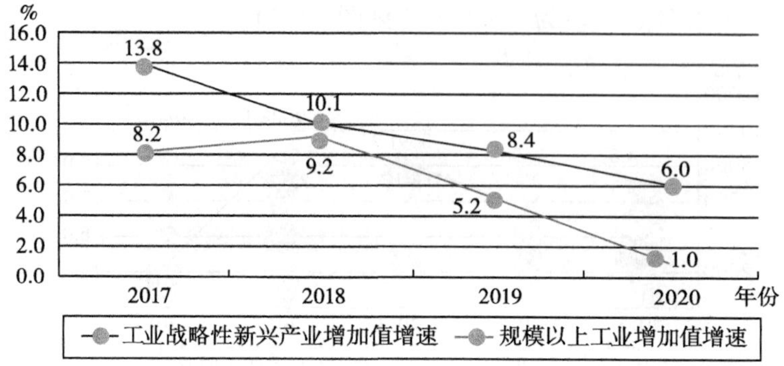

图 3-3　2017—2020 年陕西工业战略性新兴产业和规模以上工业增加值增速

资料来源：陕西省统计局网站。

规模以上工业增长 2.3 个百分点。①

2018 年以来，工业新产品的发展势头同样十分强劲，新能源汽车、光纤、光缆、太阳能电池、3D 打印设备、工业机器人等新产品高速增长。2020 年，光纤、光缆、智能手机、智能电视等产品全年平均增速在 30% 以上，3D 打印设备增长 19.1%，太阳能电池增长 65.6%②。

（3）创新能力显著提升

近年来，陕西深入实施创新驱动发展战略，扎实推进创新型省份建设，研发投入快速增长。2019 年，全省研发经费支出 584.58 亿元，比上年增长 9.8%（见图 3-4）；研发经费投入强度（研究和试验发展经费与地区生产总值之比）达到 2.27%，较上年提升了 0.09 个百分点，高于全国平均水平 0.04 个百分点，居全国第七位（见图 3-5）。

企业是创新的主体。近年来，陕西在培育创新型企业方面成效显著，企业创新活力明显提升。2019 年企业创新调查结果显示，41.7% 的企业开展了创新活动，其中，工业企业创新比重为 50.4%③。2020 年，科技型中

① 资料来源：陕西省统计局网站《工业生产企稳回升 发展质量不断提高》，http://tjj.shaanxi.gov.cn/tjsj/tjxx/qs/202102/t20210208_2152755.html。

② 资料来源：陕西统计局网站《2020 年全省国民经济运行情况》，http://tjj.shaanxi.gov.cn/tjsj/tjxx/qs/202101/t20210120_2149859.html。

③ 资料来源：陕西省统计局网站《企业创新活跃度提升 工业企业创新首超五成》，http://tjj.shaanxi.gov.cn/tjsj/tjxx/qs/202009/t20200911_1628991.html。

小企业和高新技术企业数量和增幅均创历史新高，科技型中小企业入库数量达到8069家，比上年增长50.48%；高新技术企业数量突破6100家，同比增长41.8%。科创板上市企业和过会企业共6家，数量居西部首位。① 法士特、陕鼓、西部超导等企业获得“中国工业大奖”②。

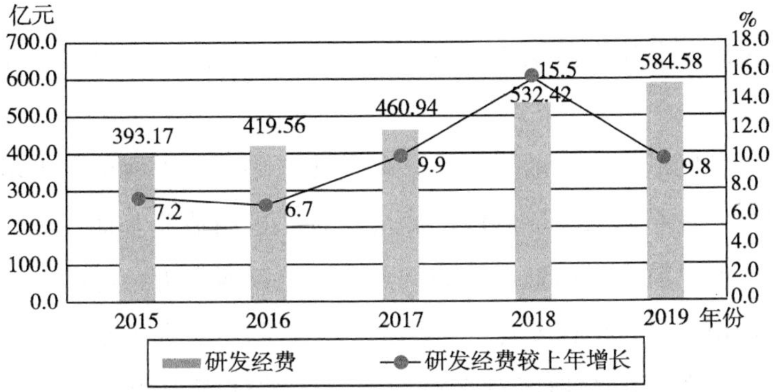

图3-4　2015—2019年陕西研发经费投入

资料来源：陕西省统计局网站《创新成效明显投入强度超过全国》，http：//tjj.shaanxi.gov.cn/tjsj/tjxx/qs/202101/t20210111_2148877.html。

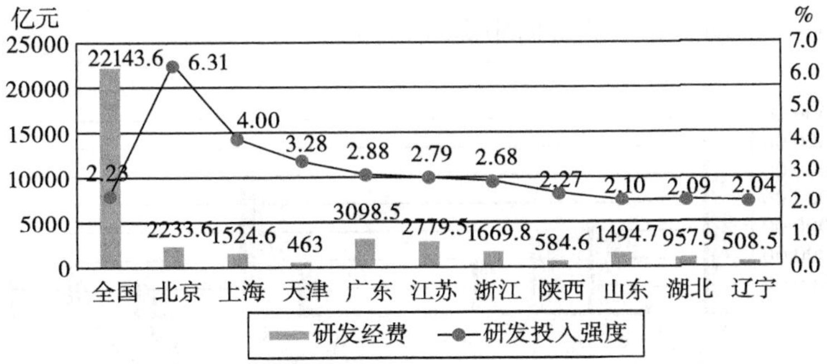

图3-5　2019年全国研发投入强度前十名省份

资料来源：陕西省统计局网站《创新成效明显投入强度超过全国》，http：//tjj.shaanxi.gov.cn/tjsj/tjxx/qs/202101/t20210111_2148877.html。

① 资料来源：陕西省统计局网站《我省创新型企业数量保持高速增长》，http://www.shaanxi.gov.cn/xw/ldx/bm/202102/t20210209_2152987.html。

② 资料来源：陕西省2021年政府工作报告。

(4) 区域发展差异明显

陕西各地市规模以上工业企业总产值存在很大差异（见图3－6)。从三大地区来看，陕北和陕南地区工业总产值规模较小，但近年来发展较快，区域间差距正在缩小。2015年，关中、陕北和陕南的占比分别为63.8%、22.9%和13.2%；到2019年，关中地区占比下降为57.3%，而陕北和陕南地区分别上升至25.1%和17.6%，表明区域之间的差距有所收窄（见表3－1)。

同时，各区域产业逐渐呈现差异化发展态势。关中地区着力增强创新能力，强化产业布局与配套协作，加快建设先进制造业基地，大力发展新能源汽车、航空航天、信息技术等新兴产业，以西安为中心的关中平原城市群建设加快推进，但西安对周边的铜川、咸阳、渭南等市的工业发展的带动作用不显著。陕北地区正在推进能源科技创新和能化产业高端化发展，全力建设高端能源化工基地，加强非能产业支撑作用，加快资源转化、产业转型、发展方式转变步伐。陕南地区工业基础比较落后，近年来立足资源禀赋和生态优势，正大力发展生物医药、富硒食品、旅游康养等绿色产业，推动主导产业链向中高端延伸。①

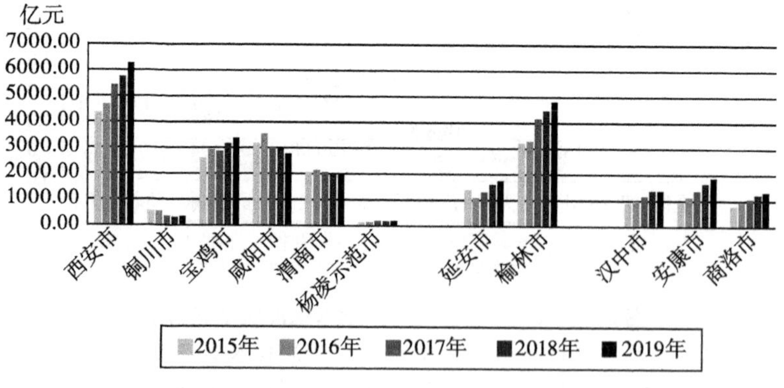

图3－6　2015—2019年陕西各地市规模以上工业企业总产值

资料来源：陕西省统计年鉴。

① 程靖峰．陕西三大区域竞发展[N]．陕西日报,2021－02－08(002).

表 3-1 陕西三大区域规模以上工业企业总产值占比

年份	关中地区	陕北地区	陕南地区
2015	63.8%	22.9%	13.2%
2016	65.4%	20.4%	14.3%
2017	60.5%	23.7%	15.8%
2018	58.2%	24.6%	17.2%
2019	57.3%	25.1%	17.6%

资料来源：根据陕西省统计年鉴数据计算得来。

3.1.3 陕西工业现代化的测度与判断

基于前面对工业现代化内涵和标准的讨论，工业现代化水平综合反映了速度、效益、创新、资源、环境及信息化等多方面的协调程度。借鉴赛迪智库《中国工业发展质量区域排行榜》以及任保平（2020）研究中的评价指标体系，从速度效益、技术创新、可持续发展、两化融合、人力资源五个维度出发，本章构建了如表 3-2 所示的工业现代化水平评价体系。

表 3-2 工业现代化水平评价体系

总指标	一级指标	二级指标	指标属性
工业现代化	速度效益	工业增加值增速	正指标
		工业总资产贡献率	正指标
		工业主营业务收入利润率	正指标
	技术创新	工业 R&D 经费投入强度	正指标
		工业 R&D 人员全时当量	正指标
		单位工业增加值的发明专利数	正指标
		工业新产品销售收入占比	正指标
	可持续发展	单位 GDP 能耗	负指标
		单位 GDP 二氧化硫排放量	负指标
		工业固体废物综合利用率	正指标
		工业污染治理投资强度	正指标
	两化融合	互联网宽带接入端口数	正指标
		移动电话交换机容量	正指标
		软件业务收入	正指标
		互联网普及率	正指标

续表

总指标	一级指标	二级指标	指标属性
工业现代化	人力资源	工业职工平均工资	正指标
		劳动生产率	正指标
		专科以上就业人员占比	正指标

资料来源：参考赛迪智库《中国工业发展质量区域排行榜》与任保平（2020）的研究建立。

根据上述指标体系，进一步采用主成分分析法测度得到了相应的工业现代化指数，所用数据主要来自国家统计局和陕西省统计局，涉及历年《中国统计年鉴》《中国高技术产业统计年鉴》《中国能源统计年鉴》《中国科技统计年鉴》《中国劳动统计年鉴》《中国工业统计年鉴》《中国环境统计年鉴》、EPS 数据库、CSMAR 数据库以及各地区统计年鉴。由于西藏缺失数据较多，暂无法对其进行分析。

（1）总体趋势

首先对陕西 2010—2019 年近十年的工业现代化指数的变动趋势进行评价分析，得到如图 3 - 7 所示结果。可以看出，2010—2019 年陕西工业现代化指数呈现显著的增长态势，且存在持续上升的发展趋势，特别是自 2016 年起，这一综合指数由负转正，工业现代化建设步入正轨，2017 年又实现了大幅跨越。

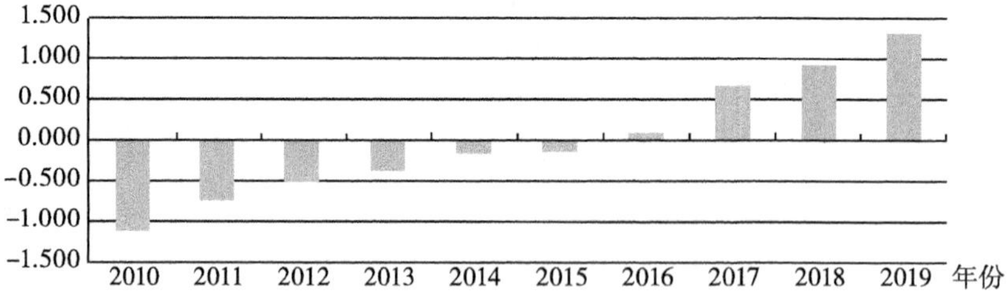

图 3 - 7　2010—2019 年陕西工业现代化指数的变动趋势

资料来源：笔者计算得来。

（2）各维度趋势

陕西工业现代化各维度指数的变动情况如图 3 - 8 所示。2010—2019 年，速度效益指数总体呈现下降趋势且波动幅度较为剧烈。陕西工业发展的速度效益呈现连年回落态势。与此同时，非能源工业逐渐兴起，占比逐渐提高。2015 年后，工业结构的调整成效逐渐显现，截至 2018 年年底，陕西能源工业增加值占规上工业的比重由 2011 年的 58% 下降至 2018 年的 48%，非能源工业增加值比重提升至 52%，能源、装备制造等支柱产业提升改造加快，有助于工业的速度效益指数止跌回升。

创新能力在 2012 年之前发展较慢，创新能力不足是制约工业现代化水平的重要因素，2012 年后，创新能力有了大幅提升，保持了一定时间的稳定增长，到 2018 年后，增长趋势进一步加快，将持续为未来工业发展注入新动能。

2010 年后，单位 GDP 的能耗和污染物排放逐年下降。但 2016 年可持续发展指数出现了拐点，2018 年后趋于平缓。

两化融合与人力资源指数走势类似，均呈现相对平滑的上升趋势，但近几年二者增长趋势有所分化，人力资源指数加速上涨。

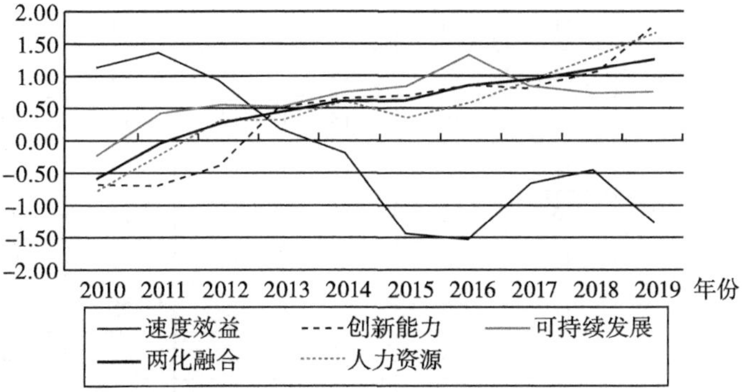

图 3－8　2010—2019 年陕西工业现代化各维度指数的变动趋势

资料来源：笔者计算得来。

（3）省际比较

为了能更清楚地比较分析陕西工业现代化水平的发展情况，本章利用 2012—2018 年省级面板数据重新计算了各省的工业现代化指数得分，列出了 2012—2018 年各省（区、市）工业现代化评价指数及排名变动，并将 2018 年的工业现代化指数排名与 GDP 总量排名进行了对比分析。

从表 3－3 可以看出，2012—2018 年，陕西的工业现代化水平依次处于全国第 13、第 9、第 15、第 17、第 18、第 18、第 16 位，排名在 2014 年出现较大程度滑落，之后几年呈小幅下滑趋势，2018 年有所回升。总体来看，除 2013 年之外，基本处在全国中游水平。

表 3-3 2012—2018 年各省份工业现代化指数排名

省份	2012	2013	2014	2015	2016	2017	2018
广东	1	1	1	1	1	1	1
北京	2	3	3	3	3	2	4
江苏	3	2	2	2	2	3	2
上海	4	4	4	5	5	5	5
浙江	5	5	5	4	4	4	3
山东	6	6	7	6	6	7	8
天津	7	7	6	7	7	12	12
福建	8	8	8	11	9	9	7
四川	9	11	16	14	14	11	10
安徽	10	12	9	9	11	10	6
河南	11	10	12	13	13	15	13
辽宁	12	15	19	21	23	19	21
陕西	13	9	15	17	18	18	16
湖南	14	13	11	10	10	6	11
湖北	15	14	13	12	12	13	9
河北	16	16	20	18	17	16	19
黑龙江	17	20	21	25	25	22	27
内蒙古	18	18	22	23	21	24	22
重庆	19	17	10	8	8	8	15
江西	20	19	14	15	15	14	14
吉林	21	21	17	18	19	21	24
新疆	22	23	25	26	26	25	26
广西	23	22	18	16	16	17	17
山西	24	28	29	30	27	28	25
海南	25	24	24	22	22	26	23
贵州	26	25	23	20	20	20	18
青海	27	26	27	27	29	27	30
云南	28	27	26	24	24	23	20

续表

省份	2012	2013	2014	2015	2016	2017	2018
宁夏	29	30	30	28	30	30	29
甘肃	30	29	28	29	28	29	28

资料来源：笔者计算整理得来。

表3－4列示了2012—2018年陕西工业现代化指数及各维度指数在全国的排名情况。在工业现代化几个维度中，速度效益指数在一些年份的排名中显著领先，甚至列至全国前两位。其次，人力资源指数的表现也比较好，均优于工业现代化综合指数的排名。另外，创新能力指数的排名也基本优于工业现代化的综合指数。说明陕西在速度效益、人力资源、创新能力方面在全国具有不同程度的领先优势，对提升工业现代化指数排名起到了积极作用，但显然主要依靠的是速度效益方面的优势，人力资源和创新能力方面的优势还比较微弱。对于两化融合而言，一开始制约工业现代化水平的提升，但近几年逐渐朝促进方向转变。最后，可持续发展水平的落后一直是阻碍陕西工业现代化水平提升的最大短板。

表3－4　2012—2018年陕西工业现代化指数及各维度指数在全国的排名

年份	工业现代化指数	速度效益	创新能力	可持续发展	两化融合	人力资源
2012	13	1	12	18	16	9
2013	9	1	11	18	15	7
2014	15	2	13	18	17	10
2015	17	13	15	19	18	16
2016	18	13	15	20	18	16
2017	18	7	16	19	17	12
2018	16	2	15	19	16	12

资料来源：笔者计算整理得来。

一般而言，工业现代化水平与经济总量息息相关，但与经济总量不同，工业现代化水平是规模与结构、数量与质量的统一，更加侧重于反映工业发展的质量，蕴含着推动未来经济增长的动能。表3－5列示了2018年部分省份的GDP与工业现代化水平的排名对比情况。可以看到，不论是GDP，还是工业现代化水平，广东均位列全国第一，说明广东既是经济大省，又是工业强省；陕西GDP排名位于全国第15位，工业现代化指数排名位于全国第16位，二者排名基本一致，表明工业现代化建设与地区国民经济总量的发展程度基本相当；江西的GDP落后于陕西，但工业现代化指数排名优于陕西，反映出江西由于具备更高的工业现代化水平，未来可能在经济总量上获得较大增长空间。

表3-5　2018年部分省份GDP和工业现代化指数排名

省份	GDP排名	工业现代化指数排名
广东	1	1
辽宁	14	21
陕西	15	16
江西	16	14

资料来源：笔者计算整理得来。

综上，从纵向比较来看，陕西工业现代化总体水平呈快速上升态势，从横向比较来看，陕西工业现代化水平在全国范围内的排名总体在中游波动，与GDP排名相当。从各个维度看，速度效益总体下行，但排名在全国居前，可持续发展水平是制约陕西工业现代化水平的最大短板，创新能力在全国的排名有所衰落，但2019年出现大幅提升的迹象，两化融合和人力资源发展势头持续向好，优势逐渐显现。

3.2　陕西工业基本实现现代化的路径

根据陕西工业发展的实际状况，结合对陕西工业现代化的测度结果，我们发现，陕西工业现代化既有"补短型工业现代化"的特点，也有"升级型工业现代化"的特点，属于"综合型工业现代化"。具体地说，在速度效益方面，陕西领先于全国，应当继续稳固这一优势地位；在人力资源和创新能力方面，应当进一步扩大优势，争取向国内及世界前沿水平看齐；在可持续发展和两化融合方面，需要着力补齐短板。

因此，在开启全面建设社会主义现代化国家新征程中，以实现产业高质量发展为总方向，以发扬优势、补齐短板，奋力谱写陕西新时代追赶超越新篇章为总任务，陕西应当积极把握第四次工业革命的机遇，以创新为动能，以集聚为支撑，以高水平对外开放为平台，以分工为纽带，通过创新、数字化、集聚、开放、分工五大路径，走“综合型工业现代化”道路，推动陕西工业现代化不断迈向高水平。

3.2.1 创新路径

传统工业向现代工业转型升级的关键在于发展动能的转换，而创新是推动工业实现现代化的核心引擎。陕西是科教大省和重要的国防科技工业基地，应充分发挥好这一强大优势，以创新资源开放共享为突破，加快创新型省份建设，推动企业创新、人才创业、政府创优，促进产学研深度融合，实现创新链、产业链、资金链、政策链有机融合。

第一，激发人才创新活力。健全人才引进、培养、使用、评价、流动、激励等机制，突出“高精尖缺”导向，强化高层次、高水平、高技能人才队伍建设，构筑集聚国内外优秀人才的科研创新高地。优化人才服务保障体系，完善知识、技术等创新要素的收益分配机制和科技成果权益分享机制，形成英才汇聚、才尽其能的生动局面。

第二，优化创新创业生态。围绕科研奖补、产权界定、金融支持等方面加大政策突破力度，健全全链条创新服务体系，打通制约科技成果转化的难点堵点和科研人员迈向企业家的通道。依托西安交大西部科技创新港、西工大翱翔小镇等创新平台，推动创新资源开放共享，建立政府、高校、科研院所和企业协同运转的共享机制，形成优良创新创业环境，打造西部创新高地。

第三，推动创新链产业链深度融合。围绕产业链部署创新链，在能源化工、装备制造、新材料、生物医药、现代农业等领域实施重点产业创新链工程，实现关键环节技术突破。围绕创新链布局产业链，支持创新平台建设，促进新技术的产业化、规模化应用，培育发展高新技术产业集群。

3.2.2 数字化路径

随着信息技术的不断创新与快速迭代，工业化和信息化融合“由点向线、由线及面”，逐步进入以数字化转型为核心特征和重要模式的新阶段①。以数字化推进两化融合走向深入，发展壮大工业数字经济，是实现工业现代化的必由之路。要加强数字基础设施建设，夯实数字化转型技术支撑、构建多层联动的产业互联网平台、加快企业“上云用数赋智”，构建“设备数字化—生产线数字化—车间数字化—工厂数字化—企业数字化—产业链数字化—数字化生态”的典型范式，深入推进各行业各领域数字化转型，打造数据供应链，以数据流引领物资流、人才流、技术流、资金流，形成产业链上下游和跨行业融合的数字化生态体系。

3.2.3 集聚路径

促进产业集聚，培育特色产业集群，以产业集聚带动人才、技术等各类资源汇集，以资源汇集进一步带动产业发展壮大。政府部门要牢牢锁定产业链发展目标，科学规划引导，遵循产业集群形成、演进和升级的内在规律，依托现有产业基础、资源禀赋，因地制宜培育发展。坚持精准招商与“腾笼换鸟”相结合，大力实施“链主企业”引培计划，招引培育更多产业链互补、上下游融合的项目，鼓励和引导相关企业纵向配套、横向协作，加快产业集优集强集全，延伸产业链条，培育壮大一批主业突出、创新能力强、关联度大、带动性强的龙头骨干企业，实现集群效应，提升企业竞争力。

3.2.4 开放路径

陕西地处“一带一路”重要节点和向西开放前沿，具备扩大开放的良好区位优势。一是强化开放大通道建设。大力发展枢纽经济、门户经济、流动经济，构建陆空互动、多式联运的现代交通体系，抓好中欧班列（西安）集结中心建设，加快西安、宝鸡、延安国家物流枢纽承载城市建设，积极对接国家开放战略，主动参与新亚欧大陆桥、中国—中亚—西亚经济走廊建设和西部陆海新通道建设，加强与东部沿海地区城市、港口合作，推动形成亚欧陆海贸易大通道。二是发挥好自由贸易试验区的先行示范作

① 张立．两化融合步入数字化转型新阶段[N]．中国工业报,2020－06－03(004).

用，打造“一带一路”交通商贸物流、国际产能合作、科技教育、国际文化旅游和丝绸之路金融“五大中心”，构建“一带一路”国家和地区交流合作的多层次开放平台。三是拓展深化国际经贸合作。巩固欧美、日韩等传统市场，开拓东南亚、中东欧、中亚南亚西亚等新兴市场，围绕发展跨境电商、跨境结算和通关便利化等领域，积极探索制度与政策创新，改善外资营商环境，同时，鼓励和支持外向型企业发展，“引进来”与“走出去”相结合，以高水平对外开放深度融入国内国际双循环。

3.2.5 分工路径

一是积极探索建立区域产业分工协作机制，注重区域间优势互补、错位发展。一方面，深化省域内分工协作，立足各地的资源禀赋优势和比较优势，深入实施关中协同创新、陕北转型持续、陕南绿色循环发展战略，不断细化和完善“一市一策”政策体系，形成三大区域各有特色、互为支撑的发展格局；另一方面，紧紧围绕“一带一路”建设、西部大开发、黄河流域生态保护和高质量发展等国家战略规划与布局，以城市群和都市圈为重点，依托各类产业园区和开放平台，综合运用产业转移、技术扩散、思想传播等多种形式吸收、学习、借鉴先进发展经验，整合优势资源，着力培育以技术、品牌、质量、服务为核心竞争力的新优势，深度融入国际国内分工大局，提升自身工业现代化水平。二是突破传统分工模式，以打造产业生态链为切入点，增强产业发展引擎。通过延伸产业链，拓展生态位，重构产业边界，使得加工产业链上的企业分工更加明确，增大合作共生的可能性，形成各领域、各行业、不同规模企业蓬勃发展的共生产业集群。

3.3 未来15年陕西基本实现现代化的趋势预测

时间序列分析预测法是根据市场过去的变化趋势预测未来的发展，对于中短期趋势具有较好的预测效果。本章选用时间序列分析方法中的ARIMA模型对未来15年陕西基本实现现代化的趋势进行预测分析。首先，选取陕西2005—2019年15年的数据作为预测样本数据。由于部分指标早年数据无法获取，因此对之前构建的评价体系中的个别指标进行了替换，将两化融合维度的“互联网普及率”替换为“移动电话普及率”，将创新能力维度的“新产品销售收入占比”替换为“技术市场成交额”。然后，利用主成分分析法重新计算了2005—2019年各个维度的得分，在此基础上预测了接下来15年各维度以及工业现代化水平的总趋势。

3.3.1 陕西工业现代化总体趋势

陕西正处于从工业化中期向后期跨越的关键时期，处在创新驱动与投资拉动并重的阶段，“十四五”之后，发展动力加快转换，发展空间拓展优化，发展路径更加清晰，工业现代化水平持续提升的趋势较为确定（见图3-9）。未来15年，陕西的工业综合实力将会明显增强，与我国东部发达地区之间的差距将不断缩小，工业现代化水平持续上升。

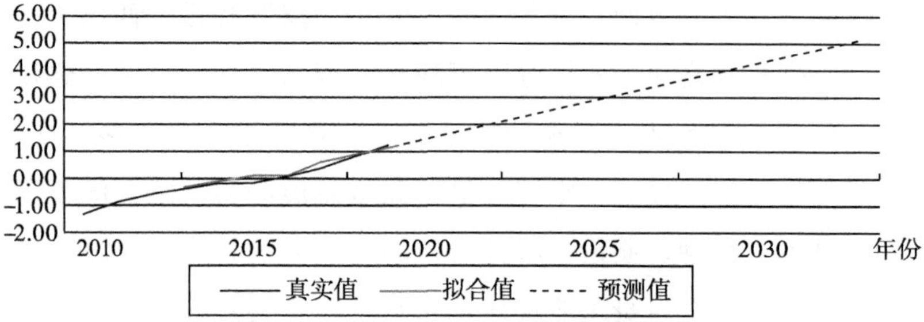

图3-9 陕西工业现代化水平总体趋势

资料来源：笔者计算得来。

3.3.2 陕西工业现代化各维度的趋势

图3-10展示了陕西工业现代化各维度的真实变化情况及预测趋势。速度效益指数在2020年后将经历缓慢上升后趋于稳定，这也符合经济发展的一般规律，即当经济发展到一定水平、具备一定体量后，增速和效益曲线会趋缓。除速度效益指数之外，创新能力、可持续发展、两化融合、人力资源指数均呈现良好的增长态势。创新潜力将持续释放，工业结构继续优化，能源效率不断提高，生态环境根本好转，就业规模和质量不断提

升，各类教育普及程度明显提高。

与此同时，也需要看到各类制约因素的存在。例如，当前陕西虽然在创新方面卓有成效，但是在创新质量、创新软环境方面与发达地区或国家还存在很大差距。劳动力市场还存在供需不匹配的结构性矛盾，高端人才尤为稀缺，科技创新能力和人力资本积累尚不能完全满足工业转型升级和科技产业革命的发展要求。另外，在2030年实现碳排放总量达到峰值之前，以煤炭为主导的能源消费结构难以根本转变，在未来很长一段时间内，人口、土地、水资源的约束仍会加剧，环境治理任重道远。

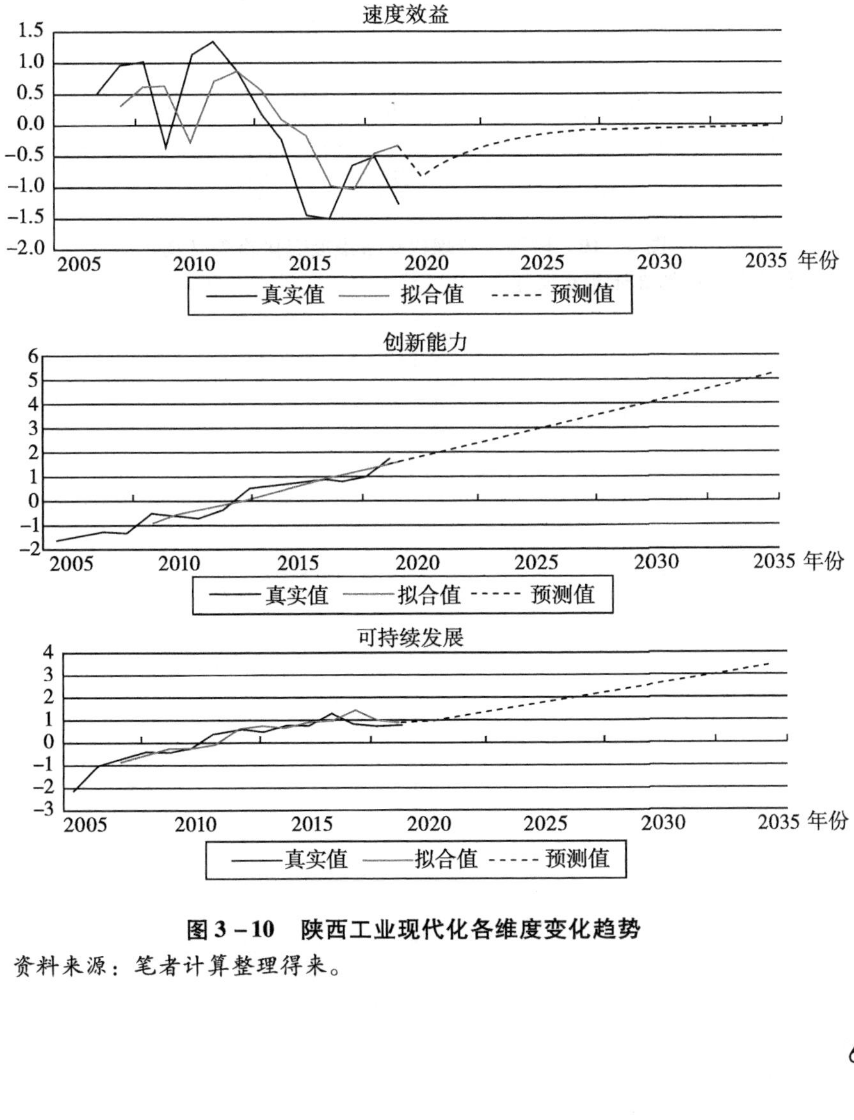

图3-10 陕西工业现代化各维度变化趋势

资料来源：笔者计算整理得来。

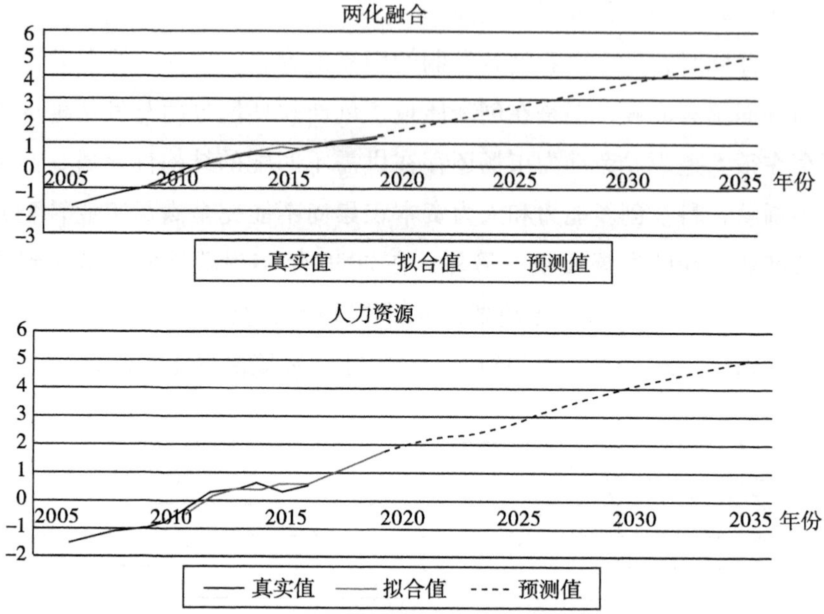

图3－10　陕西工业现代化各维度变化趋势（续）

资料来源：笔者计算整理得来。

4 陕西城市基本实现现代化的路径与政策

城市现代化是一个与时俱进的动态发展过程，其包含了构成城市有机体所有子系统的现代化，并且处于不同发展时期及发展阶段的国家或地区的现代化内涵及其评价标准有所差异。本章为进一步探究陕西城市现代化的现状及未来发展路径，基于已有现代化理论，结合陕西发展的现实状况，以多维度衡量陕西城市现代化水平，根据评价结果对陕西城市现代化发展现状进行剖析，并在此基础上，对陕西城市现代化未来发展趋势进行预测，有针对性地提出现代化建设路径，以助力陕西城市现代化进程加快。

4.1 陕西城市现代化指标体系的构建

4.1.1 城市现代化评价维度的确定

城市现代化的内涵一般从狭义和广义两个层面展开。其中，狭义的城市现代化多指城市建设的现代化，而广义的城市现代化阐述了城市的社会、经济、文化及生活等多领域由传统社会转向现代社会发展的过程。城市现代化是多方面协调发展的过程，在遵循科学性、系统性、代表性及可操作性原则的基础上，本章最终选取经济、社会、文化、科技、教育、生活及环境七个维度构建陕西现代化测量指标体系，以综合衡量陕西城市现代化水平。

（1）经济现代化

经济现代化是城市现代化的基础和核心，是城市全面发展的首要条件。从狭义上看，经济现代化指的是地区经济总量增长的过程；广义的经济现代化则包含了动态变迁过程，即人类社会由农业经济向工业经济再到知识经济的革命性转变以及发展的过程。可见，经济现代化为地区的发展奠定了物质基础，为城市现代化建设提供了保障。

(2) 社会现代化

社会现代化体现了整体社会的变迁过程，其涵盖了社会保障体系的日益完善以及民主法制不断健全等方面，为城市的发展创造公平有序的环境，在一定程度上缩小了社会差距，为城市居民创造良好的社会环境。

(3) 文化现代化

文化现代化是城市现代化进程的重要方面，是一种价值体现，不仅包括传统意义上的农业文化向工业文化以及工业文化向知识文化的两次转型，也包含当前各地区文化创造力以及文化生活质量的持续提高、文化民主化及人的全面发展等。涵盖了文化产业、文化设施、文化生活及文化形式等多方面，文化现代化的建设对整个城市价值内涵的提升作用突出，有助于进一步加快城市的现代化进程。

(4) 科技现代化

创新是一个地区发展的动力源泉所在。当前科技创新加速推进，广泛渗透到经济社会的方方面面，对地区发展影响深刻。科技进步速率的加快以及科技创新效率的提升大大推动了城市现代化进程。可见，科技现代化是城市现代化进程的关键，是城市经济发展的重要战略支撑。

(5) 教育现代化

教育现代化水平的提升旨在通过现代的先进教育思想以及科学技术来提高人们的教育水平，尤其是对传统教育观念、思想、内容等的革新，在新时代背景下，坚持教育优先发展，培养具有综合竞争力的高素质人才及新型劳动者，提高全民受教育水平，推动教育现代化，从而加快城市现代化建设。

(6) 生活现代化

生活水平的提高是城市现代化的标志，也是实现现代化最直接的目的，与居民联系最为密切。城市在发展过程中不断从基础设施建设、居民收入水平等多方面改善居民生活水平，切实以人民群众对美好生活的向往为奋斗目标，着力提高居民生活质量，打造高品质生活，为城市现代化奠定基础。

（7）环境现代化

作为一种新发展理念，环境现代化要求提高资源利用效率，改善生态环境，强调环境保护与经济发展协同并进，注重治理体系与治理能力的现代化，加强生态环境保护，打好污染防治攻坚战，实现城市环境现代化，为推进城市化进程提供强有力的保障。

4.1.2 城市现代化评价指标的选取

参考城市现代化的已有研究，结合陕西发展的现实情况，最终选取经济、社会、文化、科技、教育、生活及环境七个一级指标，共24项二级指标衡量陕西城市现代化水平（见表4-1）。具体指标为：一是经济现代化，包括农业生产总值占GDP比重、第三产业增加值占GDP比重、人均GDP及人均地方财政收入；二是社会现代化，包括城镇登记失业率、城镇化水平、社会卫生保障和福利业从业人员占总人口比重、每万人拥有卫生机构数量及每万人拥有医生人数；三是文化现代化，包括每万人拥有影剧院数以及人均公共图书馆藏书量；四是科技现代化，包括每万人拥有专利申请量、发明专利授予量占专利授予量比重；五是教育现代化，包括平均每万人中普通高等学校在校学生数、高校平均每位专任教师负担学生数、教育支出占GDP比重；六是生活现代化，包括每人拥有移动电话用户、每人互联网宽带用户数、人均铺装道路面积、城镇居民人均可支配收入；七是环境现代化，包括人均公园绿地面积、生活垃圾无害化处理率、单位GDP能耗及一般工业固体废物综合利用率。

表 4 –1　现代化水平指标体系

	一级指标	权重	二级指标	指标属性	标准值	权重
现代化水平	经济现代化	0.1802	农业生产总值占 GDP 比重/%	逆指标	5	0.03815
			第三产业生产总值占 GDP 比重/%	正指标	75	0.05336
			人均 GDP/元	正指标	100000	0.06227
			人均地方财政收入/元	正指标	100000	0.02642
	社会现代化	0.1148	城镇登记失业率/%	逆指标	3	0.02499
			城镇化水平/%	正指标	95	0.02654
			社会卫生保障和福利业从业人员占总人口比重/%	正指标	1.2	0.02847
			每万人拥有卫生机构数量/个	正指标	15	0.01538
			每万人拥有医生人数/个	正指标	50	0.01942
	文化现代化	0.1026	万人拥有影剧院数/个	正指标	0.15	0.03899
			人均公共图书馆藏书量（册、件）	正指标	1	0.06361
	科技现代化	0.1759	每万人拥有专利申请量/件	正指标	30	0.08404
			发明专利授予量占专利授予量比重/%	正指标	40	0.09186
	教育现代化	0.1203	平均每万人中普通高等学校在校学生数/人	正指标	600	0.03673
			高校平均每位专任教师负担学生数/人	逆指标	6	0.03036
			教育支出占 GDP 比重/%	正指标	15	0.05321
	生活现代化	0.2105	每人拥有移动电话用户/户	正指标	0.9	0.05399
			每人互联网宽带用户数/户	正指标	0.45	0.05364
			人均铺装道路面积（m^2/人）	正指标	20	0.04692
			城镇居民人均可支配收入/元	正指标	50000	0.05595
	环境现代化	0.0957	人均公园绿地面积（m^2/人）	正指标	25	0.02506
			生活垃圾无害化处理率/%	正指标	100	0.02273
			单位 GDP 能耗（吨标准煤/万元）	逆指标	0.5	0.02765
			一般工业固体废物综合利用率/%	正指标	95	0.02026

4.1.3　城市现代化评价标准值的确定

现代化是一个动态发展的过程，在经济发展的不同时期基于不同分类视角会得到差异化的评价标准。为此，在建立评价模型的过程中，确定指标标准值尤为重要，有助于提高整个指标体系的客观性及合理性。本章在确定现代化各维度指标标准值时，一方面参考当前国际中等发达国家城市的平均水平；另一方面参考国家及国内部分发达城市的发展情况及地区“十四五”规划的要求，综合考虑陕西的现实基础以及发展潜力加以调整，最终确定现代化水平各维度所对应指标的标准值如表4－1所示。

4.2 陕西城市现代化发展水平的测度

4.2.1 运用模糊层次分析法构建评价模型

（1）模糊互补判断矩阵的构建

若模糊判断矩阵 $A = (a_{ij})_{n\times n}$ 满足以下三个条件：

$$\begin{cases} a_{ij} = 0.5, & i = 1,2,\cdots,n \\ a_{ij} + a_{ji} = 1, & i,j = 1,2,\cdots,n \\ 0 < a_{ij} < 1 \end{cases} \tag{4-1}$$

则称该模糊判断矩阵为模糊互补判断矩阵。

为了定量地描述同一层次中任意两个指标的相对重要程度，采用0.1～0.9标度法予以标度。其中，a_{ij} 为0.5时，表明该因素与自身相比同等重要；当 $a_{ij} \in (0.1,0.5)$ 时，表明因素 a_j 比 a_i 重要；当 $a_{ij} \in (0.5,0.9)$ 时，则表明因素 a_i 比 a_j 重要，从而得到模糊互补判断矩阵 $\boldsymbol{A} = (a_{ij})_{n\times n}$。具体的标度及其意义如表4－2所示。

表4－2 标度及其意义

标度	相对重要程度	说明
0.5	同样重要	两因素相比，同等重要
0.6	略微重要	两因素相比，一个因素比另一因素略微重要
0.7	明显重要	两因素相比，一个因素比另一因素明显重要
0.8	重要得多	两因素相比，一个因素比另一因素重要得多
0.9	极端重要	两因素相比，一个因素比另一因素极端重要
0.1，0.2，0.3，0.4	反比较	若因素 a_i 与因素 a_j 相比得到 x_{ij}，则因素 a_j 与因素 a_i 相比得到 $x_{ji} = 1 - x_{ij}$

（2）模糊互补判断矩阵的权重公式

模糊互补判断矩阵权重的通用公式为：

$$W_i = \frac{\sum_{j=1}^{n} a_{ij} + \frac{n}{2} - 1}{n(n-1)}，其中，i = 1,2,\cdots,n \tag{4-2}$$

（3）模糊互补判断矩阵的一致性检验方法

对于判断矩阵 $\boldsymbol{A}$ 而言，当其最大特征值 $\lambda_{\max}$ 的值越接近于判断矩阵 $\boldsymbol{A}$ 的阶数，则认为判断矩阵 $\boldsymbol{A}$ 的一致性就相对越好；反之，表明该判断矩阵的一致性越差。

（4）城市现代化的系统评价模型的建立

为了客观地评价陕西各市现代化水平，假设有 m 位专家对陕西各市的现代化水平进行评价，其中，每位专家都会对应地给定同一层次上的指标模糊互补判断矩阵为 $\boldsymbol{A}_k = (a_{ij}{}^{k})_{n\times n}, k = 1,2,\cdots,m$，由此可得同一层次上权值集集合为：

$$\boldsymbol{W}^{(k)} = (w_1{}^{(k)}, w_2{}^{(k)}, \cdots, w_n{}^{(k)}), k = 1,2,\cdots,m \tag{4-3}$$

若模糊互补判断矩阵通过一致性检验，则各指标权值向量可写为：

$$\boldsymbol{W} = (w_1, w_2, \cdots, w_n) \tag{4-4}$$

其中，

$$w_i = \frac{1}{m}\sum_{k=1}^{m} w_i{}^{(k)}, i = 1,2,\cdots,n \tag{4-5}$$

且第 i 个子系统的贡献值可表示为：

$$V_i = \sum_{j=1}^{k} w_{ij} \times w_{ci} \times I_{ij} \tag{4-6}$$

其中，w_{ij} 为第 i 个子系统的第 j 个指标的权值，I_{ij} 表示无量纲化后的值，k 表示第 i 个子系统的指标个数。w_{ci} 为第 i 个子系统的权值，V_i 为第 i 个子系统的贡献值。综合来看，城市现代化评价值 E 可表示为：

$$E = \sum_{i=1}^{4} V_i \tag{4-7}$$

4.2.2 城市现代化系统评价模型的实证分析

（1）数据采集

本章的数据主要来源于《陕西省统计年鉴》以及陕西省各市的统计年鉴，重点对2010—2019年的数据进行评价，数据主要来源于《陕西省统计年鉴》、陕西省各市统计年鉴及各市国民经济和社会发展统计公报。

（2）数据的处理

由于有关城市现代化各评价指标的量纲与属性的不一致，故各指标之间存在不可公度性。根据属性来看，有关陕西城市现代化的指标可以分为正向指标与逆向指标两种。其中，正向指标表示数值越大则越好，逆向指标表示数值越小则越好。为消除特征指标之间的差异性，本章采取极值法对指标进行无量纲处理，极值为各指标的标准值。具体计算公式如下：

$$I_i = \begin{cases} \dfrac{X_i}{\chi_i} & （当X_i为正向指标） \\ \\ \dfrac{\chi_i}{X_i} & （当X_i为逆向指标） \end{cases} \qquad (4-8)$$

其中，I_i 表示的是无量纲化之后的值，X_i 为衡量陕西各城市现代化水平的指标实际取值，χ_i 表示各指标的标准值。

（3）数据的一致性检验与评价

邀请10位专家对衡量陕西城市现代化水平各指标的重要性进行比较，依据专家打分评判结果，采用几何平均值法整合各层级指标的重要性标度，以专家意见的平均值构成指标权重计算的模糊互补判断矩阵，再对模糊互补判断矩阵进行一致性检验，基于式（4-5）计算各个衡量指标的权重值（见表4-1），并进行一致性检验，结果显示模糊互补判断矩阵通过了一致性检验。

基于上述公式对陕西城市现代化各指标进行无量纲化处理，计算出各个子系统的贡献率，从而通过式（4-7）计算得到陕西各城市现代化评价值。

（4）评价结果与分析

整体来看，陕西城市现代化水平连年上升（见图4-1），由2010年的

41.53%提高到2019年的67.37%，年均增长率大约达到6.91%。从表4－3及图4－2展示的陕西各维度的现代化水平来看，2019年陕西生活现代化水平为19.32%，对现代化的贡献率达到约28.68%，相比于2010年，贡献率提高了4个百分点左右，总体上，陕西居民可支配收入大幅提高，基础设施建设持续推进，生活水平得以提升，在地区高速发展的同时保障了人民日益增长的美好生活需要；科技现代化贡献率约17.49%，居第二位，陕西抢抓科技创新机遇，瞄准世界科技前沿，在基础研究、增材制造、信息技术及新材料等多领域坚持创新，关键核心技术取得重大突破，推动科技经济深度融合，引领经济发展；经济现代化的贡献率次之，为16.98%，在"一带一路"倡议、新一轮西部大开发战略及《关中平原城市群发展规划》的推进下，陕西经济发展步伐不断加快，充分发挥综合交通枢纽和对外开放重要门户，大力发展门户经济、枢纽经济及流动经济"三大经济"，助力经济高质量发展，加快经济现代化建设；社会现代化的贡献率为12.67%，社会保障较为全面，城市化发展稳步推进，为经济发展及民生福祉提供了有力保障。

表4－3　2010—2019年陕西现代化水平

年份	经济现代化	社会现代化	文化现代化	科技现代化	教育现代化	生活现代化	环境现代化	现代化水平
2010	0.0707	0.0642	0.0214	0.0604	0.0403	0.1014	0.0569	0.4153
2011	0.0767	0.0661	0.0268	0.0859	0.0424	0.1122	0.0633	0.4734
2012	0.0815	0.0700	0.0283	0.0944	0.0453	0.1243	0.0645	0.5083
2013	0.0863	0.0707	0.0332	0.0882	0.0442	0.1333	0.0680	0.5239
2014	0.0909	0.0726	0.0391	0.0918	0.0427	0.1406	0.0691	0.5470
2015	0.0955	0.0740	0.0408	0.1022	0.0438	0.1447	0.0699	0.5709
2016	0.0969	0.0770	0.0506	0.0867	0.0430	0.1528	0.0728	0.5798
2017	0.1042	0.0795	0.0551	0.1306	0.0422	0.1674	0.0661	0.6450
2018	0.1114	0.0808	0.0435	0.1047	0.0415	0.1842	0.0665	0.6326
2019	0.1144	0.0854	0.0521	0.1178	0.0422	0.1932	0.0685	0.6737

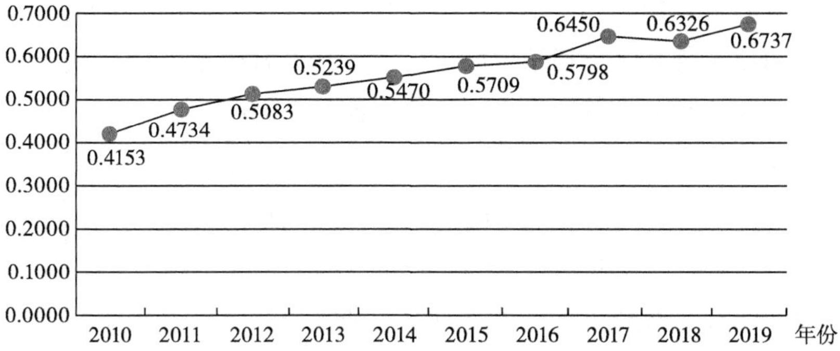

图 4－1　2010—2019 年陕西现代化水平

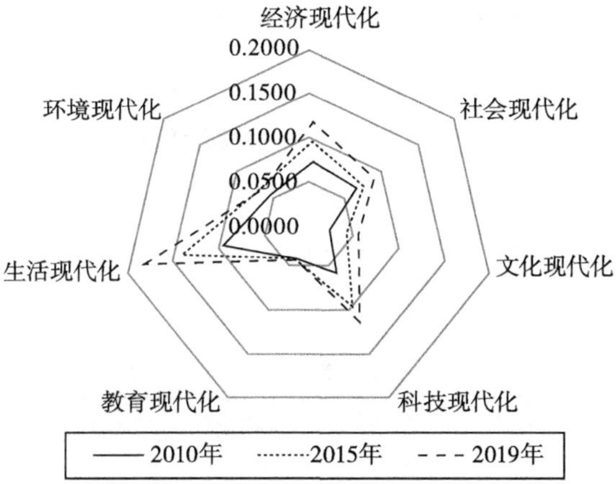

图 4－2　2010 年、2015 年及 2019 年陕西现代化水平雷达图

相比而言，环境现代化、文化现代化及教育现代化的贡献率较低，分别为 10. 17%、7. 74% 以及 6. 27%，均有待进一步提升。环境现代化水平较 2010 年提高了 1. 2 个百分点，“低投入、低消耗、低排放、高产出、可循环”的集约型增长方式提升了地区生态环境质量，为陕西全省经济发展提供绿色动力；依托丰厚的文化底蕴，陕西文化发展迅速，文化现代化水平由 2010 年的 2. 14% 提高到 2019 年的 5. 21%，对现代化的贡献率由 5. 15% 增加到 7. 73%；作为教育大省，陕西拥有丰富的教育资源，在切实落实“优先发展教育，加快教育现代化”理念的基础上，陕西坚持实施科教强省、人才强省战略，并依托信息技术与教育教学的深度融合，加快教育现代化步伐，但教育的配套设施仍有待进一步完善，专业教师队伍亟须加强，降低专任教师负担学生数，切实提高教育效率，增加教育支出所占比重，充分发挥教育资源优势，加快教育现代化水平。

由表4－4及图4－3所展示的各地级市在2010—2019年现代化水平的变化程度来看，作为省会城市的西安，现代化水平始终位于前列，由2010年的62.82%提升到2019年的90.82%，年均增长率约5个百分点，且相比于陕西各年现代化水平，仅有西安市的现代化程度始终居于前列，尽管相比于东部沿海地区的现代化水平仍存在一定的差距，但在“一带一路”倡议的支持及国家中心城市的定位下，西安现代化水平提升速度不断加快，对整个陕西现代化建设起到了引领作用。总体排名显示，2010年对陕西现代化水平建设贡献最大的三个城市分别为西安、榆林以及咸阳，至“十二五”末期，即2015年，排名前三的城市调整为西安、铜川及宝鸡，2019年，西安、延安及榆林的现代化水平位居前三。可见，在“十二五”“十三五”时期，各地发展战略有所调整，各地均结合自身发展优势乘胜追击，加快现代化建设步伐。

表4－4　陕西各地级市现代化指数排名

地区	年份	现代化水平	排名	年份	现代化水平	排名	年份	现代化水平	排名
西安市	2010	0.6282	1	2015	0.9510	1	2019	0.9082	1
铜川市	2010	0.3622	5	2015	0.5029	2	2019	0.5071	5
宝鸡市	2010	0.3573	6	2015	0.4885	3	2019	0.5434	4
咸阳市	2010	0.3691	3	2015	0.4165	6	2019	0.4764	6
渭南市	2010	0.3298	8	2015	0.3835	8	2019	0.4227	9
延安市	2010	0.3629	4	2015	0.4456	5	2019	0.6008	2
汉中市	2010	0.2701	10	2015	0.3593	10	2019	0.4403	7
榆林市	2010	0.3708	2	2015	0.4721	4	2019	0.5483	3
安康市	2010	0.3473	7	2015	0.3918	7	2019	0.4357	8
商洛市	2010	0.3032	9	2015	0.3720	9	2019	0.3857	10

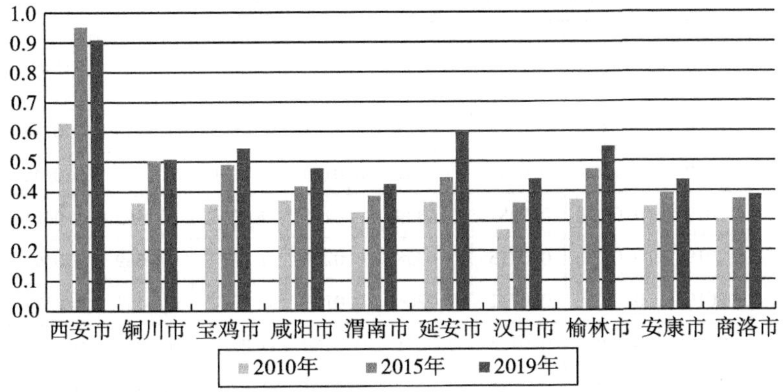

图4－3　2010年、2015年及2019年陕西各地级市现代化水平变化情况

从增长率来看，延安市现代化水平增速最快，年均增长率达到7.28%，现代化水平排名由第四位跃升至第二位，达到60.08%；其次为汉中市，年均增长率约7%，排名提升至第七位；宝鸡市和榆林市的年均增长率次之，分别为5.78%及5.32%；其余几个城市现代化水平的年均增长率基本维持在3%左右。从表4－5与表4－6可以看出，相较于2010年，各地现代化水平在“十三五”末期均有较大提升，各细分维度的现代化水平也基本呈现出增长趋势，为陕西现代化建设贡献了力量。

表4－5　陕西2010年各地级市现代化水平

地区	年份	经济	社会	文化	科技	教育	生活	环境	现代化水平
西安市	2010	0.1169	0.0651	0.0183	0.0865	0.0712	0.1974	0.0729	0.6282
铜川市	2010	0.0643	0.0570	0.0450	0.0019	0.0423	0.0984	0.0532	0.3622
宝鸡市	2010	0.0594	0.0533	0.0275	0.0265	0.0263	0.1106	0.0538	0.3573
咸阳市	2010	0.0485	0.0548	0.0190	0.0577	0.0341	0.0977	0.0572	0.3691
渭南市	2010	0.0473	0.0491	0.0168	0.0453	0.0322	0.0991	0.0400	0.3298
延安市	2010	0.0726	0.0577	0.0265	0.0208	0.0289	0.0960	0.0604	0.3629
汉中市	2010	0.0482	0.0507	0.0169	0.0088	0.0324	0.0691	0.0440	0.2701
榆林市	2010	0.0892	0.0495	0.0252	0.0130	0.0214	0.1159	0.0565	0.3708
安康市	2010	0.0468	0.0572	0.0140	0.0466	0.0365	0.0908	0.0555	0.3473
商洛市	2010	0.0479	0.0491	0.0240	0.0202	0.0402	0.0752	0.0466	0.3032

表4－6　陕西2019年各地级市现代化水平

地区	年份	经济	社会	文化	科技	教育	生活	环境	现代化水平
西安市	2019	0.1854	0.0776	0.1183	0.1248	0.0625	0.2615	0.0782	0.9082
铜川市	2019	0.1008	0.0840	0.0642	0.0104	0.0330	0.1604	0.0543	0.5071
宝鸡市	2019	0.0914	0.0781	0.0839	0.0295	0.0261	0.1665	0.0681	0.5434
咸阳市	2019	0.0789	0.0715	0.0338	0.0284	0.0357	0.1689	0.0592	0.4764
渭南市	2019	0.0684	0.0792	0.0206	0.0129	0.0371	0.1453	0.0591	0.4227
延安市	2019	0.1068	0.0755	0.0251	0.0160	0.0290	0.2952	0.0532	0.6008
汉中市	2019	0.0746	0.0626	0.0157	0.0343	0.0327	0.1612	0.0591	0.4403
榆林市	2019	0.1551	0.0719	0.0318	0.0169	0.0233	0.2051	0.0442	0.5483
安康市	2019	0.0759	0.0700	0.0275	0.0097	0.0304	0.1514	0.0708	0.4357
商洛市	2019	0.0699	0.0706	0.0243	0.0214	0.0374	0.1046	0.0576	0.3857

为进一步分析陕西各城市现代化建设方面的差异性，基于2019年各维度现代化的水平及其对城市现代化水平的贡献率进行横向对比。考虑到区域发展的差异性，从地理区位的划分出发，分别绘制了2019年关中地区、陕北地区以及陕南地区的现代化水平雷达图（见图4－4～图4－6）。

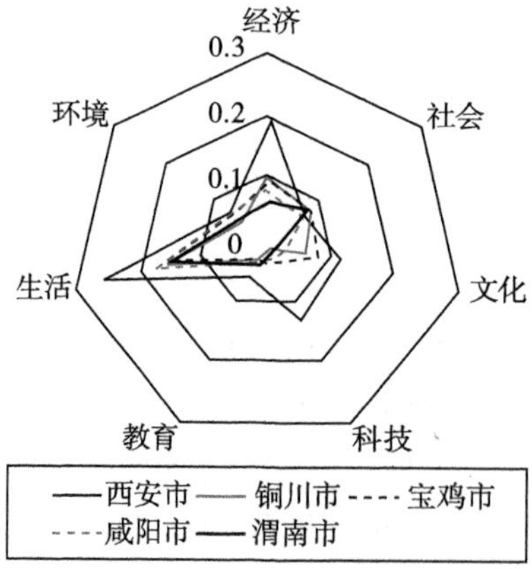

图4－4　关中地区的现代化水平雷达图

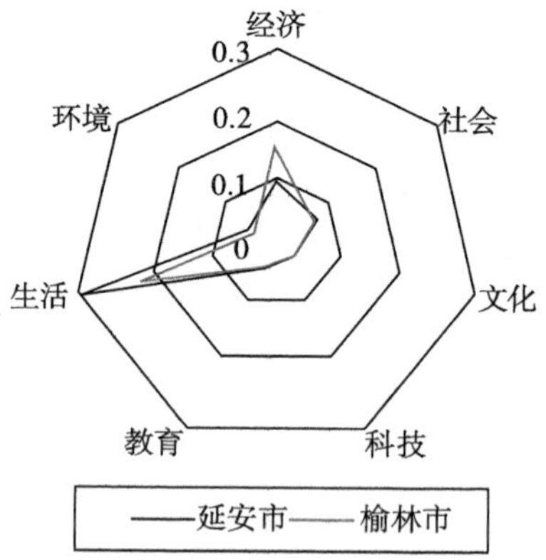

图4－5　陕北地区的现代化水平雷达图

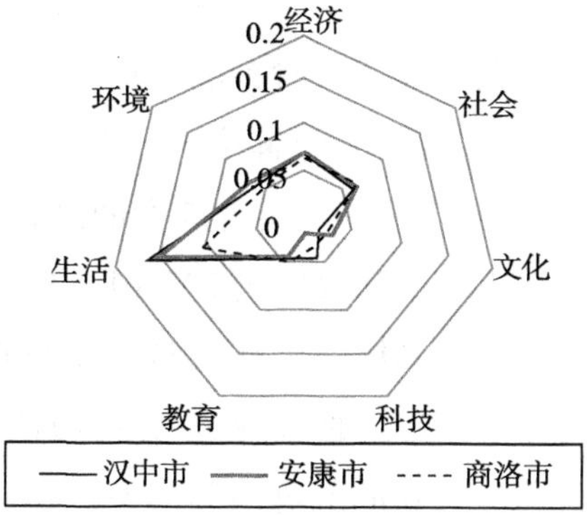

图 4-6 陕南地区的现代化水平雷达图

从 2019 年各地区的现代化水平的横向对比来看，各地区的生活现代化均具有较高的贡献率，贡献率次之的为经济现代化，可见地区经济发展以及居民生活质量的改善对于城市现代化建设起到了主要作用。从关中地区、陕北地区以及陕南地区各维度的现代化水平来看，关中地区除西安外，其余城市仍存在发展不均衡的问题，科技、教育现代化的贡献率较低；陕北地区环境现代化程度整体较低，相比于关中地区与陕南地区，环境污染相对严重，应重视环境投资，改善环境，优化产业结构；而陕南地区则相对应注重科技创新水平的提升，并适当加强文化建设，多维度提升地区现代化程度。陕北、陕南及关中地区在发展过程中可依托自身区域禀赋的优势，有针对性地提升区域现代化水平，发展有城市特色的现代化，基于多角度丰富陕西现代化的发展，从而提升陕西现代化水平。

4.3 未来 15 年陕西城市基本实现现代化的趋势预测

4.3.1 预测模型建立

（1）预测模型建立的原理

为从数据层面对未来 15 年陕西各市基本实现现代化的情况作出预测，以进一步评价陕西城市现代化的发展趋势和方向，本章采取灰色预测模型，对 2021—2035 年陕西各市的现代化水平进行仿真模拟及预测。

灰色预测法是采用观测到的反映预测对象特征的时间序列数据构造灰色预测模型，以预测该指标在未来某一时刻的特征值，该预测系统中既包含已知信息，又涵盖了不确定信息，能解决样本量不足、信息缺乏等问题，从而在原始数据缺乏的情况下得到较为满意的结果。其基本原理是，首先对原始数据进行累加生成列；其次构建 GM（1，1）的灰色预测模型，并计算灰色模型参数；最后对预测模型进行检验，以判断该灰色预测模型的合适度和精度，在此基础之上，通过建立残差均值修正或尾部数列 GM（1，1)修正模型，优化所构建的灰色预测模型，通过对模型拟合精确度进行调整以达到长期预测的标准，对陕西各市实现现代化的预测效果具有显著的优越性。

（2）预测模型的检验

在建立灰色预测模型之前，首先应当对选取的数据序列进行检验，以确定该模型的预测结果。常用的灰色预测模型精度检验方式有关联度检验、残差检验和后验差检验。本章采取常用的后验差检验。实际上是通过均方误差比 C 与小误差概率 P 对灰色预测模型的精度进行判断，具体过程包括以下四步：

第一，计算原始数据的均值：

$$\bar{x}_{(0)} = \frac{1}{n}\sum_{k=1}^{n} x_{(0)}(k) \quad (4-9)$$

第二，计算绝对误差数列均值：

$$\bar{e}_{(0)} = \frac{1}{n}\sum_{k=1}^{n} e_{(0)}(k) \quad (4-10)$$

第三，计算原始数据数列标准差：

$$S_1 = \sqrt{\frac{\sum_{k=1}^{n}\left[x_{(0)}(k) - \bar{x}_{(0)}\right]^2}{n-1}} \quad (4-11)$$

第四，计算绝对误差数列标准差：

$$S_2 = \sqrt{\frac{\sum_{k=1}^{n}\left[e_{(0)}(k) - \bar{e}_{(0)}\right]^2}{n-1}} \quad (4-12)$$

从而得到均方误差比 C（$C=\frac{s_1}{s_2}$）与小概率误差 P（$P=\{|e_{(0)}(k)-\bar{e}_{(0)}|<0.6745S_1\}$）。即灰色预测模型的检验主要依据 P 值和 C 值的大小进行判断。当 P 值越大，C 值越小时，表明灰色预测模型的预测精度越高。具体的等级划分如表 4－7 所示。

表 4－7 灰色预测模型精度检验等级划分

预测精度等级	P	C
好	>0.95	<0.35
合格	>0.80	<0.5
勉强合格	>0.70	<0.65
不合格	≤0.70	≥0.65

4.3.2 预测结果分析

预测结果显示，陕西各维度的现代化水平的后验差比（C 值）均小于 0.65，整体模型预测精度较高，最终预测未来 15 年陕西现代化水平建设各项指标值（见表 4－8）。在进一步对模型进行残差检验时发现，相对误差值以及级比偏差值均小于 0.2，表明该模型整体拟合效果较高。

表 4－8 陕西未来 15 年现代化建设各项指标值

年份	经济	社会	文化	科技	教育	生活	环境	现代化水平
2020	0.1210	0.0868	0.0595	0.1218	0.0417	0.2054	0.0698	0.7060
2021	0.1271	0.0893	0.0644	0.1268	0.0415	0.2193	0.0703	0.7386
2022	0.1292	0.0902	0.0675	0.1294	0.0423	0.2264	0.0704	0.7554
2023	0.1309	0.0913	0.0683	0.1301	0.0428	0.2308	0.0706	0.7648
2024	0.1336	0.0920	0.0696	0.1319	0.0416	0.2342	0.0707	0.7735
2025	0.1368	0.0937	0.0715	0.1368	0.0431	0.2451	0.0709	0.7979
2026	0.1403	0.0947	0.0752	0.1373	0.0425	0.2500	0.0712	0.8113
2027	0.1467	0.0961	0.0796	0.1397	0.0416	0.2564	0.0714	0.8315
2028	0.1474	0.0976	0.0813	0.1429	0.0435	0.2602	0.0716	0.8445
2029	0.1516	0.0998	0.0846	0.1456	0.0443	0.2634	0.072	0.8613
2030	0.1549	0.1005	0.0878	0.1488	0.0446	0.2699	0.0721	0.8786

续表

年份	经济	社会	文化	科技	教育	生活	环境	现代化水平
2031	0.1597	0.1029	0.0928	0.1529	0.0449	0.2726	0.0723	0.8981
2032	0.1627	0.1035	0.0949	0.1548	0.0451	0.2794	0.0726	0.9130
2033	0.1685	0.1044	0.1014	0.1603	0.0453	0.2801	0.0729	0.9329
2034	0.1710	0.1066	0.1026	0.1612	0.0462	0.2836	0.0730	0.9441

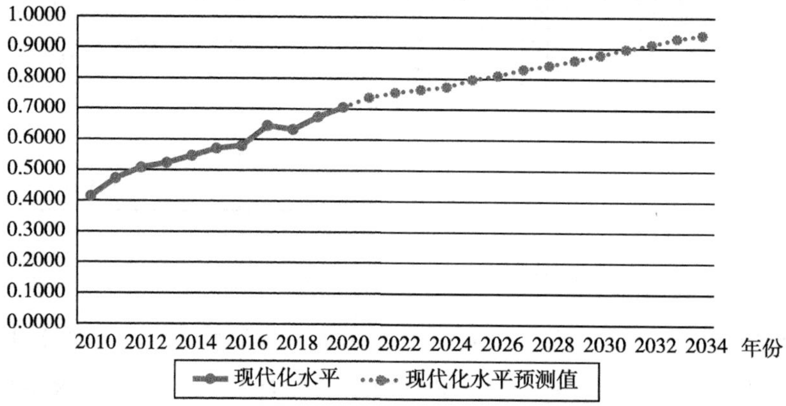

图4－7　陕西未来15年现代化水平趋势预测

从预测结果来看，在未来15年，陕西现代化水平将达到94.41%左右，相比于2019年增加了27.04%，年均增长约2.68个百分点，具有较高的现代化水平。其中，生活现代化、经济现代化及科技现代化仍为贡献率最大的三个子系统，累计贡献率达61.58%（见图4－7）。未来陕西省在发展过程中，应继续稳定经济发展，提高人民生活质量，加快科技创新步伐，与此同时，注重生态环境建设，着力提升文化现代化及教育现代化所占比重，增强陕西现代化发展的协同性，整体上实现现代化的均衡发展。

4.4　陕西城市基本实现现代化的路径

4.4.1　陕西城市基本实现现代化的总体战略

以习近平新时代中国特色社会主义思想为指导，深入贯彻习近平总书记来陕西考察重要讲话和十九届五中全会精神，贯彻落实“五项要求”

“五个扎实”，坚持新发展理念，积极主动融入新发展格局。深挖内需潜力，立足区位优势，把握“一带一路”、乡村振兴、新一轮西部大开发等战略机遇，以推动陕西经济高质量发展为主题，以深化供给侧结构性改革为主线，以科技创新为动力，以文化底蕴为背景，以教育为提升为抓手，以生态保护为前提，以社会进步为导向，以满足人民日益增长的美好生活需求为追求，以全面实现陕西城市现代化为目标，健全基本共服务体系，支持社会力量增加非基本公共服务供给，更好满足人民群众多层次、多样化需求，着力实现经济提速、群众增收、教育优化、社会保障完善、生活环境优美、科技创新加速，切实提升陕西现代化水平，推动全省在经济、科技、教育、文化等多领域取得新进展。

4.4.2 陕西城市基本实现现代化的发展路径

（1）激发城市市场经济活力

一是壮大优势产业规模，优化产业结构布局。坚持以高质量发展为主题，以科技创新为动力，补短板、强基础、扬优势，围绕产业和企业的核心竞争力，加快各地区传统产业升级改造，推进陕西制造向中高端迈进，推动新增产能项目落地；加快构建具有地区特色的现代农业产业体系，依托地区自然资源优势，结合现代化方式大力提升地区农业现代化水平，增强农村经济发展新动能，大力开展乡村建设，提升农村治理水平，推动城乡融合，创新农业生产技术，更新管理理念，以优质大企业为引领，形成可复制可推广的经验；结合城市特色及所处区位优势，融合休闲观光、设施采摘、生态养殖、苗木繁育和科普体验等特色，打造兼具休闲观光、科普教育及三产融合的现代农业园区；依托全国首个大数据创新创业生态体系及全国首个开放性大数据平台，继续成立大数据交易所、研究院等，吸引优质产业集聚发展，争取各城市创业园区内引入上下游配套企业，优化区域内产业链结构，带动地区整体产业发展。

二是大力发展民营经济，激发市场主体活力。以金融支持为民营企业解难纾困，针对民营企业面临的税负、融资等问题精准制定政策，缓解各地企业所面临的压力，对发展前景较好且具备市场竞争力的企业予以重点帮扶，厘清转型企业及省级企业的发展要求，精准扶持；推进民营企业技术创新、管理创新，巩固民营企业在市场竞争中的优势地位，注重管理创新，以完善的现代企业制度来缓解企业转型升级所遇到的难点痛点；积极培育创新型人才，加大对创新型人才的引进力度，全面落实各市人才引进政策，优化高校、科研院所到民营高科技企业的人才流动机制，为民营企业高质量发展提供有效的人才保障。

三是强化政府主导作用，保障市场有序发展。使市场在资源配置中起决定性作用，完善市场配置资源的机制体制，同时，加快政府职能的转变，加强和优化公共服务，推动地区可持续发展使政府与市场相互补充、相互促进、相互协调，促进共同富裕；加快各地市发展规划的制定实行，完善政策支撑体系，优化营商环境，加强招商引资力度，大幅降低市场准入条件，改善投资服务环境，吸引国内外民间资本来陕西投资，并加强管理条例，创造公平的市场竞争环境；积极扩大有效投资，促进消费提质扩容，确保经济稳增长，加速实现追赶超越，聚焦融入新发展格局，将扩大内需同深化供给侧结构性改革有机结合，催生新需求，贯通生产、分配、流通、消费各环节。

（2）促进社会事业全面进步

一是加快经济发展，扩大就业范围。加强公共就业服务，促进各市农村剩余劳动力向服务外包业、高新技术企业等领域聚集，扩大服务范围至各区县，提高服务水平，缓解结构性失业的矛盾，提高就业的灵活性；建设公共就业服务平台，整合区域培训资源，强化职业培训，提高劳动力的技能水平，促进地区就业率提升；拓宽就业渠道，鼓励创新创业，加大财税支持，完善创业金融服务环境，改善创业融资环境，加强创业教育及培训，提升创业者能力，完善创业能力提升模式，加强对地区创业教育的重视，开展陕西创业教育体系教育试点，加强各市综合性创业服务平台建设，培育一批创新创业主体，带动地区创业活动的开展，推进创业带动就业。

二是完善社会保障体系，提高社保覆盖率。扩大社会保障体系覆盖面，完善社会保险制度，激励参保人员多缴多得，全面提升社会保障水平；加强医疗保险制度建设，适度提高城乡居民医疗保障水平，提升医疗保险统筹层次，推进医保全国联网和异地结算，方便居民在省内实现高效就医、及时结算；健全养老服务体系，鼓励社会资本流入养老服务领域，完善相关配套设施，打造全方位功能齐全的养老服务体系，统筹发展低端、中端及高端养老服务，尤其是加强对老年群体、困难群体的养老保障，形成规模化、连锁化、品牌化的养老机构，打造特色服务项目。

（3）推动文化产业繁荣发展

一是发展文化旅游产业，打造地区经济支柱。把握市场经济规律，培育特色鲜明、竞争力强的文化产业及龙头企业，对现有文化企业的经营机制进行改革，加快事业单位企业化改造，加快文化输出，推进优秀的文化团体面向市场；加快文化项目落地，支持举办文化和旅游招商推介活动，积极协调重大文旅项目建设中的土地供应等问题，全面提升文旅巩固服务能力，为产业发展注入活力；把握网络化、数字化、智能化的发展方向，加快陕西各区域经济社会文化朝数字文化产业高质量发展势头迈进，并加强数字产业平台建设，积极推进文化企业大数据、云极端、电子商务等服务平台建设及服务模式创新，加快建成国家级文化产业数字化公共服务平台，推动数字资源建设，推行“互联网＋演艺”发展模式，办好线上展览等线上文化服务活动，以特色文化产业带动城市经济发展。

二是彰显城市文化底蕴，提升城市文化品位。充分挖掘陕西“山”“河”的特色所在，依托其历史文化内涵，体现群山纵横、河流交汇的特色景观，以此为依托打造依山傍水的人文景观，结合不同城市的特色，打造彰显城市文化特色的景观区；依托新兴的互联网络，借助当地的非文化遗产，融合传统文化与媒体网络，加大短线文化旅游的宣传，适时开展线上文旅服务，以多元化的方式丰富游客的选择，在保护原有文化特色的基础上加快城市文化现代化发展，以文化促进旅游，以旅游彰显文化底蕴，提升城市文化价值。

三是培育民众文化意识，丰富群众文化活动。通过宣传教育的方式使民众树立起“文化经济”“文化产业”等新观念；把握群众的文化消费需求，积极开拓文化市场，加快文化服务业的发展，尤其是开发探索具有丰富内涵的多样化的文化产品，以满足消费者日益增长的物质文化需要；创新扩大和引导文化市场消费机制，提升城市文化创意产品的影响力；加快开展陕西各市级文化、旅游产业融合发展示范区创建方案，打造一批具有体验感的特色村镇、综合性特色文化产业园区和文化旅游景区；积极推进各市数字图书馆、数字文化馆的网络建设，加强数字文化资源采集，做好文化活动推广及数字文化培训工作；支持各市开展文化旅游演艺、乡村民俗、露天音乐节等文旅发展新业态，延伸文化旅游消费链、扩大价值链，打造夜间文旅消费集聚区。

（4）提升科技成果转化效率

一是加强科技人才队伍建设，提高科技进步贡献率。加大对陕西科技人才的支持力度，建立并完善科技人才培养机制，通过超额利润分享、分红激励等方式为科技创新、自主可控、关键核心技术攻关等领域的核心和骨干人才提供精准激励，充分给予科技人才更多的技术路线决定权、经费使用权及成果转化使用权，以完善科技人才队伍建设；建立健全平台考核机制，鼓励科研人员加大创新力度，激发科研人员创新活力和潜能，强化科技人才的自主创新能力；强化创新教育与创业训练，壮大科技人才队伍，提升科技人才队伍质量，分类施教，突出重点，多渠道提升人才队伍整体素质，培养出勇于创新创业的优秀人才队伍。

二是加大科研经费投入，提升科技成果转化率。加大地方政府科技成果转化投入，发挥财政资金的杠杆和引导作用，创新财政科技投入方式，设立科技成果转化引导基金；积极争取国家级实验室、大科学装置等重大平台及国家科技创新基地、国家科技计划项目在陕布局，加快西安综合性国家科学中心建设，吸引支持更多科技创新成果入陕，提升科技创新支撑能力，打造国家重要的区域创新中心；依托陕西各高校和科研院所，在陕创建科技成果转移转化中心，促进信息双向流动，最大限度地提升企业及高校之间的信息利用率，强化市场导向，推动产学研结合，形成良性科技成果转移转化生态圈，提升陕西高技术成果的就地转化率。

三是强化科技创新力度，提升产业技术水平。把握陕西科教资源雄厚的优势，推动各类创新资源集聚，大力推进高校和科研院所与陕西各市经济社会融合发展、融通创新；推动创新活力持续释放、创新成果不断涌现，强化企业创新主体地位，促进各类创新要素向企业集聚，加快关键核心技术攻关，推动传统产业改造升级，围绕产业链部署创新链，着力解决产业发展卡脖子问题；支持有科研实力的企业，按照产品、产业上下游关联度组建创新联合体，建设创新基地，积极承担国家、省级重大科研项目，科技项目优先支持具有研发能力的中小企业，培育“科技小巨人”企业。

（5）加快发展城市教育事业

一是提高基础教育水平，提高民众文化素养。把握基础教育空间布局和人口分布之间的关系，在协调各城市“城”和“市”的关系的基础上，统筹规划城区教育和农村教育，尤其是针对因人口增长所带来的基础教育学位不足、发展不平衡的问题，适当调整教育布局和教育结构，在一定范围内增加学校之间以及区域之间的流动性，构建跨区域、跨城乡、跨学校的交错型网络，共建基础合作平台，提高基础教育均等化水平，提高基础教育水平，增加基础教育受教育人数占比。

二是加大教育投入力度，增强教育服务功能。增加各市教育基础设施投资，对教育基础设施提档升级，支持民办教育特色多元办学；推进互联网赋能现代化教育，加快智慧校园建设，实现管理高效化，推动教学工作提质增效，构建“大连接、大平台、大数据”自适应学习场景，推进学生在线上线下多渠道对多样化教育资源的掌握，并基于大数据的分析把握学生学习情况，形成可视化的数据继承，有针对性地调整“教”与“学”；创新民办教育培训学校管理，将非法办学综合纳入“区—街道—社区”三级治理体系，深入开展校外中小学培训机构治理，规范民办学校市场秩序，完善教育惠民体系，多措并举提升教育服务功能。

三是大力发展职业教育，丰富人才体系。推动职业教育创新发展，打造职业教育创新发展新高地，落实职业教育资源优化整合项目，以制度机制保障职业教育资源优化整合；把握中国特色职业教育发展的新契机，实施职业教育提质培优行动计划，争创省部共建职业教育高地，推进入选“中国特色高水平高职学校和专业群”（双高）的八所院校的建设，并启动10所省级“双高”建设；深化产教融合，加强校企合作，打造示范性职业教育集团，助推技能型人才培育。

（6）提高城市居民生活质量

一是改善城乡人民生活，全面迈向小康社会。发挥政府的引导作用，出台相关政策，加强政策激励，加强政策宣传，打造优质营商环境，鼓励劳动者从事技能劳动，以技能作为衡量收入分配的要素之一，促进企业收入分配向一线职工倾斜；促进创业和就业，丰富居民增收渠道，促进机会公平及充分就业，并建立统一规范的人力资源市场，打破城乡、地区市场分割，为劳动者提供优质高效的就业服务，使劳动者在公平竞争中获得合理报酬；统筹完善收入分配，合理提高居民收入，缩小城乡收入差距，扩大社会有效需求，加快区域消费结构升级，加速小康社会建成。

二是加强基础设施建设，优化交通综合网络。强化政府财政投资力度，加强城建资金管理，最大限度提升城建资金的利用效率，广泛进行金融融资，加大土地综合开发利用度，盘活民间资金，以各类政策措施鼓励外资投资；完善各城市县域基础设施项目的建设，增强各类资源有效配给，提升城市公共服务和综合承载能力，切实增强群众的幸福感及获得感；把握陕西重要交通枢纽与经济强省定位，加快新交通设施建设项目规划，加快咸阳机场改扩建项目落地，促进地区旅游资源的开发和旅游产业升级，辐射周边城市经济发展；优化交通网络，积极发展物流配送、电子商务等现代流通业态，以丰富的交通网络为基础提升现代服务业发展水平。

三是提高居民生活水平及居民生活满意度。大力发展社区经济，推进“家门口”经济的发展，加快互联网巨头在社区的布局，扩大资本注入，提升社区小店的价值，优化社区发展的空间布局、经营模式及经营内容等；推进生活服务业的服务标准化，创建有区域特色的本土服务业品牌，提升品牌建立的效率，推动生活服务各业态走向品牌化，加快生活服务业数字化，推动服务业线下场景线上化及服务业数字化转型，及时高效地满足消费者多元化需求；加强供需分配，增加优质产品供给和服务的供应，补齐城乡商贸网络、流通、设施的短板，加强消费者权益保护，建立和完善消费者信用体系，创造良好的消费环境，提高居民消费满意度。

（7）加强城市生态环境建设

一是坚持城市绿色发展，加强生态环境保护。大力巩固造林绿化成果，持续增加秦岭片区森林面积，推动林业高质量发展，继续大规模推进国土绿化，推进“陕北增绿、关中增景、陕南增效”落地，打造绿色生态屏障；认真贯彻黄河流域生态保护和高质量发展战略，落实全国重要生态系统保护和修复重大工程总体规划，继续采取措施修复黄河流域生态，从陕北、渭北地区矿山生态修复、减少水土流失、加强秦岭水源涵养等方面多管齐下，提高区域植被覆盖率，为陕北地区一流能源化工基地的建设创造优良环境，从而提高生态保护治理水平，提升生态环境治理质量。

二是重视自然资源保护，加强民众生态教育。依托陕西丰富的自然资源优势，加快国家公园的建设，并把握陕南、关中及陕北地区的差异化资源禀赋，打造有地区特色的自然保护地体系；根据历史沿革和保护需要，依法依规加快各地对自然保护地内的耕地退耕还林还草还湖还湿，加快创新自然资源的使用制度，明晰自然保护地内的自然资源利用方式；适时开展生态教育，提高民众生态意识，构建多元化生态产品体系。推进区域资源循环高效利用，加快榆林现代化资源型领航城市建设步伐，突出建设清洁低碳、安全高效的世界一流能源基地。加快陕西生态环境质量优化步伐，推动生态环境现代化水平提高。

三是加强生态空间管控，完善绿色生态网络。积极对陕西各市展开自然生态资源调查与评价，识别重点生态空间，以科学手段规划合理的各城市的生态空间布局，实行严格保护，将部分主要生态空间纳入城市发展总体规划中，加强各城市国家级自然保护区的管理及监管；牢牢把握“绿水青山就是金山银山”的理念，推动各城市生态环境质量持续好转，继续加快秦岭的综合治理和矿山修复工程，加快各城市监督机制的落实，夯实网格化管理机制；加快城乡绿道网络建设，加快城市生态绿地、森林公园、湿地公园等的建设，有效衔接城市绿地与区域各类生态空间，构建广覆盖的绿色生态网络。

5 陕西人民生活现代化路径与政策

中国的现代化有着鲜明的中国特色，其发展历程一直围绕着人们生活水平的提升而展开。从新中国成立初期的“四个现代化”建设目标，到改革开放后的“三步走”发展战略，全面建成小康社会的提出和实现，都是以人民生活状态的改变作为实现目标来部署中国现代化发展战略的。未来 15 年将实现社会主义现代化远景目标，并落实到人民生活更加美好，人的全面发展、全体人民共同富裕取得更为明显的实质性进展。[①] 在此背景下，陕西省高度重视民生领域的发展，在“十四五”规划中作了全方位的布局。本章依据陕西基本情况，对其人民生活现代化的实现做出基本判断和预测，以此为基，为它未来现代化的全面实现和政府相关部门的政策制定提供理论依据。

5.1 陕西人民生活现代化评判标准

5.1.1 人民生活现代化的概念界定

“现代化”一词最早于 18 世纪 70 年代出现，用于表示一个国家从传统社会走向现代社会的过程。经典现代化理论认为，现代化的核心是经济现代化，现代化的主要驱动力是经济增长，西方国家的现代化主要经历了工业化、城市化、信息化的过程。但西方现代化理论解决不了中国的现代化问题，西方通过长期殖民迅速完成资本原始积累的现代化发展路径是不

① 资料来源:《中国共产党第十九届中央委员会第五次全体会议公报》。

基金资助:国家社会科学基金一般项目“基本公共服务供给提高低收入群体幸福感的路径研究”(项目号:19BJL101)

可复制的。中国的现代化是一个追赶超越的过程，现代化既是最终的实现目标，也是一个包含道路、阶段、战略的过程，且体现出鲜明的人民观，它不但包括科学技术的现代化、经济结构的现代化，还包括人的现代化。而人民生活现代化又是人的现代化的具体表现，能直观地反映出现代化对人民生活方式、生活观念的影响，体现现代化对人民幸福感的提升效应。

人民生活现代化具有丰富的内涵，包括实现共同富裕、丰富人民的精神生活、重视人民的生命安全和身体健康、人与自然和谐共生。具体来讲，一是实现人民的共同富裕。陕西“十四五”规划建议把“人民共同富裕取得更大实质性进展”作为远景目标，体现了经济发展和改革的成果惠及全体人民的思想。二是注重人民的精神生活。在物质富裕的情况下，应当不断丰富人民的精神文化生活，弘扬大唐文化，传承延安精神，使得人人知礼节而明荣辱。三是把人民的生命安全和身体健康放在第一位，建设健康陕西。作为拥有世界上规模最大的社会保障体系的国家，应当发挥社会保障分散风险、资源配置、发展能力的功能；四是人与自然和谐共生。在现代化过程中不能再走“先破坏，再治理”的老路，应当秉承“两山理论”，有效保护秦岭、黄河流域等生态环境，营造青山绿水的宜居环境，走人与自然共生的可持续化发展道路。

5.1.2　陕西人民生活现代化评价指标体系构建

(1) 指标体系构建

本章基于习近平总书记来陕西考察的重要讲话及要求，根据人民生活现代化的内涵，结合《关于新时代推进西部大开发形成新格局的指导意见》《中共陕西省委关于制定国民经济和社会发展第十四个五年规划和二〇三五年远景目标的建议》（以下简称《陕西省“十四五”规划建议》）两个文件，结合江苏苏南地区、江苏、浙江、广东、北京所构建的现代化指标体系，以及专家学者提出的现代化指标，建构了陕西人民生活现代化指标体系。该指标体系由经济生活现代化、社会生活现代化、文化生活现代化、生态生活现代化四个维度构成（见表5-1）。

表 5－1 陕西人民生活现代化评价指标体系

目标层	准则层	方案层	权重	措施层	单位	权重	目标值
陕西人民生活现代化指标体系	经济生活现代化（40.91%）	收入水平	0.1597	居民人均可支配收入（X1）	元	0.1597	≥47714
		消费水平	0.113	恩格尔系数（X2）	%	0.0373	≤30
				居民人均消费支出（X3）	元	0.08	≥33785
		城市化水平	0.0799	常住人口城镇化率（X4）	%	0.0799	≥75
		科创水平	0.0565	R&D 经费占 GDP 比重（X5）	%	0.04	≥3
				每万人专利授权数（X6）	项	0.0186	≥30
	社会生活现代化（32.18%）	社会保障及就业	0.1252	社会保障和就业支出占财政支出比（X7）	%	0.0617	≥20
				每千老年人口养老床位数（X8）	张	0.0245	≥40
				城镇登记失业率（X9）	%	0.0389	≤4.5
		医疗卫生和健康	0.0964	每千人拥有医生数（X10）	人	0.0321	≥4
				每千人医疗机构床位数（X11）	张	0.0134	≥12
				医疗支出占财政支出比重（X12）	%	0.051	≥11
		基础设施	0.0605	城市每万人拥有公共交通车辆（X13）	辆	0.0121	≥20
				人均城市道路面积（X14）	平方米	0.0242	≥30
				城市燃气普及率（X15）	%	0.0242	≥98
		社会服务	0.0397	每万人社会组织数（X16）	个	0.0238	≥9
				每万人自治组织数（X17）	个	0.0159	≥7
	文化生活现代化（16.53%）	教育水平	0.1241	公共教育支出占财政支出比重（X18）	%	0.0485	≥20
				文盲率（X19）	%	0.0343	≤3.3
				普通高中生师比（X20）	—	0.0171	12.5－13.5
				每十万人口高等学校在校生数（X21）	人	0.0242	≥3500

续表

目标层	准则层	方案层	权重	措施层	单位	权重	目标值
陕西人民生活现代化指标体系	文化生活现代化（16.53%）	文化娱乐	0.0412	居民教育文化娱乐支出占家庭消费支出比重（X22）	%	0.0203	≥16
				互联网普及率（X23）	%	0.0128	≥80
				人均拥有公共图书馆藏书量（X24）	册	0.0081	≥1.5
	生态生活现代化（10.38%）	绿化水平	0.027	建成区绿化覆盖率（X25）	%	0.0135	≥45
				城市人均公园绿地面积（X26）	平方米	0.0135	≥20
		空气质量	0.0428	城市空气质量达到或优于二级标准的天数比例（X27）	%	0.0428	≥95
		环境卫生	0.034	生活垃圾无害化处理率（X28）	%	0.017	100
				每万人拥有公共厕所数（X29）	座	0.017	≥6

（2）指标说明及特点

本章基于《陕西省“十四五”规划建议》《全面建成小康社会统计监测指标体系》《国家中长期教育改革和发展规划纲要（2010—2020年）》《中国教育现代化2035》《全国医疗卫生服务体系规划纲要（2015—2020年）》《民政事业发展第十三个五年规划》等政策规划，以及《中国统计年鉴2020》，并在参考世界银行数据库数据和《江苏基本实现现代化指标体系》《苏南地区现代化建设指标体系（试行）》的基础上，设置各个指标的目标值（见表5-1），用于衡量当前陕西人民生活现代化的实现程度，并用于预测2035年陕西人民生活现代化的实现目标。

陕西人民生活现代化指标体系具有时代性和引领性。陕西深度融入新时代推进西部大开发形成新格局、黄河流域生态保护和高质量发展等国家重大战略，为其提供了重要机遇。因此，陕西省将创新驱动发展、以人为本、以生态保护为先作为“十四五”期间发展的重点，也是陕西人民生活现代化实现的重要内容和前提。因而，立足于陕西省情，指标体系应当具有以下特点。

第一，创新驱动发展。陕西正处于工业化中期向后期跨越的重要阶段，发展动力转换加速，而发展离不开创新，创新驱动经济发展的作用越发突出，通过创新形成的新产业、新产品、新服务不断地提升着人民的生活质量，要依靠陕西高校、科研机构的优势，将科技成果进行有效转化。因而，在经济生活维度加入“R&D 经费占 GDP 比重”“每万人专利授权数”等指标衡量创新程度。此外，教育在创新发展中发挥着重要的作用，通过教育对人力资本投资，培养大量创新型人才，激发陕西创新驱动的内生动力，体现在基础教育是国民素质的基本保障；高等教育是陕西发展水平和发展潜力的重要标志。因此，指标体系中增加了基础教育和高等教育等方面的指标。

第二，以人民为中心。陕西人民生活现代化的出发点和落脚点都是为了提升人民生活质量。经济生活维度以提升人民收入水平、增加低收入群体收入、实现共同富裕为目标，通过“居民人均可支配收入”“恩格尔系数”“居民人均消费支出”来衡量；社会生活维度涉及推进就业、完善多层次社会保障体系、建设健康陕西、推进社会治理现代化等重要指标，这些指标有利于为人民分散风险、保障基本生活和权益、促进社会公平；文化生活维度以建设文化强省作为发展目标，注重人的素质与能力提升，满足人民日益增长的文化需要目标，注重人力资本培育；生态生活维度，以坚守生态底线，推进秦岭生态环境保护与黄河流域生态治理为核心，为人民群众营造绿色美丽宜居的居住环境，由此用优质的空气质量、干净整洁的卫生环境来衡量人民居住环境的舒适度。

第三，体现出“追赶超越”的目标要求。奋力谱写新时代“追赶超越”新篇章是 2020 年习近平总书记来陕西考察后，陕西确定的未来发展目标，追赶超越不是片面追求经济增长数量，而是一种可持续性发展，以实现经济增长质量，生态环境质量持续好转，以及人民生活水平不断提高为目标。因此，在指标目标值设置上，体现了这种追赶超越的思想，瞄准发达省份，参照了东部发达省市相关指标的数值设置，并结合陕西实际情况做了合理设定。

第四，强调各个维度间的协调性。根据《陕西省“十四五”规划建议》中提出的现代化远景目标，在实现经济高质量发展的同时，还要让人民生活更加美好，实现人的全面发展，这就涉及经济、社会、文化、生态各个维度的共同发展。经济发展是人民生活现代化的物质基础，社会发展是民生福祉改善的重要源泉，文化和娱乐满足人民的精神需求，绿色美丽的生态环境为人民提供了宜居环境和生产生活资料，因此只有全面发展才能早日实现陕西人民生活现代化。

5.1.3 现阶段陕西人民生活现代化的态势分析

（1）数据来源

本章数据来源于《中国统计年鉴2020》、《2019年全国教育经费执行情况统计公告》、《2019年全国科技经费投入统计公报》、2010—2019年陕西《生态环境状况公报》。

（2）指标权重确定

本章使用层次分析法（AHP）确定指标的权重。在诸多方法中，层次分析法集定量和定性方法于一体，既可综合研究者的主观判断，又可按照指标体系的设计对陕西人民生活现代化进行定量评价。此外，它还是系统性的结构分析法，通过将总体目标进行合理的分层和重要性比较，最终获得每一指标的权重。根据层次分析法的原理，西部地区人民生活现代化评价步骤如下。

一是构建陕西人民生活现代化评价的层次结构模型。根据指标体系，确定系统评价的因素集合。

二是构建判断矩阵，通过德尔菲法的分析，得出各指标的重要程度 a_{ij}，构建出层次结构模型的分层判断矩阵。根据公式 $\overline{a_{ij}} = a_{ij}/\sum_{i,j=1}^{n} a_{ij}$ 将判断矩阵 $\boldsymbol{A}$ 每一列归一化，再将归一化后的每列矩阵按行相加，得到 $\overline{W_i} = \sum_{j=1}^{n} \overline{a_{ij}}$。通过公式 $\overline{W_i} = \overline{W_i}/\sum_{i=1}^{n} \overline{W_i}$ 将向量 $\bar{W} = (\overline{W_1}, \overline{W_2}, \overline{W_3}, \overline{W_4})^T$ 归一化，得出权重向量 $W = (W_1, W_2, W_3, W_4)^T$。

三是对判断矩阵进行一致性检验。求得判断矩阵的最大特征根 $\lambda_{max} = \sum_{i=1}^{n} \frac{AW}{nW_i} = 4.1431$，一致性指标 $CI = \frac{\lambda_{max} - n}{n-1}$，一致性比率 $CR = CI \times RI = 0.0536 < 0.1$，RI 为平均随机一致性指标，结果显示判断矩阵通过一致性检验，各层指标的权重得以确定（见表 5－1）。

（3）陕西人民生活现代化实现程度的评价方法

在陕西人民生活现代化指标体系中，本部分为各个指标设置了目标值，将指标现值与目标值进行对比，即可得出各个指标的实现程度。将各细分指标的实现程度向上归集，便能得到各个维度的现代化实现程度，以此来评判当前陕西人民生活现代化现状。指标体系中共有 29 个指标。其中，正指标 25 个，逆指标 3 个，区间指标 1 个。各指标现代化实现程度的计算方法如下。

①正指标

$$Z_i = \begin{cases} \frac{x_i}{x_{i1}} \times 100\%, & 若\frac{x_i}{x_{i1}} < 1 \\ 100\%, & 若\frac{x_i}{x_{i1}} \geq 1 \end{cases} \quad (5-1)$$

其中，Z_i 是 x_i 的评价值，x_i 是实际值，x_{i1} 是目标值。

②逆指标

$$Z_i = \begin{cases} \frac{x_{i1}}{x_i} \times 100\%, & 若\frac{x_{i1}}{x_i} < 1 \\ 100\%, & 若\frac{x_{i1}}{x_i} \geq 1 \end{cases} \quad (5-2)$$

其中 Z_i 是 x_i 的评价值，x_i 是实际值，x_{i1} 是目标值。

③区间指标

$$Z_i = \begin{cases} 0 & ,如果\ x_i \notin [m_1, m_2] \\ \left[-\frac{1}{(q_1 - m_1)^2}x^2 + \frac{2q_1}{(q_1 - m_1)^2}x + \frac{m_1^{\ 2} - 2q_1m_1}{(q_1 - m_1)^2} \right] \times 100\% & ,如果\ x_i \in [m_1, q_1] \\ 100\% & ,如果\ x_i \in [q_1, q_2] \\ \left[-\frac{1}{(q_2 - m_2)^2}x^2 + \frac{2q_2}{(q_2 - m_2)^2}x + \frac{m_2^{\ 2} - 2q_2m_2}{(q_2 - m_2)^2} \right] \times 100\% & ,如果\ x_i \in [q_2, m_2] \end{cases} \tag{5-3}$$

其中，Z_i 是 x_i 的评价值，x_i 是实际值。$[q_1, q_2]$ 为 x_i 的目标区间，m_1、m_2 分别为 x_i 的允许下限值与上限值。普通高中生师比为区间指标，其目标区间为［12.5，13.5］，m_1、m_2 分别为 9、17.5。

④陕西人民生活现代化实现程度的测量

陕西人民生活现代化实现程度的计算公式为：

$$F = \sum_{i=1}^{29} w_i z_i \tag{5-4}$$

子目标为陕西人民经济生活、社会生活、文化生活、生态生活现代化的实现程度，计算公式为：

$$F_j = \sum_{i=m_j}^{n_j} w_i z_i / \sum_{i=m_j}^{n_j} w_i \tag{5-5}$$

其中，z_i 是 x_i 的评价值，x_i 是实际值，w_i 是 x_i 的权重。F_j 指第 j 个子目标的实现程度，m_j 为第 j 个子目标中第一个评价指标在总评价指标中的序数，n_j 为第 j 个子目标中最后一个评价指标在总评价指标中的序数。

5.1.4 2019—2020 年陕西人民生活现代化态势分析

根据上述公式和 2019—2020 年的相关数据，对陕西人民生活现代化实现程度进行了测量。结果显示，陕西人民生活现代化总体实现程度为 73.09%，距离现代化目标的实现还差 26.91%（见表 5－2）。细分至各个维度，实现程度呈现差异。文化生活实现程度高达 83.43%，领先于其他维度；生态生活紧随其后，以 80.18% 的实现程度位居第二；社会生活发展态势平稳，实现程度为 77.05%；经济生活现代化实现程度为 63.99%，与其他维度相比发展较为滞后，成为未来发展的重点。

表 5－2 陕西人民生活现代化实现程度

指标	实现程度/%
经济生活	63.99
社会生活	77.05
文化生活	83.43
生态生活	80.18
总体实现程度	73.09

（1）经济生活现代化态势分析

总体上，陕西城市化水平实现程度最高，达到 79.24%。一方面说明陕西城镇化水平随着户籍制度改革、城市抢人大战取得了一定的成果；另一方面也应看到，陕西城市化水平在全国来看并不是很高，只有 59.43%，而全国平均水平在 60.6%，该指标有待进一步提高。陕西科创水平实现程度为 65.97%，其中，“R&D 经费占 GDP 比重”为 2.27%，在西部地区排名第一，“每万人专利授权量”为 11.38 项，仅次于重庆，位列西部地区第二。《陕西省“十四五”规划建议》中提出了创新驱动发展的增长方式，可利用省内高校、科研院所云集，人才储备丰富的优势实现科创强省的战略目标。收入水平、消费水平的实现程度相对较低，分别为 51.7% 与 69.61%，成为经济生活实现现代化的主要障碍。陕西居民收入水平虽然呈现逐年上升的趋势，但是居民人均可支配收入仍然落后于全国平均水平。[①] 尤其是陕西贫困县连片，贫困人口众多，虽然到 2020 年扶贫攻坚目标已顺利实现，288 万农村贫困人口已实现脱贫，56 个贫困县全部摘帽，但仍存在返贫致贫风险高的问题。因此，提高人民收入水平，尤其是低收入群体的收入水平，才能拉动消费创造需求并刺激陕西经济的发展。

（2）社会生活现代化态势分析

陕西社会生活现代化呈现稳中增长的发展态势，其中社会服务、社会

① 2019 年全国居民人均可支配收入为 30732.8 元，陕西居民人均可支配收入为 24666.3 元。

保障及就业的发展速度最快，实现程度超过80%，基础设施、医疗卫生和健康的实现程度相对较低，但也超过了70%。总体上，陕西人民能够享受到较为完善的社会保障制度和社会服务，较高的医疗卫生服务水平以及日臻完善的基础设施所带来的生活便利。但该维度在不同指标上体现出差异性，并在养老和医疗两个指标上存在短板。一是养老服务供需失衡问题突出。陕西“中度老龄化”趋势已经显现，对养老服务需求不断增多。然而，养老服务供给数量与质量无法得到保证，2019年陕西“每千老年人口养老床位数”为23.6张，低于全国平均水平的30.5张，“住不起”“住不上”“住不好”的问题普遍存在。此外，还表现出省内差异显著、养老资源配置不均的问题，陕西共252家养老机构，其中西安市独占了114家，剩余养老机构零星分布在不同市区。二是医疗卫生资源存量不足、配置不均。2019年陕西“每千人拥有医生数”为2.8人，东部地区均值为3.11人，表现出医疗卫生资源的存量不充足。同时，又存在着省内医疗资源不均衡的问题，陕西11个市中“每千人拥有医生数”最高的为3.84人，最低的为2.05人，同样“每千医疗机构床位数”最高的为8.44张，最低的为6.30张。

(3) 文化生活现代化态势分析

文化生活现代化实现程度高主要归功于教育现代化的实现程度高，达88.35%，充分表明陕西对教育的重视。在基础教育方面，城市不断推进学校建设力度与学位供给数量，农村加强“两类学校”建设,[①] 有效推动了义务教育的均衡发展，使“文盲率”下降到3.97%,[②] 与此同时还提升了高中阶段教育普及水平；高等教育方面，在高校数量上陕西占据优势，坐拥95所高校，因此，在质量上愈加重视“双一流”高校建设，以提升高等教育竞争力。

文化娱乐指标的现代化实现程度为68.6%，说明陕西人民的精神文化生活有待进一步提升。体现在“互联网普及率”为56.55%，落后于64.5%的

① “两类学校”是指乡村小规模学校、乡镇寄宿制学校。

② 2019年全国“文盲率”为4.59%,西部地区为8.72%,说明陕西的义务教育发展较好。

全国水平。“人均拥有图书馆藏书量”为0.54册，低于0.79册的全国水平。针对这一问题，未来陕西应当逐步满足并提升人民的精神文化需求。

（4）生态生活现代化态势分析

在生态生活方面，陕西绿化水平的实现程度为72.71%，空气质量为76.53%，环境卫生为90.72%。环境卫生的实现程度最高，其中2019年陕西“生活垃圾无害化处理率”接近100%；鉴于人口密度等原因，陕西“每万人拥有公共厕所数”为4.9座，高于全国2.93座的平均水平，也高于东部地区2.74座的平均水平。

相对来说，绿化水平与空气质量是陕西生态生活现代化的短板。绿化水平上，2019年“建成区绿化覆盖率”“城市人均公园绿地面积”分别为39.3%与11.62平方米，低于全国41.5%与14.36平方米的平均值，说明陕西省城市绿化建设不充足；空气质量上，2019年陕西“城市空气质量达到或优于二级标准的天数比例”为72.7%，远低于西部地区89.49%的平均水平，陕西空气质量差与其自身自然禀赋关系密切。一是地理环境，陕西地处黄土高原，水土流失严重，生态脆弱性高，易引发沙尘天气；二是资源禀赋，陕西等地拥有丰富的煤炭、石油、天然气等自然资源，在开采和生产过程中由于资源利用方式粗放，易产生环境污染、空气质量恶化的问题；三是关中地区盆地多、风速低，且高排放高污染的重工业数量多，在冬季易形成雾霾天气。

5.2 陕西人民生活现代化的实现路径

2020年是陕西省脱贫攻坚、建成小康社会的关键一年，也是“十四五”规划的开局之年，2021年开始全面步入社会主义现代化建设进程中。本章通过对2019—2020年陕西人民生活现代化评价标准的界定以及态势分析，总体上，陕西人民生活现代化实现程度达到73.09%，其中一些指标表现得非常好，已经与现代化目标值相差无几，但在另一些指标上却暴露出很多问题。陕西存在着收入水平低、城乡差距大、基本公共服务供给数量与质量不足、居民文化娱乐需求难以获得满足、生态脆弱等方面的问题，成为实现陕西人民生活现代化的短板。因而，本章将从以下四个方面提出陕西人民生活现代化的实现路径。

5.2.1 不断提升人民生活水平，实现人民经济生活现代化

经济生活现代化是人民生活现代化的物质基础及发展动力，经济发展的成果最终为人民所共享，突出表现为人民收入与消费水平的上升。此外，城镇化发展与科技创新是提升人民生活水平、促进经济生活现代化的重要途径，能够改变人民的生活和生产方式，有利于提升陕西人民生活质量。因此，为尽早实现人民经济生活现代化，应从以下几方面着手。

一是提升人民的收入与消费水平。首先，促进居民收入增长与经济增速同步，稳步提高居民收入水平，增加低收入群体收入，扩大中等收入群体。同时，巩固脱贫攻坚成果，对农村地区、山区低收入人群进行过渡性帮扶，激发低收入群体内生发展动力。同时，注意防范边缘人口致贫返贫风险，构建返贫风险预警机制巩固脱贫成果。其次，培育新型消费，激活潜在消费，发挥消费对经济发展的基础性作用。重点推进养老、健康、教育、文化娱乐等服务型消费发展，并推动线上线下消费方式。此外，不断健全消费机制，为消费者营造安全有序的消费环境。

二是推进新型城镇化建设。新型城镇化是以人为核心的。新型城镇化的建设，使得城乡收入差距呈现缩小趋势。而城镇化水平与居民消费率呈正向关系，通过提高居民的消费能力、改变消费习惯、扩展消费领域来提升居民的总体消费水平。推进新型城镇化建设，首先，促进大中小城市协同发展，发挥关中平原城市群的聚优、引领作用，带动宝鸡副中心城市、汉中区域中心城市发展，并与成渝城市群保持积极互动。其次，推进以县城为载体的城镇化建设，加快户籍制度改革，实施县城、市郊基础设施更新升级计划，促进农业转移人口市民化。

三是以科技创新提升人民生活质量。《陕西省“十四五”规划建议》中明确将“加快打造西部创新高地，建设国家科技创新中心”作为发展目标。科技创新作为驱动经济高质量发展的新动能，同时也改变、重塑着人

民生活，令人民生活更美好。首先，紧抓大数据、人工智能、区块链、5G应用等新增长点，推进陕西先进制造业与现代服务业发展，利用新兴科技对传统产业进行赋能升级，从而创造出更多智能产品与服务；其次，推动数字城市、智慧城市建设，加快互联网医疗、远程健康咨询、在线教育、线上文娱等服务的发展。

5.2.2 推动基本公共服务转型与发展，促进人民社会生活现代化

伴随着人口老龄化程度的加深，健康理念不断深入人心，使得人民群众对基本公共服务有了新需求。因此，陕西在未来的在公共服务建设上应继续秉承“以人民为中心”的理念，推动基本公共服务转型与发展。

一是共享发展与完善社会保障体系。首先，社会保障制度是实现经济成果共享的重要途径。在人口老龄化的背景下，老年人对社会保障及相关服务需求上升，因此不能只依靠基本养老保险制度，还要大力发展补充养老保障制度，以及家庭养老、养老服务、商业保险等形式，建立多层次的社会保障体系，将正式与非正式制度有机结合，将政府、市场、社会组织和个人等多种力量相融合。其次，完善就业保障体系。就业是民生之本，完善就业机制、建立失业监测预警机制、对失业人群进行就业指导与培训显得尤为重要。尤其重点关注高校毕业生、农民工、新业态人员、残疾人等人群的就业情况，多渠道帮助他们实现就业。

二是建设健康陕西。首先，推进基本公共卫生服务均等化。合理配置医疗卫生资源，关注农村地区医疗资源的配置，加大对农村地区的医疗财政支出，完善乡村医疗卫生网络建设，促进医护人员能力的提升。其次，实现全民健康促进计划。将健康理念融入人民社会生活之中，通过爱国卫生运动、全民健身行动、环境污染治理等措施持续提升国民健康意识；最后，积极发展“互联网+医疗”新模式，通过远程医疗、精准医疗等方式提升医疗服务效率与质量。

三是不断完善基础设施建设。首先，积极融入“一带一路”建设，参与新亚欧大陆桥、中国—中亚—西亚经济走廊、西部陆海新通道建设，推

动对外开放形成新格局；其次，扎实推进现代化新型基础设施建设。聚焦5G、城际高速铁路和轨道交通、新能源汽车充电桩、大数据中心、人工智能等新基建建设，提升人民生活效能；最后，推动农村基础设施升级改造，保证水、电、气的充足供应，完善各类公共服务基础设施建设。

5.2.3 提升公共文化服务水平，丰富人民精神文化生活

文化堕距理论指出，物质文化的变迁速度要快于非物质文化，两者的不同步发展为文化堕距，会产生道德滑坡、价值观丧失等问题。在全面建成小康社会目标实现后，陕西人民的物质需求已经得到较大程度的满足，将进一步追求精神文化的满足。因而，现阶段在精神文化生活发展缓慢的前提下，将从以下两个方面来丰富陕西人民的文化娱乐生活。

一是注重人力资本的培育。人力资本培育离不开教育事业的发展。首先，继续加大对基础教育的投入。2019 年陕西的文盲率为 3.97%，高于东部地区 3.64% 的平均水平，缘于陕西革命老区、大巴山区、贫困地区基础教育的资源配置不足，教育事业发展缓慢。因此，陕西要继续加大对这些地区基础教育的投入，通过新增学校、学位，建立“名校 +”教育联合体结对帮扶机制等方式，促进优质教育资源共享，同时逐步推进高中阶段和中等职业教育的普及，加速教育资源合理配置。其次，提高高等教育质量。陕西高校在数量上具有一定优势，未来要重点关注高校的竞争力。继续推进陕西高校“双一流”建设，推动高水平研究型大学发展。一方面，促进产学研发展，将陕西省人才优势、科研优势转化为生产力；另一方面，整合各高校优势，根据陕西现存短板和发展目标，进行学科设置，培育一批适应陕西发展需要的高层次人才。

二是提升公共文化服务水平。人民生活现代化不仅包括人的身体、文化、道德素质的发展，还包括人的生活方式现代化，尤其是精神生活层面。通过公共文化服务供给，能够丰富人民的精神生活。首先，建立完善城乡基本公共文化设施，加强图书馆、博物馆、文化馆、艺术馆、文化遗址公园、综合文化服务中心等设施的建设，形成网络化、系统化的结构体

系。其次，充分利用陕西丰裕的历史文化资源，实施文化惠民工程，弘扬大唐文化，展示秦腔艺术，开展人民群众喜闻乐见的文化艺术表演；最后，推动公共文化服务数字化建设，通过数字技术运用，畅通文化信息获得渠道，加强陕西革命老区、山区等地电信基础设施建设，通过互联网和数字技术，实现民众与其他信息主体之间的信息共享与交流，提升文化服务的可及性。

5.2.4 推进生态环境保护与美丽人居环境建设，实现人民生态生活现代化

“绿水青山就是金山银山”。良好的生态环境、美丽清洁的居住环境是陕西人民对美好生态环境的需求。应当秉持绿色发展观，走人与自然和谐共生的可持续发展道路。

一是生态环境保护为先，实现产业的绿色转型与发展。针对陕西空气质量差、生态环境恶化以及环境与发展矛盾突出等问题，实现产业的转型升级。首先，秦岭是陕西乃至我国的重要生态屏障，它是我国南北区域分界线与过渡区域，是长江和黄河的重要水源地，是我国动植物资源的宝库。因此，在经济发展的过程中要重视生态环境和资源的保护，实施重金属污染治理项目，逐步淘汰高耗能高污染产业，以及对秦岭造成生态破坏的房地产开发业。其次，黄河流域的生态保护与高质量发展。陕西位于黄河流域流经中段，是流域内的重要省份，利用国家战略，倒逼产业的转型与发展，把握转型过程中生产要素流动、新动能培育、人口素质提高所带来的新红利，实现经济高质量发展。

二是营造绿色美丽的居住环境。首先，推动农村地区居住环境改善与乡村振兴协同发展。实施乡村建设行动，进行农村“厕所革命”，提升垃圾无害化处理率与污水处理能力，逐步推行农村垃圾分类，提升可回收资源利用率。通过优化农村的生产生活空间，改善农村村貌和人居环境，来推动乡村振兴。其次，建设绿色城市。陕西的城市绿化率偏低，因此在现代化建设中要实施城市绿化提升项目，如建设城市公园、口袋公园、城市

绿道，提高城市绿色覆盖率。同时，通过推广新能源汽车、节能家居等低耗能产品，倡导绿色低碳的生活方式，提高城市人民居住环境的舒适性。

5.3 未来15年陕西人民生活现代化的趋势预测

《中共中央 国务院关于新时代推进西部大开发形成新格局的指导意见》提出，到2035年，西部地区基本实现社会主义现代化，实现基本公共服务、基础设施通达程度、人民生活水平与东部地区大体相当的目标。陕西作为西部重省，应当立足于新发展格局，把握未来15年的关键发展期，努力实现人民生活现代化目标。因而，本章对陕西未来15年的人民生活现代化发展趋势进行预测，为相关部分的政策制定提供理论参考。

5.3.1 模型选择及构建

本章将运用灰色预测模型GM（1，1）对陕西未来15年人民生活现代化趋势进行预测。灰色预测模型是通过少量、局部数据来建立预测模型，对未来发展趋势做出预测的一种方法。该方法优点在于建模所需数据少，运算简便，预测精度高。本章收集了陕西2010—2019年的相关数据，① 运用该模型进行趋势预测。具体计算过程如下。

原始数据序列：

$$X^{(0)} = \{x^{(0)}(1), x^{(0)}(2), x^{(0)}(3), \cdots, x^{(0)}(n)\} \tag{5-6}$$

一是对原始数据序列（5-6）进行累加，生成新序列：

$$X^{(1)} = \{x^{(1)}(1), x^{(1)}(2), x^{(1)}(3), \cdots, x^{(1)}(n)\},$$

其中，$x^{(1)}(k) = \sum_{i=1}^{k} x^{(0)}(i), k = 1,2,\cdots,n$ （5-7）

二是建立$X^{(1)}$的紧邻均值生成序列：

$$Z^{(1)} = \{z^{(1)}(2), z^{(1)}(3), \ldots z^{(1)}(n)\},$$

其中，$z^{(1)}(k) = \frac{1}{2}[x^{(1)}(k) + x^{(1)}(k-1)], k = 2,3,\cdots,n$ （5-8）

---

① 资料来源：《中国统计年鉴2020》、《2019年全国教育经费执行情况统计公告》、《2019年全国科技经费投入统计公报》、2010—2019年陕西《生态环境状况公报》。

三是建立 GM（1，1）模型，对新生成序列建立一阶白化微分方程：

$$\frac{dx^{(1)}}{dt} + ax^{(1)} = u \tag{5-9}$$

并通过下列公式估计参数 $(a,u)^T$

$$(\hat{a},\hat{u})^T = (B^TB)^{-1}B^TY \tag{5-10}$$

$$B = \begin{bmatrix} -z^{(1)}(2) & 1 \\ -z^{(1)}(3) & 1 \\ \vdots & \vdots \\ -z^{(1)}(n) & 1 \end{bmatrix}, Y = \begin{bmatrix} x^{(0)}(2) \\ x^{(0)}(3) \\ \vdots \\ x^{(0)}(n) \end{bmatrix} \tag{5-11}$$

四是求解白化方程可得时间响应函数：

$$x^{(1)}(t) = \left[x^{(1)}(1) - \frac{u}{a}\right]e^{-at} + \frac{u}{a} \tag{5-12}$$

根据灰色预测模型公式 $x^{(0)}(k) + az^{(1)}(k) = u$，求得模型的离散时间响应序列：

$$\hat{x}^{(1)}(k+1) = \left[x^{(0)}(1) - \frac{u}{a}\right]e^{-ak} + \frac{u}{a}, k = 1,2,\cdots,n \tag{5-13}$$

五是由式（5－14）得出模型的预测值：

$$\hat{x}^{(0)}(k+1) = \hat{x}^{(1)}(k+1) - \hat{x}^{(1)}(k) \tag{5-14}$$

5.3.2 未来 15 年人民生活现代化的趋势预测

模型预测结果显示，到 2031 年陕西人民生活现代化目标提前实现，但各个具体指标有一定的差异。2019 年经济生活现代化实现程度最低（63.99%），但在未来 15 年内却显现出强劲的发展潜力，于 2028 年率先实现现代化目标；社会生活维度保持稳步增长趋势，于 2030 年实现目标；文化生活现代化实现程度起步最高（83.43%），但鉴于人力资本培育、精神文化滋养是一个较为漫长的过程，因此该维度于 2033 年实现目标；生态生活在 2035 年的实现程度为 94.85%，未能在 15 年内实现现代化（见表 5－3 和图 5－1）。

表 5 - 3　2020—2035 年陕西人民生活现代化预期实现程度　（%）

年份	经济生活	社会生活	文化生活	生态生活	总体实现程度
2020	67.85	80.19	83.86	80.50	75.20
2021	71.45	82.12	85.02	81.38	77.29
2022	75.24	84.10	86.20	82.28	79.44
2023	79.23	86.13	87.39	83.18	81.65
2024	83.43	88.20	88.60	84.01	83.92
2025	87.86	90.33	89.83	85.02	86.25
2026	92.52	92.50	91.08	85.96	88.65
2027	97.42	94.73	92.34	86.90	91.12
2028	102.59	97.02	93.62	87.86	93.65
2029	108.03	99.36	94.92	8.83	96.25
2030	113.76	101.75	96.24	89.80	98.93
2031	119.79	104.20	97.57	90.79	101.68
2032	126.15	106.71	98.93	91.79	104.51
2033	132.84	109.29	100.30	92.80	107.41
2034	139.88	111.92	101.69	93.82	110.40
2035	147.30	114.62	103.10	94.85	113.47

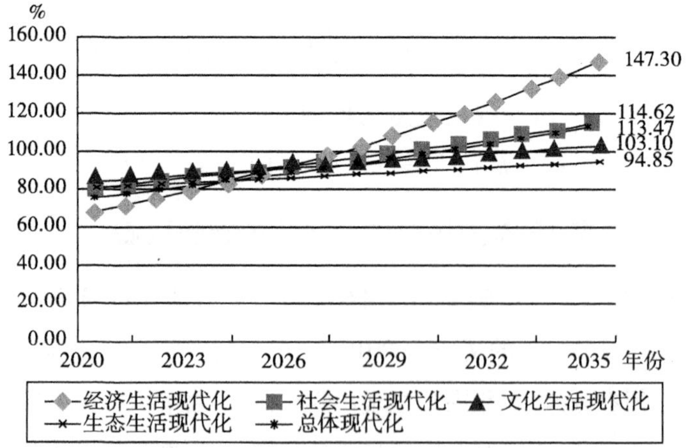

图 5 - 1　未来 15 年陕西人民生活现代化的发展趋势预测

（1）人民经济生活现代化实现又好又快发展

陕西人民经济生活最早实现现代化目标，从 2019 年 63.99% 的实现程度到 2028 年目标达成，只用了 9 年时间。其中，“收入水平”“消费水平”于 2027 年实现目标；“城市化水平”紧随其后，于 2028 年实现目标；“科创水平”在 2032 年最晚实现。

未来陕西经济将迈入高质量发展阶段，随着经济高质量增长和脱贫攻坚工作的持续推进，会带来人民收入水平的不断提高，以及消费水平的提高。“城市化水平”现代化的实现，不仅受制于人口规模和城市用地数量，还受制于户籍制度和依附于城市的社会福利，这些制度改革会影响到部分人群的既得利益，因此，改革速度会影响到城市化进程。而随着以县城为载体的新型城镇化建设的推进，各类配套基础设施不断完善，陕西城市化水平将不断提升。“科技水平”现代化最晚实现，虽然陕西作为西部地区的科技重省，但各项科创指标仍远落后于东部发达省市，创新潜能释放不足等都是陕西科技领域的短板，因此在新时代应当抓住发展机遇，实现短板不短，促进陕西科技创新进一步发展。

（2）人民社会生活现代化稳步发展

到 2030 年社会生活实现现代化。其中“医疗卫生和健康”于 2027 年最早实现现代化；“社会保障及就业”“社会服务”分别于 2029 年、2030 年实现目标；“基础设施”则未在 2035 年前实现现代化。

“医疗卫生和健康”是当前社会生活维度实现程度最低的指标，却最早实现现代化，表明在“大健康、大卫生”理念引领下，陕西会更加重视医疗卫生事业的发展，加快优质医疗资源扩容与城乡均衡布局，在医生数、医疗机构床位数、医疗支出等指标方面都将有重大突破，因此，该指标现代化实现速度较快。然而，在“基础设施”上的表现并不理想，2035 年的实现程度仅达 86.04%，其中“人均城市道路面积”“城市每万人拥有公交车辆”均未实现现代化，因此陕西在基础设施领域有很大的提升空间，发展重点将从城镇的公交车辆、道路、天然气等公共基础设施着手，向乡村地区延伸，从养老、医疗服务基础设施到完善安置区配套基础设施，从国家重大战略中涉及欧亚大陆桥、扶贫、旅游交通基础设施建设，到节点城市、跨境运输、信息通道等对外开放的基础设施，都应是未来 15

年陕西在基础设施、基本公共服务领域的发展方向。

（3）人民精神文化生活亟待丰富

文化生活较晚实现现代化，“教育水平”于2030年实现现代化目标，“文化娱乐”到2035年的实现程度仅为92.88%。在教育水平方面，“文盲率”到2035年的实现程度仅为81.13%，文盲会产生贫困，而贫困落后又会导致文盲，周而复始地形成恶性循环，因此未来扫除文盲和普及九年义务教育仍然是陕西教育工作的重要内容。

“文化娱乐”未能实现的主要原因在于，除“互联网普及率”实现了现代化目标外，“居民文化娱乐支出”“人均拥有图书馆藏量”等指标发展缓慢。随着数字经济的到来、5G技术的应用，信息科技将成为人民生活中必不可少的一部分。而相对于互联网的快速普及，公共图书馆发展速度相对较慢，未来图书馆要顺应时代发展，向数字图书馆方向发展，以更好地满足人民日益增长的精神需求。此外，要增加对公共文化服务领域的投入，以弥补个人在文化娱乐方面支出减少的问题。陕西可凭借文化旅游资源，建设重点文物保护区、特色历史博物馆、文化公园、乡村公共文化服务中心、乡村舞台等文化惠民设施，加强人民精神文明建设。

（4）生态生活现代化任重道远

生态生活未能在2035年实现现代化目标。具体来看，只有“环境卫生”实现现代化目标并于2021年提早实现，说明生活垃圾无害化处理率、垃圾分类效率、污水处理能力等都得到显著的提升。环境卫生关系到陕西人民健康的公共事业，它具有预防疾病、延长人类寿命、促进人的身心健康、保护生态环境的作用，因此它对人民生活现代化的实现具有重要意义。“绿化水平”与“空气质量”都未能按期实现目标，到2035年预测值分别为75.46%与93.55%。绿色生态、美丽人居环境作为民生福祉的重要体现，未来陕西省应当注重推进绿色城市建设，提升建成区绿化覆盖率与城市绿地面积、城市公园面积。同时，在“大保护”的理念下，坚定习近平总书记“绿水青山就是金山银山”的理念，更好地实现人与自然和谐共生。

6 陕西教育现代化的路径与政策

教育现代化是国家现代化的先导，教育现代化支撑着国家现代化。陕西作为我国的教育大省，能否实现教育现代化不仅关系到陕西教育强省的建设，更涉及省域范围现代化水平的实现。本章通过构建教育现代化评判指标体系，对陕西现阶段教育现代化水平进行科学监测，这不但能为客观评价省域教育现代化水平提供科学合理的测评方法、量化标准和工具模型，提升教育现代化研究的科学化水平，更有助于明晰陕西教育现代化的发展水平，为其教育政策制定提供借鉴和参考。与此同时，本章还通过对陕西教育观念、教育体系、教师队伍以及教育信息化进行深入分析探讨，运用定量和定性相结合的研究方法，从而准确把握陕西教育现代化发展的现状，分析发展过程中存在的问题，并探寻教育现代化发展的适行性路径和发展趋势。

6.1 陕西教育现代化评判标准

6.1.1 教育现代化的内涵与基本特征分析

作为我国教育改革的重要主题，教育现代化是优先发展教育的不竭动力。深入探索现阶段区域教育现代化发展路径和趋势的首要前提是把握教育现代化的内涵和基本特征。

（1）教育现代化的内涵

教育现代化是指与教育形态变迁相伴的教育现代性不断增长和实现的过程，即将传统教育转化为现代教育的动态过程。它是指一个国家、民族或地区的教育在适应现代化社会发展要求的过程中，不断调整传统上延续下来的教育思想观念、教育制度规范、教育内容和方法以及教育行为等，逐渐形成新的教育形态及其现代性特征的过程。同时，教育现代化也是教育高水平的发展状态，是对教育领域的治理和教育发展方式与体系制度的全方位转变，由于受到经济发展、开放水平、传统文化和人力资本等方面的影响，呈现出不同的特点。

综上所述，教育现代化的内涵包含以下几个方面：首先，教育现代化是由传统教育向现代教育转变的动态过程；其次，代表着较高的教育水平，是一个国家或地区的教育与经济、社会和科学技术相适应的发展状态；再次，教育现代化包括教育思想观念、教育内容、教育方法和教育制度规范等的现代化，是教育内涵、要素、形态、特征向现代教育转换的过程；最后，教育现代化的核心是人的现代化，需要实现人的充分全面发展。

（2）教育现代化的基本特征

从教育现代化的内涵和外延来看，教育现代化是动态而非静态的过程，教育现代化以实现人的全面发展为核心，代表着较高的教育水平和教育的全方位转换，因此，动态性、育人性、普及化和高质量是教育现代化的本质特征。①动态性。教育现代化是教育本身不断发展、不断进步、不断推进的过程，即逐渐由传统教育向现代教育转变的一个动态过程。②育人性。教育现代化的根本属性是育人，教育现代化的出发点和立足点是实现人的现代性，核心任务是培养具有现代性的人。③普及化。随着全面建设小康社会战略的实施，教育普及化已经成为必然趋势，大力推进教育发展是提升我国综合国力和文化软实力的不二选择。统计数据显示，2019 年我国共有各级各类学历教育在校生 2.82 亿人，比上年增加 660.62 万人，增长 2.40%[①]。可以看出，普及化是教育现代化不可或缺的特征之一。④高质量。党的十九大报告中指出“我国经济已由高速增长阶段转向高质

① 资料来源：《2019 年全国教育事业发展统计公报》。

量发展阶段”，教育的高质量发展也成为学界研究的重点。从“有学上”到“上好学”，从数量追求到质量提升的转变，都意味着高质量作为教育发展的首要目标和生命线，是教育现代化的显著特征。

6.1.2 陕西教育现代化评判指标体系构建

教育现代化评判指标体系不仅要体现教育发展的目标任务，还要满足教育现代化发展的实际需求，更要有利于发挥指标的导向功能。因此，科学的指标体系对于教育现代化的评判与监测举足轻重。本章从科学性、客观性和指导性的原则，以及教育现代化的本质、价值取向、内涵和目标框架等依据入手，结合普适性和特殊性的标准来构建陕西教育现代化的评判指标体系。

（1）陕西教育现代化评判标准设计的原则

遵循教育发展的基本规律，并综合陕西当前经济社会发展特点、教育发展现状和特征等现实因素考量，本章主要遵循以下原则构建教育现代化评判指标体系：

科学性原则：遵循科学的原则进行体系的设计和指标的选择，客观、真实地反映省内现状。评判指标的选择应具有代表性，避免因指标设置过于宽泛或精细而影响评判结果，指标设定应大小适宜，数据采集应尽可能简单，计算方法简明易懂。

客观性原则：为确保评判结果的适切性和精准性，避免因主观性影响导致误差，应在评判方法、评判标准和评判态度等方面遵循客观性原则，保证评判结果的科学公正。

指导性原则：指标的设立应当能够为教育现代化建言献策，具有强烈的牵引作用，以指导和规范教育行为。指导性原则最根本的要求是选取有利于推动陕西教育现代化实现，且具有可获得性的指标。

（2）陕西教育现代化评判标准设计的依据

我国各地区经济发展水平差异较大，教育现代化进程参差不齐，因此，建构省域范围内教育现代化的评判标准应该与本地区经济发展程度、区域教育发展目标以及教育质量水平等各要素相协调和适应。因此，应当从科学性、适切性和有针对性等角度，对省域范围内教育现代化的评判标准进行设计。现有研究中的评判依据主要有以下三种：

第一，依据教育现代化的本质。有学者认为评价教育现代化的本质是评价教育现代性，评价框架的建构首先需要罗列教育现代性的清单。也有学者把教育现代化看成教育要素与环节上教育现代性的增长，指出对教育现代性增长的判断应该渗透价值取向。

第二，依据教育现代化的价值取向与内涵。不同学者针对教育现代化的价值取向与内涵构建了各类指标体系。如上海高等教育现代化指标研究课题组从教育的普及水平、条件保障、发展状况、公平情况、服务贡献和科学治理六个方面来评判教育现代化。也有学者依据贫困地区教育现代化的发展程度、进程和特点，从资源配置、发展水平、促进公平和进步程度等四个方面，对贫困地区教育现代化进行了指标构建和衡量。

第三，依据教育现代化的目标框架。如 2004 年上海市颁布了《关于全面实施教育综合改革率先基本实现上海教育现代化的若干意见》，明晰了教育现代化的十二大目标，以此建构教育现代化的评价框架；江苏省发布的《江苏省中长期教育改革与发展规划纲要（2010—2020）》提出一定时段内的战略目标，依据目标阐述制定了监测框架。且有学者在研究地方教育现代化评价指标体系的过程中，通过对北京、上海、广东、浙江和江苏五个省市教育现代化评价指标体系的比较和分析后发现，以上地区均在教育公平、经费投入与教师配置、开放度与国际化、学生综合素养、教育满意度、教育社会贡献与学习化社会等六个维度进行指标体系构建。

从教育现代化的本质和内涵角度构建指标体系，缺点在于较多的评价维度很难转化为具体可测的评价指标，以目标来确立教育现代化评价框架虽然在一定程度上保证了评价对象和指标清晰明了，便于实施和细化，但存在忽视内涵与价值取向的弊端。因此，本章参考借鉴已有研究，以陕西教育现代化发展现实及教育现代化的目标和重点为出发点，在构建陕西教育现代化评价指标体系且进行实证分析的基础上，采用规范分析的方法从教育体系、教育理念、教师队伍以及教育信息化建设四个方面对陕西教育现代化发展情况进行深入分析。

（3）陕西教育现代化评判指标体系的维度

评判是一个依据事实做出价值判断的动态过程，在评判教育现代化程度时，需要选取适当且适量的指标作为评判尺度，将教育现代化的主要内容反映出来。因此，评判指标承担着双重任务：一是内在承载着教育现代化的内涵价值，二是外在显示获取事实依据的方向和范围。《中国教育现代化2035》提出："一地一案、分区推进"是2035年实现教育现代化的路径，从我国推进教育现代化的地方经验来看，区域层面落实国家教育现代化的战略目标，需要一套可以科学、合理评判教育现代化指标的体系。

从国家层面来看，《中国教育现代化2035》提出：要致力于促进教育公平、提高教育质量、优化教育结构，为决胜全面建成小康社会、实现新时代中国特色社会主义发展的奋斗目标提供有力支撑。从区域层面来看，陕西教育事业发展"十三五"规划提出：教育改革发展的总目标包括教育普及程度全面提高、教育质量全面提升、教育公平程度显著提高、教育开放进一步扩大、教育服务经济社会发展能力显著增强等方面。

通过系统梳理教育现代化的基本特征和内涵，立足于国家和地方教育现代化发展的首要目标，并结合数据的可获得性和陕西的省情，本章从教育质量、教育公平、教育开放以及教育贡献四个维度对陕西教育现代化进行指标构建和程度评判。

①教育质量是教育现代化的核心内容

教育质量是教育的生命线，同时可评价教育水平和效果的高低优劣。提升教育质量不仅是《中国教育现代化2035》中的基本要求，也是我国社会经济发展过程中的必然选择。因此，教育质量是教育现代化发展的关键要义和核心内容。教育质量不仅能反映教育发展水平的高低，还能反映教育活动达到预期效果的程度，主要包括学生发展、教师队伍、教育成果等方面。评判教育质量的指标包括人力资源水平、学生学业成绩、教师学历合格率、高级职称教师比例、科学研究成果等。本章从数据的可获得性和适切性角度，选择教师队伍质量、教育投入及办学水平三个维度来反映陕西教育质量。

②教育公平是教育现代化的重要保障

教育公平是社会公平的根基，是教育发展的远景目标与价值诉求。步入“十四五”发展时期的中国教育，教育公平依然是其不变的“主旋律”。2020年4月，习近平总书记到陕西考察，强调要促进教育公平、缩小城乡教育资源差距、推进城乡义务教育一体化、切断贫困代际传递。《中国教育现代化2035》中也同样提到，基本公共教育服务要实现均等化。评价教育公平一般从升学率、入学率、师资水平、教育投入、办学条件、教育质量等方面衡量城乡及性别的差异，本章基于陕西教育发展现状及存在的突出问题，选择生均教育经费和城乡教育经费差异指标来反映教育公平程度。

③教育开放是教育现代化的主要路径

我国改革开放其中一项重要内容是教育对外开放，这也是落实科教兴国战略、推进实现教育现代化的重要路径之一。教育开放程度的提高不仅可以扩大教育资源、提升教育质量，同时有利于促进文明交流互鉴、推动人类文明进步、助推社会经济的飞速发展，是教育现代化的重要引擎和动力。《中国教育现代化2035》中提出，要开创教育对外开放新格局，全面提升教育的国际开放和合作水平，因此，教育现代化的主要路径是教育开放，主要包括国内外师资交流、科研合作、学分学历互认、教育机构的跨国合作等方面，可以通过外国留学生数量及比例、国外学术刊物发表论文数、中外联合办学等指标来衡量。本章结合陕西教育对外开放的具体情况，采用中外合作研究派遣人次规模、国外科技论文发表数来反映省域范围内的教育开放程度。

④教育贡献是教育现代化的终极目标

教育是民生之首，教育服务和贡献是社会各利益主体的主要诉求，教育对经济社会发展的贡献程度远高于其他生产要素，培养更多符合社会经济发展需求的人才是教育的根本使命。《陕西省教育事业发展“十三五”规划》中提到，教育服务经济社会发展能力显著增强是教育改革发展的基本目标之一。因此，教育现代化的终极目标是教育服务和贡献能力的提升。教育贡献能力不但能反映一个国家和地区教育发展的水平，而且能反映出区域教育现代化的发展程度，主要包含科研成果、人才输出、新型智库、就业率、高校科研能力、重大科技创新成果等。依照数据的可获得性原则，本章选取 R&D 课题数、科技论文数和著作出版数反映区域的教育贡献程度。

（4）陕西教育现代化发展指数的计算

对教育现代化进行评判和监测，不仅应反映教育现代化发展的程度和水平，还要能进行横向和纵向比较。本章对教育现代化的发展指数进行计算时，采用统计指数方法，利用现有的可得数据，标准化处理每个监测点的数据，分别赋予每个监测点指标权重，并在此基础上合成教育现代化发展指数。

①数据来源

研究中各项指标的具体数据来自国家统计局官方网站、中国经济社会大数据平台、《高等学校科技统计资料汇编》、《中国科技统计年鉴》、《中国教育经费统计年鉴》等。这些数据中，专任教师数量、生师比，及国家财政性教育经费来源于国家统计局官方网站；生均教育经费和生均教育经费城乡差异具体数据来源于《中国教育经费统计年鉴》；国外科技论文发表数和合作研究派遣人次来源于各年《高等学校科技统计资料汇编》；“中国经济社会大数据平台”提供了 R&D 课题数；科技论文数和著作出版数来自《中国科技统计年鉴》。

②标准化处理

在教育现代化评判指标体系中，由于各监测点的量纲不同，无法直接对其进行比较，故本研究对监测点的各项指标数据进行标准化处理时，采用离差标准化法，即用某变量中的观测值减去该变量的最小值，然后除以该变量的极差，从而消除量纲的影响。本章所采用的指标当中，只有生师比为逆向指标，因此处理该指标的方法是用最大值与各观测值的差除以最大值与最小值的差。

③指标权重的确定

在借鉴高丙成构建的教育现代化评判指标体系基础上，本章依据陕西教育现代化发展实际，结合数据的可获得性，对原有指标体系进行了修正和简化，并分别赋予每个监测点合理的权重，形成陕西教育现代化评价指标体系（见表6－1）。

表6－1　陕西教育现代化的评价指标体系

一级指标	二级指标	监测点	监测点权重
教育质量	办学水平	小学、初中、高中、大学的生师比	2
	教师队伍质量	小学、初中、高中、大学的专任教师数量	2.5
	教育投入	国家财政性教育经费来源	2
教育公平	生均教育经费	幼儿园、小学、初中、高中、大学的生均教育经费	2
		幼儿园、小学、初中、高中生均教育经费的城乡差异	2.5
教育开放	国外论文发表	国外科技论文发表数	1.5
	派遣人员	合作研究派遣人次	2
教育贡献	高校科研能力	R&D 课题数	1.5
		科技论文数	1
		著作出版数	1

注：朱益明等（2007）的研究中指出衡量师资队伍的指标包括年龄、学历、职称、教龄，其中专任教师数量在一定程度上反映了教师队伍的专业素质，体现了教师的专业水平。因此，本研究采用各级教育的专任教师数量反映教师队伍质量。

④指数的合成

本章采用加权算术平均法对教育现代化发展指数进行合成，即对各项指标的标准化值进行加权求和。计算公式为：

$$\beta_i = \frac{\sum w_{ij}\alpha_{ij}}{\sum w_{ij}}$$

各级指标的指数得分越高，则说明教育现代化的水平越高。

6.1.3　陕西教育现代化程度的评判

近年来，陕西教育事业正全面发展，教育现代化水平也逐步提升，但是由于经济发展、社会文化、地理位置等因素的影响，陕西教育现代化水平与东部发达地区还存在较大差距。为科学、系统地阐明陕西教育现代化的发展进程，本研究结合实证与规范分析，通过构建陕西教育现代化发展指数，结合陕西教育现代化的发展现状，对陕西教育现代化水平进行全面评判。

（1）陕西教育现代化进程不断加快

自《教育规划纲要》颁布以来，教育工作愈加得到重视。陕西陆续制定并颁布了本地区的中长期教育发展规划纲要，提出要尽快实现教育现代化的战略计划和中长期目标。通过研究发现，近年来陕西教育现代化的发展水平正在逐年提升。

①陕西教育现代化发展指数不断提升

在统计了2015—2019年陕西教育现代化发展指数后发现，近年来，陕西教育现代化的总指数呈现递增趋势（见图6－1）。从增长幅度来看，陕西教育现代化发展指数的年均增长率为7.63%。从各一级指标的增长情况来看，教育开放指数的年均增长率为12.41%，增长幅度最大；教育公平指数和贡献指数的年均增长率分别为3.37%和10.67%；而教育质量指数的年均增长率为3.04%，增长幅度最小。

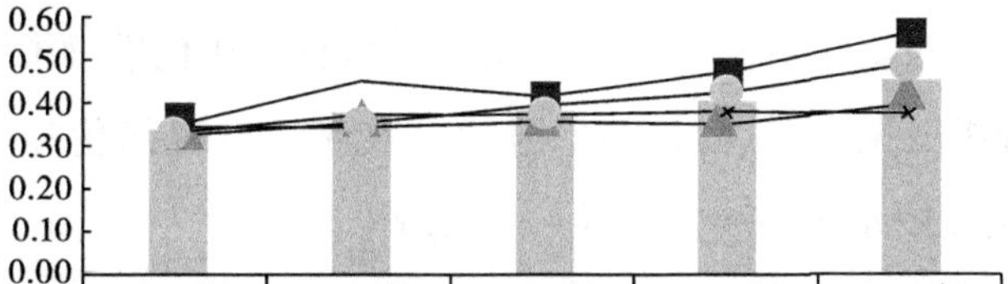

	2015年	2016年	2017年	2018年	2019年
总指数	0.334	0.374	0.378	0.400	0.448
质量指数	0.330	0.368	0.361	0.368	0.372
公平指数	0.339	0.342	0.352	0.355	0.387
开放指数	0.347	0.437	0.407	0.459	0.554
贡献指数	0.320	0.350	0.390	0.420	0.480

图6－1　2015—2019年陕西教育现代化发展指数

②陕西教育现代化发展水平高于全国平均水平

从陕西与全国平均教育现代化发展指数比较（见图6－2）情况来看，

陕西在2015—2019年的教育现代化发展水平整体比全国平均水平高，并呈现出逐年上升的趋势，全国教育现代化平均水平从2015年的0.308增长到2019年的0.390，增长了0.082个指数点，而陕西从2015年的0.334上升至2019年的0.448，增长了0.114个指数点，是全国平均增幅的1.39倍。从以上数据可以看出，近几年陕西教育现代化的发展水平持续高于全国平均水平。

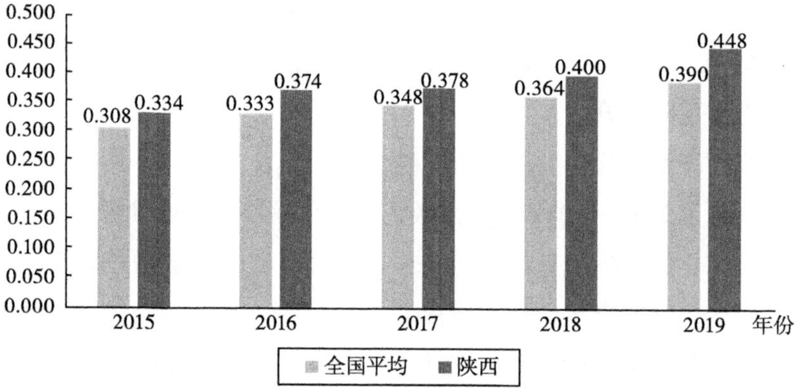

图6－2　2015—2019年陕西、全国平均教育现代化发展指数比较

（2）陕西教育现代化水平属于一般型

本研究对全国31个省（区、市）的教育现代化进行了排名（见图6－3）和聚类分析（见图6－4），结果显示，陕西教育现代化指数居全国第七位，其现代化发展水平在全国处于一般水平。

依据各个省（区、市）教育现代化四个一级指标指数得分情况进行聚类分析，结果显示我国教育现代化可以分为先进型、一般型和落后型三种类型。其中，北京、上海、江苏和广东属于教育现代化先进类型，其共同的特征表现为教育的质量和公平程度都较高，教育对外开放能力较强，教育贡献较大；处于教育现代化一般型行列的有辽宁、浙江、安徽、福建、山东、河南、湖北、湖南、四川和陕西10个省份，与先进类型的地区相比，它们的教育质量还存在一定差距，且教育公平、教育开放和教育贡献程度处于中间水平；第三种类型为落后型，处于此类型的省（区、市）在教育质量、教育公平、教育开放和教育贡献四个方面均较为滞后，包括天津、河北、山西、吉林、内蒙古、黑龙江、江西、广西、海南、重庆、贵州、云南、西藏、甘肃、青海、宁夏和新疆 17 个省（区、市）。

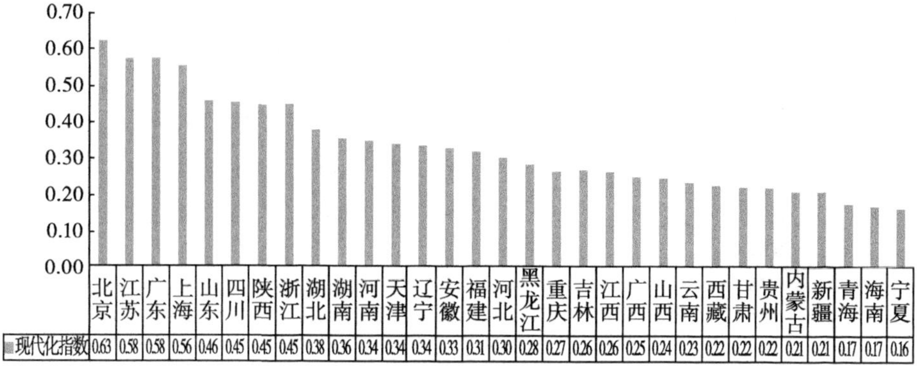

图 6-3　2019 年我国各省（区、市）教育现代化指数排名

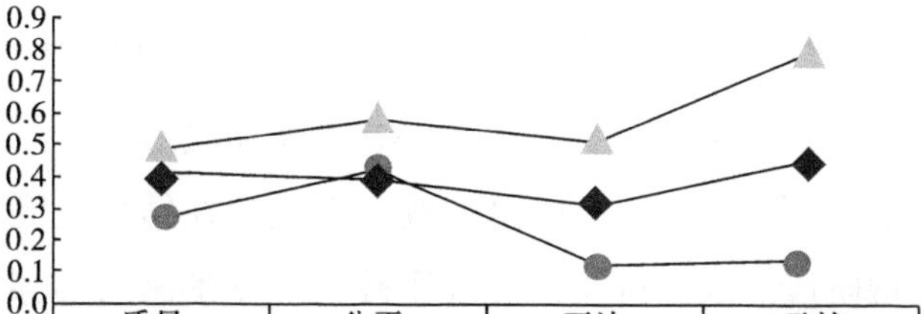

	质量	公平	开放	贡献
先进型	0.479	0.574	0.499	0.788
一般型	0.405	0.392	0.304	0.444
落后型	0.264	0.412	0.126	0.142

图 6-4　不同类型省（区、市）教育现代化指数的聚类分析结果

（3）陕西经济发展与教育现代化相辅相成

教育发展需要经济发展作为基础，教育发展对经济发展具有正向推动作用，两系统之间的协调发展可以有效地促进区域经济的增长。从陕西人均 GDP 与教育现代化指数之间的相关性来看（见图 6-5），人均 GDP 与教育现代化指数之间的相关系数为 0.945（$t=5.003$，$p<0.05$），可以看出其经济发展与教育现代化水平显著相关。① 一方面，经济发展水平会影

① 资料来源：陕西省教育厅“十三五”陕西教育事业发展情况。

响教育的投入规模，进而对学校办学条件、教育资源、教育质量和师资队伍结构产生重要影响；另一方面，教育作为经济发展的重要源泉和动力条件，不仅可以推动区域经济的增长，还可以提高劳动生产率，从而推动资源良性配置，为各地区的经济发展提供高端人才。

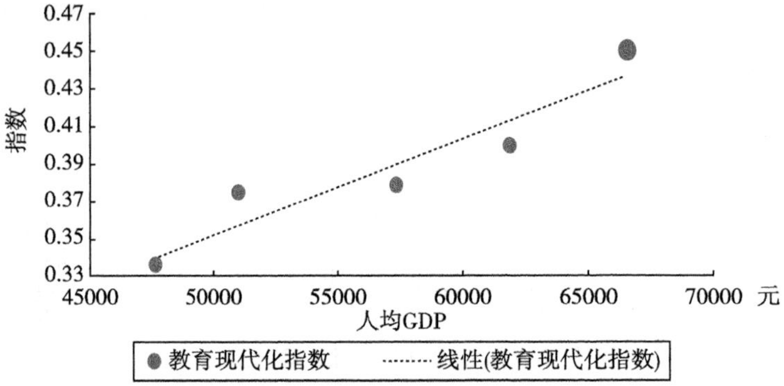

图 6－5　陕西教育现代化指数与人均 GDP 的关系

（4）陕西教育体系较为完备，各类教育协调发展

《中国教育现代化 2035》提出，教育现代化在结构上涵盖国民教育体系的各个关键阶段。陕西近年来形成了较为完备的教育体系，各类教育协调发展，从而为高质量发展奠定了牢固的基础。在学前教育阶段，陕西大力实施学前教育二期、三期行动计划，通过建公办、扶民办，不断调整优化城乡办园结构，使普惠性学前教育资源进一步扩大，统计数据显示，到 2020 年年底，陕西全省普惠性幼儿园占比达到 91.67%，公办幼儿园占比达到 50% 以上。针对义务教育阶段，陕西坚持教育优先发展原则，推进义务教育走向公平且有质量的新阶段。国家提出将全国义务教育大班额比例控制在 5% 以内，陕西通过扩资源、补学位、夯责任等方式超额完成 5% 的目标，将大班额比例控制在 3% 以内。此外，首次实现全省公办民办义务教育在报名、招生、录取三方面同步，将民办义务教育学校招生纳入统一审批管理，有效地缓解了“择校热”的现象。在高等教育阶段，陕西按照强特色、补短板的原则，推动省内急需专业的增补，鼓励不同类型的高校争创一流，为我国高等教育现代化的发展给出陕西答案。

（5）各类政策相继出台，积极推动教育现代化理念的形成

理念现代化是国家教育现代化建设的灵魂与统领。近年来，为加快陕西教育现代化理念的进一步形成和深入，陕西教育厅颁布了一系列关于教育现代化发展的政策。为加强党对教育工作的指导，动员全党全社会力量，建设教育强国，优先发展教育，加快教育现代化，2019 年 8 月颁布了《陕西教育现代化 2035》。为培养造就高素质专业化创新型教师队伍，着力建设教育强省，筑牢教育现代化的坚实基础，2019 年 9 月颁布了《关于全面深化新时代教师队伍建设改革的实施意见》。为优化办学理念、夯实教育现代化思想基础，2020 年 8 月颁布了《关于加快推进我省教育现代化工作的提案》。这一系列政策的颁布和出台，均有助于陕西教育现代化理念的形成和深化。

（6）师资队伍数量充足，职称结构不断优化

教师队伍建设作为教育现代化十大战略任务之一，可以为教育现代化提供强有力的人才支撑，没有教师队伍建设的现代化，就没有总体实现教育现代化的可能。近年来，陕西教师队伍建设实施“以德为先、骨干带动、全员提升”的强师计划，教师素质显著提升，师资队伍建设取得巨大成就。具体来看，目前，全省各级各类学校共有教职工 65. 05 万人，专任教师 49. 89 万人，各级各类教师队伍数量相对充足，职称结构不断优化，其中小学专任教师中，中级职称占 40. 67%，副高级以上职称占 36. 25%；初中专任教师中，副高级职称约占 13. 32%；高中专任教师中，副高级职称约占 24. 31%；高校教师副高级及以上职称占 44. 05%。各级各类专任教师学历合格率均达到了 90% 以上，基本实现学历达标，为省域范围内教育现代化的全面发展奠定了坚实基础。

（7）教育信息化全面覆盖，城乡教育差距不断缩小

教育信息化对于教育现代化发展，具有支撑性、驱动性和引领性的战略作用，没有教育信息化就不可能实现真正意义上的教育现代化。陕西高度重视教育信息化发展，截至 2018 年年底，陕西 98% 的中小学实现了“宽带网络校校通”，教师多媒体教学设备配比达到了 88%，为学生享受到

公平和优质的教育资源提供了保障，城乡教育差距进一步缩小；2019 年，陕西教育厅开展了“学校联网攻坚”活动，为基础薄弱地区提供网络技术支持，帮助边远地区学校利用信息化手段提高教学质量；2020 年 12 月 8 日，陕西教育信息化 2.0 大平台正式上线，基于云计算、大数据以及 5G 等技术实现了各个教育类型业务的互通，覆盖了学前教育、基础教育到终身教育等各类教育体系，真正实现了教育信息化的全面覆盖。一系列措施的实施推进了信息技术与教育的深度融合，对优质教育普及化和教育现代化发展起到了极大的助推作用。

6.2 陕西教育现代化的实现路径

陕西作为教育大省，其教育现代化的推进在一定程度上对整个西部地区都具有带动和辐射作用。基于对陕西教育现代化发展状况的深入分析，本章立足于《中国教育现代化 2035》战略规划，全面探索陕西教育现代化面临的问题，深入探索陕西教育现代化的实现路径。

6.2.1 陕西教育现代化发展存在的问题及其成因分析

研究发现，目前陕西教育现代化还存在着教育贡献水平相对偏低、教育现代化水平与经济发展水平协调性较差、教育现代化理念亟待深化、教师队伍建设尚不能完全适应教育现代化发展的要求以及教育信息化未能支撑和引领教育现代化发展等现实性问题。

（1）陕西教育贡献水平相对偏低

四川和陕西均属于西部经济大省，两省的教育发展水平也皆领先于西部其他地区。然而陕西的科技论文数和著作发表数均少于四川。具体来看，2018 年，陕西发表科技论文共计 89793 篇，与同时期的四川科技论文发表数（94767 篇）相比少 4974 篇；出版科技著作共 2087 种，与同时期的四川科技著作出版数（2119 种）相比少 32 种。同时，近年来，陕西高等学校研发课题数明显少于四川，且二者之间的差距呈逐年扩大趋势（见图 6－6）。经济基础决定上层建筑，因此教育投入的多少直接影响教育现代化的发展水平，以政府对地方教育经费总投入为例，2018 年陕西国家财政性教育经费投入为 9060521 万元，与同时期的四川（16850603 万元）相比少 7790082 万元。为此，陕西需要加大经费投入，进一步提升高校教育服务社会的能力，推动科研成果转化、加强产学研合作、深化校企联盟，为加速推动陕西省的现代化进程做贡献。

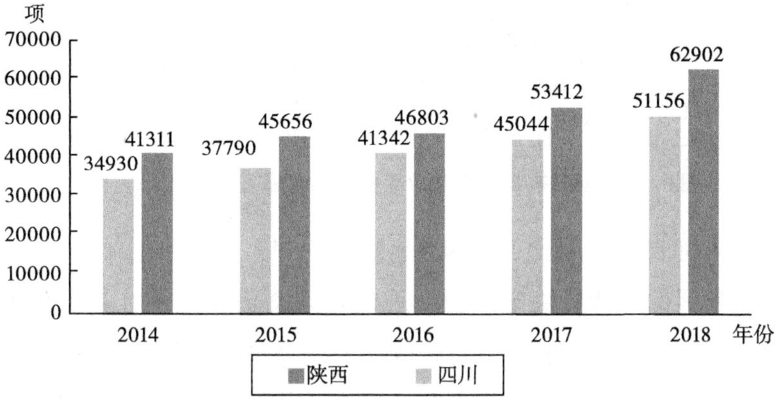

图 6－6　2014—2018 年陕西、四川高等学校 R&D 课题数

（2）陕西教育现代化水平与经济发展水平协调性较差

经济发展为教育提供平台和动力，教育可以为区域经济发展提供人才智力支撑。当教育发展水平超越经济发展水平过多时，则会出现“教育过度”现象；反之，当经济发展水平领先于教育发展水平过多时，经济的发展将会受制于人才短缺的“瓶颈”。因此，只有当教育水平和经济水平处于协调发展的状态，才可实现互促发展。从全国各省（区、市）的社会经济发展水平和教育现代化指数排名情况来看，陕西的教育现代化在全国排名第 7，而人均 GDP 排名第 12，相比于其教育现代化发展水平较为领先的排名，区域经济发展水平排名相对靠后，教育现代化发展超前于经济发展（见图 6－7）。可以看出，陕西教育现代化与区域经济发展水平不相适应，区域经济未能给教育提供强大的动力和支持。

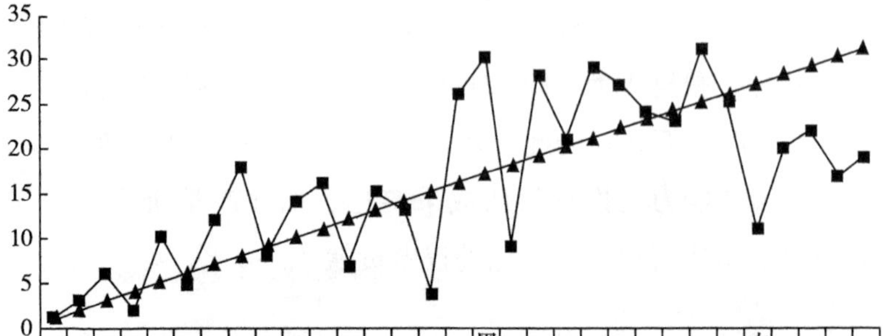

	北京	江苏	广东	上海	山东	四川	陕西	浙江	湖北	湖南	河南	天津	辽宁	安徽	福建	河北	黑龙江	重庆	吉林	江西	广西	山西	云南	西藏	甘肃	贵州	内蒙古	新疆	青海	海南	宁夏
—▲—教育现代化排名	1	2	3	4	5	6	7	8	9	10	11	12	13	14	15	16	17	18	19	20	21	22	23	24	25	26	27	28	29	30	31
—■—人均GDP排名	1	3	6	2	10	5	12	18	8	14	16	7	15	13	4	26	30	9	28	21	29	27	24	23	31	25	11	20	22	17	19

图 6－7　全国教育现代化水平排名与经济发展水平排名比较

（3）与东部地区相比，陕西教育现代化理念亟待深化

社会发展的大背景决定了教育现代化理念要反映全社会的价值期待，这也是“教育发展具有社会制约性规律”的体现。如果陕西教育现代化过程中未能融入社会发展的先进理念，那么，其教育现代化的发展方向就可能同社会发展方向偏离，从而导致陕西教育走向低效或失败。《中国教育现代化 2035》在推进教育现代化方面提出了更加注重共建共享、更加注重知行合一、更加注重面向人人平等基本理念。现阶段，东部地区已经形成区域教育个性发展的特色和更加全面推动“教育人”的现代化观念，其推进教育现代化的动力明显强于西部地区。如上海基础教育连续多年参加 PISA 测试并以此作为教育改革的依据，江浙地区的职业教育服务地方产业发展已经取得明显成效等，都是在区域内依据自身实际迈向现代化的具体成果。陕西教育现代化发展已取得较大进步，但仍存在着重形式轻内容、区域差异大、农村发展较缓甚至不发展等现状，目前陕西较多地区还未形成可持续的教育现代化发展理念。理念偏差、盲目扩张、不注重人才培养规律等问题的存在，严重影响了服务陕西社会现代化发展人才的培养。

（4）教师队伍建设尚不能完全适应教育现代化发展的要求

陕西教师队伍在数量和质量方面尚不能满足教育事业发展和人民群众的强烈期盼，教师队伍建设改革亟待深化和加强。首先，在教师队伍编制方面，近年来，全省中小学教师招聘人数低于教师队伍自然减少人数，各级教师队伍总人数呈下降趋势，师资短缺问题较为突出。其次，在教师培养方面，省内仅有四所师范院校，且综合性院校中师范专业比例较低，教师培养数量有待提高。最后，陕西中小学教师待遇在全国偏低，不仅工资低于全国平均水平，且乡村教师生活补助覆盖面较窄。此外，一些地市对教育和教师工作重视不够，教师素质和能力难以适应新时代人才培养的新需求。

（5）教育信息化未能支撑和引领教育现代化发展

陕西教育信息化在取得成绩的同时，与人民群众和经济社会发展的需要、与陕西建设教育强省的战略目标、与国内发达地区教育信息化发展相比还存在很多不适应，仍面临诸多困难和挑战。主要表现在省内基础设施、资金以及资源的供需不匹配，直接影响了教育信息化应用水平的提升和可持续发展；由于各地区社会发展存在较大差异，不同层次不同类型的学校在信息化环境建设、教师发展以及资源开发等方面存在差异，院校之间的信息化建设和发展明显不均衡，如西安交通大学、陕西师范大学和西北农林科技大学等部属高校在信息化经费保障、数据融合等方面远远领先其他高校，而省属普通高校、高职高专院校因其基础设施相对薄弱，数字资源缺乏导致教育信息化水平整体较低。现阶段，陕西尚未形成本土化的教育信息化支持教育现代化的理念和政策先导，未将教育信息化渗透到教育和教学全过程。因此，正视教育信息化的发展问题并加以有效解决，是陕西实现教育现代化重大使命的当务之急。

6.2.2 推进陕西教育现代化发展的路径选择

立足于《中国教育现代化 2035》战略规划，着眼于陕西教育现代化发展面临的问题，本章提出要通过推动教育教学成果转化提升教育服务与贡献能力，立足自身实际、促进教育与经济协调发展，秉持教育现代化理念、夯实教育现代化思想基础，强化教师队伍建设、推进教育现代化快速发展以及推动信息技术与教育的融合、加强教育信息化水平建设等适应陕西教育现代化发展的现实路径，助力教育现代化 2035 目标的实现。

（1）推动教育教学成果转化，提升教育服务与贡献能力

推动教育教学成果转化、提升教育服务和贡献能力是实现教育现代化的必然要求。首先，加强基础教育教学成果培育，促进成果转化，探索多元化的教学模式。逐步加强考试招生制度改革，从拔尖培养转向全面均衡培养，在基础教育阶段真正实现多渠道、宽领域、全方位育人。其次，在职业教育阶段，加强院校与企业的交流合作，探索校企“订单式”人才培养模式，使院校人才供给与企业人才需求相匹配，努力促进产教融合、校企一体化育人。最后，对高等教育而言，高校的主要职能就是人才培养、科学研究和社会服务，理应在社会现代化进程中发挥基础性、先导性和支撑性的作用。各高校应立足自身发展优势，合理、有序地调整教学和科研重心，加大教学和科研投入，开展好基础学科拔尖计划 2.0 和应用学科系列卓越计划 2.0，在人才培养过程中深度融入创新创业教育。

（2）立足自身实际，促进教育与经济协调发展

经济是促进教育发展的基础，教育与经济发展应是相互促进、相互依赖、相互制约的。而实证结果显示，陕西教育现代化发展明显超前于经济发展，二者之间的协调性有待提高，陕西应立足于自身发展实际，促进教育与经济的协调发展。首先，保持经济不断增长，逐步转变经济增长方式，扩大对高素质劳动者的需求，缓解人才流失严重现象。其次，发挥省内优质教育资源优势，合理配置教育资源，使教育资源在区域内均衡分布。再次，推动陕西省内产业结构转型升级，为教育现代化发展提供强劲动力。最后，充分发挥高等教育在人才培养、科学研究、社会服务和文化传承与创新等方面的作用，加强校企合作，契合人才需求，构建高等教育与区域经济之间的良性互动机制，促进社会经济的快速发展。

（3）秉持教育现代化理念，夯实教育现代化思想基础

教育现代化目标的实现离不开教育理念的现代化，深化理念是推进陕西教育现代化发展的重要着力点。首先，培育符合陕西教育现代化发展自身需求的理念。在体现陕西自身优势的同时注重缓解市（县）区域差异大、农村发展滞后以及缺乏可持续发展性等现实问题。其次，在实践层面

促进教育现代化理念的深化和提升。全面落实新时代立德树人工作，大力改善学校人文环境，发挥学生主体作用，将教育现代化理念落实到实践层面。最后，深入开展德育活动，加强学生的全面发展，把握不同教育阶段学生学习的身心特点，开展因材施教、循序渐进的教育活动，培养德智体美劳全面发展的社会主义建设者和接班人。

（4）强化教师队伍建设，推进教育现代化快速发展

《中国教育现代化2035》中指出："高素质专业化创新型教师队伍是加快教育现代化的关键，努力建设一支有理想信念、有道德情操、有扎实学识、有仁爱之心的教师队伍。"首先，应从供给侧出发强化教师队伍建设。一是畅通教师招聘通道，将更多的人才和优秀师资引入学校。二是建立和完善义务教育教师工资收入不低于（或高于）当地公务员工资水平的长效联动机制，优化教师绩效工资和奖金分配机制，增强学校对优秀教师的吸引力。同时，建立健全具有显著吸引力的乡村教师补贴制度，彻底扭转长期以来乡村教师补助偏低的问题。三是扩大师范院校学生培养规模，并引导有条件的综合院校开设教育师范专业。其次，应从教师培养方面优化教师队伍建设。一是形成教育教师准入制度与职称评聘制度，把好师资队伍建设的第一关与选拔关；二是规范教师的专业化培养，明晰各级教师的岗位职责和标准；三是有机衔接教师职前教育与职后教育，引导教师终身学习，不断更新并探究自己的专业知识和教学方式。

（5）推动信息技术与教育的融合，加强教育信息化水平建设

2010年国家颁布的《国家中长期教育改革和发展规划纲要（2010—2020年）》明确提出："信息技术对教育发展具有革命性影响，必须予以高度重视。"陕西紧跟战略需求，已将"教育信息化建设工程"列为十大重点工程项目之一。然而，随着教育信息化2.0时代的到来以及构建"互联网+教育"新生态的需求，陕西教育信息化水平距此目标尚存较大距离。鉴于此，陕西教育信息化水平的提升可以从以下几方面入手：一是进一步推进信息技术与教育的融合。在加强基础设施建设利用与更新的基础上，合理规划适应现代教育发展需要的整体性建设，使教育信息化建设既

能够解决本地区教育当下的实际需要，又能为教育信息化未来的可持续发展留足空间。二是大力开展教育信息化高层次人才培养。教育信息化建设必须树立以人为本的思想，加大信息化高层次人才队伍培养的力度，培养适应发展信息化需要的各类师资，从而全面推动教育现代化的需要。三是加强对普通院校教育信息化水平建设。陕西目前存在着区域和院校间信息化发展水平不均衡的问题，尤其是省属普通高校、高职高专院校深受基础设施和数字资源短缺的制约。因此，需要政府加大对陕西普通院校信息化建设的经费投入，也可考虑通过市场机制来争取社会和企业的赞助或投资，建立社会、企业和教育的合作关系，实现共赢。

6.3 未来15年陕西教育现代化的趋势预测

党的十九大报告中明确提出了2035年我国要基本实现社会主义现代化，本世纪中叶全面建成社会主义现代化强国的战略安排，明确要建设教育强国，优先发展教育事业，深化教育改革，加快教育现代化，办好人民满意的教育。为前瞻性地了解实现2035年发展目标中教育事业的基础性作用，本研究对未来15年陕西教育现代化的发展进行了预测，包括“互联网+教育”构建新的教育形态、公平而有质量的现代教育新格局日益凸显、终身化教育体系逐步形成以及教育开放水平持续提高。

6.3.1 “互联网+教育”构建新的教育形态

2021年是教育信息化十年发展规划的收官之年，各级各类学校宽带网络的全覆盖目标已经全面实现，随着信息技术与教育的深度融合，教育领域中的大数据获得了更为广阔的应用空间，大数据推动教育变革已成为趋势。当前，国家正在研究出台“互联网+教育”相关指导意见，陕西紧跟战略需求，积极推进教育信息化“十四五”规划编制。截至2018年，全省学校网络教学环境大幅改善，互联网接入率达96%，多媒体教室普及率达80%，“陕西教育人人通综合服务平台”注册教师超30万名；优质数字教育资源日益丰富，信息化教学研究和创新应用成为常态，覆盖全省的教育基础数据库基本建成。陕西以教育统计信息化为抓手，不断加强教育大数据汇聚与应用工作，积极探索教育变量之间的关系，为教育教学决策提供有效支持，从而实现人才培养个性化、教学评价多样化、教育决策科学化。此外，陕西“教育专网接入”项目的启动、5G 建设和 Ipv6 的应用、“陕西教育扶智平台”的推广以及智慧教育示范区和智慧校园的示范创建，均为教育信息化创新发展做出了较大贡献。可以看出，信息化助推陕西教育现代化已成必然趋势。

6.3.2 公平而有质量的现代教育新格局日益凸显

随着教育信息化对经济发展的引领作用日益凸显，人民群众对优质教育的期盼越来越高。陕西在探索互联网、人工智能等优质教育均衡发展模式方面不断“下功夫”，随着“教育专网项目”的启动、“智慧校园”的创新以及对信息的全面应用，教育公平和教育质量将不断提升，教育现代化程度也将不断加深。未来 15 年，陕西将在教育信息化全面覆盖的基础上，全力推进教育基本公共服务普惠共享，着力缩小区域之间、城乡之间、学校之间、群体之间教育发展的差距，保障省域范围内各级各类学生受教育的权利、受教育的机会、受教育的条件、受教育的过程、受教育的效果相对公平均等，建设公平而有质量的现代教育新格局。

6.3.3 终身化教育体系逐步形成

知识经济时代的到来，不仅对经济结构的变革产生了影响，也使得整体的社会氛围逐渐向学习型社会转变。终身学习是知识经济时代对社会成员提出的任务，与之对应的终身教育体系是知识经济时代的教育体系。近年来，陕西持续致力于现代国民教育体系的建设和完善，包括巩固和提高九年义务教育整体水平，逐步普及高中阶段教育，构建与普通教育相并列、以中等职业教育为主体的初、中、高等职业教育配套且衔接的现代职业教育子体系，着力构建以高等职业教育为主体，集正规教育、开放教育及现代远程教育于一体的区域高等教育体系。《中国教育现代化 2035》中强调要大力构建服务全民的终身学习体系。未来 15 年内，陕西在建立和完善国民教育体系的同时，还将致力于构筑一个横向覆盖社会各方面，学校教育、企业教育、社会教育并举，基础教育、职业教育、成人教育、高等教育相互沟通、协调发展的终身教育体系。

6.3.4 教育开放水平持续提高

随着全球化进程的加快和国际一体化趋势逐渐形成，教育与国际接轨成为社会发展的必然。“一带一路”倡议的实施给陕西教育开放发展提供了强劲动力，陕西作为“一带一路”倡议的重要枢纽和“向西开放”的战略前沿，战略地位日益突出。近年来，陕西高校凭借自身悠久的传统文化和鲜明的学科特色，吸引了一大批海外留学生来陕研学。统计数据显示，2018—2019 学年，18 个国别区域研究中心在陕西举办了 26 场国际会议，全省中外合作办学项目和机构共计 45 个，海外在办孔子学院 11 所，孔子课堂 1 所，在 65 类国外期刊、网站上发表论文 8 篇。2019 年，来陕西留学的国际学生超过 1.4 万人，其中来自“一带一路”沿线国家的学生约占 65%，全省国家公派出国留学录取 1500 余人。未来 15 年，陕西教育对外开放优势和潜能将得到充分释放，“留学陕西”的品牌效应不断扩大，陕西将成为“一带一路”教育对外开放的新高地。

7 陕西企业管理现代化的路径与政策

“十四五”时期既是我国基本实现社会主义现代化远景目标的关键时期，也是陕西建成现代化经济体系的重要阶段。企业作为国民经济的细胞，是我国社会主义经济的基本组成单位。因此，实现国民经济的管理现代化的一个重要任务是实现企业管理的现代化。在追赶超越的发展之路上，陕西企业也逐步由传统管理模式向现代化管理模式转型。在此关键时期，在研究新时代企业管理现代化概念和内涵特征的基础上，对陕西企业管理现代化进行综合评价，基于陕西企业管理现代化的历史规律，结合中国与陕西第十四个五年规划和二〇三五年远景目标的整体思路，对陕西企业管理现代化在未来15年的远景趋势进行了科学预测，可以为陕西企业管理现代化的实现提供具体指引。

7.1 陕西企业管理现代化评判标准

7.1.1 企业管理现代化内涵界定

1978年召开的党的十一届三中全会决定将工作重点转移到社会主义现代化建设上。如何实现社会主义现代化就成为我国理论界和实践界讨论的重点问题。企业管理现代化是实现社会主义现代化的重要内容和保证，也引起了学者的广泛关注。一些学者从科学管理的视角出发，认为企业管理现代化是用现代科学的管理思想、管理组织、管理方法和管理手段，对企业生产经营及其他活动进行高效系统管理，以不断提高经济效益①。也有部分学者从权变的环境出发，认为管理现代化是企业为更好地顺应现代经营环境的变化而做出的动态调整②。在动态调整的过程中需要系统、持续地采用现代科学技术和经营管理技术，对企业资源进行充分整合，提高经济效益和社会效益。

虽然不同的学者对企业现代化的界定各有不同，但均强调了企业管理现代化作为一个系统工程，要适合社会生产力的发展水平，达到资源整合、提高效益的目的。企业管理现代化呈现出以下特点：①体制运行高效性；②变革与创新全面性；③管理技术先进性；④文化建设基础性；⑤社会责任融合性；⑥开放整合常态化；⑦管理经营精益化。因此，本章将企业管理现代化定义为：在当前时代下，与时俱进地应用新技术、新手段对企业管理做出改进，使得企业更好地适应生产力发展水平，进而实现精益经营的综合性持续改进过程。

7.1.2 企业管理现代化综合评判体系

企业管理是企业对环境的适应和改造的互动过程和行为。根据本章企业管理现代化的界定，结合现代企业管理的六大特征，即变革与创新全面性、信息化与智能化、以人为本与企业文化、绩效导向并兼顾社会责任、开放整合、精益经营，本章构建了企业管理现代化评价体系（见表7－1）。企业管理现代化评价体系主要包括6个维度19个基础指标。

表7－1 企业管理现代化评价体系

维度	基础指标		变量名称	指标属性
创新能力（PATENT）	综合 R&D	R&D 人员	X_1	正向指标
		R&D 经费投入强度	X_2	正向指标
		专利授权数	X_3	正向指标

① 程靖峰．陕西三大区域竞发展[N]．陕西日报，2021－02－08(002)．

② 工信部赛迪智库工业经济研究所“工业发展质量”课题组．中国工业发展质量区域排行榜[J]．中国工业评论，2016(7)：34－46．

续表

维度	基础指标		变量名称	指标属性
创新能力（PATENT）	规模以上工业企业 R&D	规模以上工业企业 R&D 人员	X_4	正向指标
		规模以上工业企业 R&D 经费内部支出	X_5	正向指标
信息化水平（INT）	基础环境	每百家企业拥有网站数	Y_1	正向指标
		网络普及率	Y_2	正向指标
	应用水平	电子商务交易活动企业数占比	Y_3	正向指标
		电子商务销售额	Y_4	正向指标
人力资本（PERSON）	人员素质	就业人员中本科及以上文化程度人员占比	Z_1	正向指标
	福利待遇	工伤保险参保率	Z_2	正向指标
		工资性收入	Z_3	正向指标
	继续教育	职业技术培训结业人数	Z_4	正向指标
社会责任（CSR）	制度环境	市场化指数	W_1	正向指标
	绿色行为	一般工业固体废物综合利用率	W_2	正向指标
开放发展（OPEN）	“引进来”	外商投资企业数	U_1	正向指标
		外方注册资本	U_2	正向指标
	“走出去”	对外承包工程营业额	U_3	正向指标
精益经营（JY）	投入产出效率	全要素生产率	Q	正向指标

企业本质上是一种资源配置的机制，在经营过程中，不可避免地与外部市场进行资源交换，实现整个社会经济资源的优化配置，降低整个社会的“交易成本”，而管理是企业对环境适应和改造的互动过程与行为。在评价企业管理现代化时，既要关注企业内部的管理方式，又要重视企业所处的外部经营环境。因此，基于数据可得性，本章各维度评价指标涵盖了内外部评价指标。

（1）创新能力维度

对于企业管理现代化而言，创新具有十分重要的意义：一是以科技创新来节省资源的投入，二是依靠创新来提高产品附加值。本章从创新角度出发，对企业科技创新的人力、资金投入和创新的实际产出水平进行评价。随着技术发展和创新形态演变，产学研不断推进深化，科研、教育、生产不同社会分工在功能与资源优势上的协同与集成化，在技术创新上形成上、中、下游的对接与耦合。因此，创新能力不仅包含了企业自身对于创新的投入和产出，也涵盖了科研教育机构的创新能力，本章选取了综合研究和创新（R&D）与规模以上工业企业研究和创新（R&D）两方面的指标来反映企业创新能力。

（2）信息化水平维度

中国特色的社会主义现代化是工业化、信息化、城镇化、农业现代化“四化”同步发展的过程。将信息化与工业化相互融合，有助于提高现代化的效率，缩短现代化进程。本章主要测度地区基础信息环境以及企业对互联网信息技术的应用水平。企业信息化水平一方面受到地区网络建设环境的影响，另一方面与自身对于互联网信息技术的应用能力有关。从基础环境和应用水平两方面出发，利用每百家企业拥有网站数、网络普及率和电子商务交易活动企业数占比、电子商务销售额来衡量信息化建设水平。

（3）人力资本维度

人的现代化不只是现代化的目标，也是现代化的动力。相比物质资本，人力资本是更为重要的现代化资源。人的现代化是企业管理现代化的必需指标。人力资本的水平与所处的产业、行业密切相关。以人为本能否实现并发挥作用的基础是员工素质。以人为本在经营战略上以企业文化体现，在组织体制中要求具有员工参与机制，在企业营销中体现为个性化服务，在财务管理中体现为利润分配，在人力资源管理中表现为员工有多通道发展。因此，本章主要从从业人员素质、福利待遇和继续教育三个方面评价企业“以人为本”管理理念的落实情况。具体地，选取就业人员中本科及以上文化程度人员占比来反映人员素质，选取工伤保险参保率来衡量企业对员工的利益分配以及安全保障水平，选取职业技术培训结业人数来反映各企业对职工继续教育的投入。

（4）社会责任维度

企业管理现代化不仅需要提高企业的经济效益，还需要提高整体的社会效益。积极、主动地承担企业社会责任，实现经济效益和社会效益的统一，是经济高质量发展的必然要求。社会责任维度不仅包括企业自身积极主动承担的社会责任，还包括企业所处地区环境对社会责任的支持度和认可度。在企业自身社会责任层面，环境责任是实现绿色发展理念、促进经济高质量可持续发展的重要方面。因此，本章从环境治理的角度选取一般工业固体废物综合利用率反映企业承担社会责任的水平。在企业所处的地区制度环境层面，良好的市场环境对企业社会责任的履行有着重要影响。只有在发达完善的市场中，声誉机制、信号传递机制等才能更好地发挥作用，企业才可以构建有效的社会责任战略，保证社会责任的顺利承担。发达、有效的市场环境才能为企业履行社会责任创造良好的实施环境。因此，本章选取市场化指数来反映企业承担社会责任的外部推力。

（5）开放发展维度

在新的国际经济背景下，对外开放仍然是中国经济发展的外部驱动力。我国将持续实施扩大内需的基本战略，并在更高的层次上坚持对外开放。开放性经济的转型升级涉及出口和引进两个方面的因素。本章基于“引进来”和“走出去”视角，选取外商投资企业数、外方注册资本以及对外承包工程营业额来反映地区企业开放整合资源的能力。

（6）精益经营维度

企业管理现代化的核心目标就是提升企业核心竞争力、实现企业的精益经营。本章以 2000 年为基期的全要素生产率来衡量地区的产业升级与生产力的发展。全要素生产率是指各要素（如资本和劳动等）投入之外的技术进步和能力实现等导致的产出增加，是剔除要素投入贡献后所得到的残差，最早由索洛提出，也称为索洛残差。

7.1.3 陕西企业管理现代化的现状评价

本章主要以陕西为着眼点，基于上述企业管理现代化的概念特征和测量体系，实现对 2014—2018 年合计五年全国企业管理现代化的定性测量，进而从时间演化层面整体分析陕西企业管理现代化的基本特征，并对陕西和全国的企业管理现代化的时空差异进行对比分析，以期从整体上把握陕西企业管理现代化的基本态势。

(1) 陕西企业管理现代化的测算方法

本章主要使用主成分分析法从创新能力、信息化水平、人力资本、社会责任、开放发展和精益经营6个维度进行综合评价。主成分分析法是对反映同一事物的不同特征指标进行权重确定进而给出综合性得分的客观性方法。根据创新能力、信息化水平、人力资本、社会责任、开放发展和精益经营6个维度数据的原始方差矩阵，通过主成分分析法客观确定上述6个维度的综合指数，进而加总得到反映企业管理现代化整体状况的综合指数。以企业创新能力为例，具体可以分为以下三个步骤：

首先，本章对创新能力是否适合主成分分析法进行了统计检验。表7-2展示了企业创新能力5个分项指标的相关系数矩阵，其中下对角线为Pearson相关系数矩阵，上对角线为Spearman秩相关系数矩阵。从中可以发现，无论是Pearson还是Spearman秩相关系数矩阵，企业创新能力5个维度的分项指标均在1%的显著性水平上正相关，且多数指标之间的相关系数均在0.5以上，X_2和X_4的相关系数虽然较低，但也在0.35左右。这表明企业创新能力的5个维度的指标均是反映企业创新能力的正向指标，而且数据包含的信息具有一定的重合性，适合采用主成分分析法进行分析。

表7-2　企业创新能力分项指标的相关系数矩阵

	X_1	X_2	X_3	X_4	X_5
X_1		0.845***	0.951***	0.942***	0.943***
X_2	0.556***		0.842***	0.750***	0.789***
X_3	0.952***	0.473***		0.886***	0.891***
X_4	0.966***	0.349***	0.937***		0.975***
X_5	0.954***	0.391***	0.894***	0.975***	

注：***表示$p<0.01$。

其次，本章从相关系数矩阵出发，对上述5个指标进行主成分分析。主成分分析的结果如表7-3所示。表7-3分别展示了5个主成分的特征值以及相应的方差贡献率。从特征值的角度而言，只有第一大主成分的特征值大于1，其余主成分的特征值均远小于1。从方差贡献率的角度而言，第一大主成分的方差贡献率为81.86%，其余主成分的方差贡献率均较小。换言之，第一大主成分虽然方差贡献率低于85%，但已经提取了原始数据绝大多数信息，可以将第一大主成分的得分作为反映企业创新能力的综合指数。

表7－3　企业创新能力5个维度主成分分析表

成分	特征值	方差	方差贡献率	累计方差贡献率
Comp1	4.09303	3.31335	0.8186	0.8186
Comp2	0.779682	0.676144	0.1559	0.9745
Comp3	0.103538	0.086413	0.0207	0.9953
Comp4	0.017125	0.010503	0.0034	0.9987
Comp5	0.006622		0.0013	1.0000

此外，表7－4还展示了5个主成分的因子载荷系数矩阵。从因子载荷矩阵可以发现，第一大主成分的因子载荷系数全部为正，这与表7－1中企业创新能力综合指标评价体系下5个维度的指标全部是正向指标的理论预期相符，进一步表明用第一大主成分作为企业创新能力的综合指标具有合理的经济意义。第二大主成分的因子载荷系数的R&D人员和R&D经费投入强度指标均为正数，但是专利授权数、规模以上工业企业R&D人员和R&D经费内部支出指标却为负值，这与5个维度指标全是正向指标的理论预期不一致，使得第二大主成分的经济意义难以解释。综上所述，后文将使用第一大主成分得分作为企业创新能力的总体指数。

表7－4　企业创新能力主成分分析因子载荷系数矩阵

分项指标	变量名称	Comp1	Comp2	Comp3	Comp4	Comp5
R&D人员	X_1	0.4922	0.0022	0.0417	－0.5461	－0.6766
R&D经费投入强度	X_2	0.2754	0.9396	0.0952	0.0436	0.1741
专利授权数	X_3	0.4761	－0.0761	－0.7950	0.3681	0.0000
规模以上工业企业R&D人员	X_4	0.4789	－0.2622	0.1098	－0.4366	0.7066
R&D经费内部支出	X_5	0.4753	－0.2064	0.5875	0.6114	－0.1122

最后，本章以第一大主成分的因子载荷系数为权重，对企业创新能力的5个维度进行加权，求取第一大主成分，并以第一大主成分的得分作为企业创新能力的综合指数。具体加权如式（7-1）所示。

$$\text{PATENT} = 0.4922\,X_1 + 0.2754\,X_2 + 0.4761\,X_3 + 0.4789\,X_4 + 0.4753\,X_5 \tag{7-1}$$

受篇幅限制，省略信息化水平、人力资本、社会责任、开放发展和精益经营5个维度的主成分分析过程，按照上文企业创新能力的三个步骤，分别得到相应的加权公式：

$$\text{INT} = 0.4496\,Y_1 + 0.5050\,Y_2 + 0.4706\,Y_3 + 0.5669\,Y_4 \tag{7-2}$$

$$PERSON = 0.5499\,Z_1 + 0.5692\,Z_2 + 0.5676\,Z_3 + 0.2267\,Z_4 \tag{7-3}$$

$$\text{CSR} = 0.7071\,W_1 + 0.7071\,W_2 \tag{7-4}$$

$$\text{OPEN} = 0.6234\,U_1 + 0.6866\,U_2 + 0.8156\,U_3 \tag{7-5}$$

$$\text{JY} = Q \tag{7-6}$$

经过计算，最终得到企业管理现代化的得分计算公式：

$$\text{企业管理现代化} = \text{PATENT} + \text{INT} + \text{PERSON} + \text{CSR} + \text{OPEN} + \text{JY} \tag{7-7}$$

（2）陕西企业管理现代化的测算结果

本章对陕西企业管理现代化的创新能力、信息化水平、人力资本、社会责任、开放发展和精益经营进行原始指标的构建，然后通过标准化去除量纲差异，利用主成分分析法对2014—2018年陕西企业管理现代化的指数进行了测算，测算结果如表7-5所示。为保证后文陕西企业管理现代化和全国企业管理现代化平均水平的可比性，本章在企业管理现代化指数测算时利用的是28个省份的数据（由于存在数据可得性的问题，测算时不包括西藏、海南和青海），然后将陕西的指数提取出来进行分析。因此，本章陕西企业管理现代化的指数是在28个省份的基础上测算出来的，反映了陕西省在28个省份中的相对位置。

表 7－5 陕西企业管理现代化总体指数和分维度指数

年份	创新能力	信息化水平	人力资本	社会责任	开放发展	精益经营	企业管理现代化
2014	－0. 738	－0. 766	－0. 691	－0. 275	－0. 837	1. 203	－2. 103
2015	－0. 682	－0. 238	－0. 692	－0. 323	－0. 787	1. 173	－1. 548
2016	－0. 535	0. 298	－0. 553	－0. 303	－0. 748	1. 144	－0. 697
2017	－0. 614	0. 139	－0. 446	－1. 083	－0. 475	1. 125	－1. 352
2018	－0. 593	0. 153	－0. 275	－1. 397	－0. 407	1. 122	－1. 398

（3）陕西企业管理现代化的时间演化特征分析

为了更全面地分析 2014—2018 年陕西企业管理现代化的时间变化趋势，本章绘制了陕西企业管理现代化年度变化趋势图（见图 7－1）。陕西企业管理现代化的总体趋势呈现出以下两个特征：①陕西企业管理现代化整体上呈现上升态势。从 2014 年的－2. 103 上升至 2018 年的－1. 398，增加了 0. 705。②陕西企业管理现代化的趋势变化分为高速增长和低速下降两个阶段。2014—2016 年，陕西企业管理现代化从－2. 103 增长至－0. 697，增加了 1. 406，达到 2014—2018 年的峰值，处于高速增长阶段。2016—2018 年，陕西企业管理现代化从－0. 697 跌至－1. 398，降低了 0. 701，处于低速下降阶段。

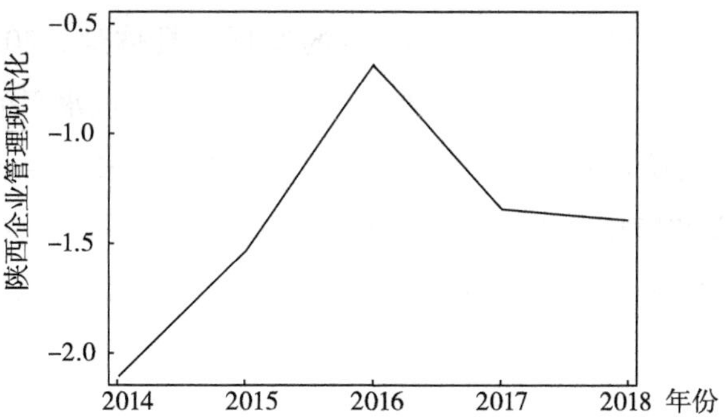

图 7－1 陕西企业管理现代化时间趋势

为了更具体地分析 2014—2018 年陕西企业管理现代化各个维度的时间变化趋势，本章对陕西企业管理现代化的 6 个维度的分项指数进行主成分分析（详细结果见表7-5第2~7列），并绘制了陕西企业管理现代化6个维度的分项指数均值年度变化趋势图（见图7-2）。根据表7-5中的数据以及图7-2，可以发现陕西企业管理现代化的各个维度分项指标的总体趋势呈现出以下几个特征：①陕西企业创新能力整体呈上升态势。创新能力从2014年的-0.738增长到2018年的-0.593，增加了19.65%。而且从图7-2中可以发现，创新能力的时间变化趋势与陕西企业管理现代化的时间变化趋势基本相同。②陕西企业信息化水平经历了从高速增长到缓慢下降的转换态势。信息化水平从2014年的-0.766增长到2018年的0.153，增加了0.919，表明陕西企业信息化水平也有一个相对明显的发展。具体地，2014—2016年从-0.766增长至0.298，增加了138.90%，处于相对高速增长阶段；2016—2018年从0.298降低至0.153，降低了48.6%，处于下降阶段。③陕西企业人力资本经历了停滞不变和快速增长两个阶段。2014年和2015年人力资本的指数为-0.691和-0.692，几乎没有发生变化。2015—2018年从-0.692增长至-0.275，人力资本有了较大的提高。④陕西企业社会责任经历了停滞不前和高速下降两个阶段。社会责任从2014年的-0.275下降到2018年的-1.397，表明陕西企业社会责任有非常明显的下降。⑤陕西企业开放发展经历了低速增长和较快增长两个阶段。开放发展从2014年的-0.837增长到2018年的-0.407，表明陕西企业开放发展也有一个相对明显的发展。具体地，2014—2016年从-0.837增长至-0.748，增加了10.63%，占全部增长水平的20.70%，处于相对低速发展阶段；2016—2018年从-0.748增长至-0.407，增加了45.59%，占全部增长水平的79.3%，处于相对快速增长阶段。⑥陕西企业精益经营呈下降趋势。从2014年的1.203下降到2018年的1.122，下降了6.73%。

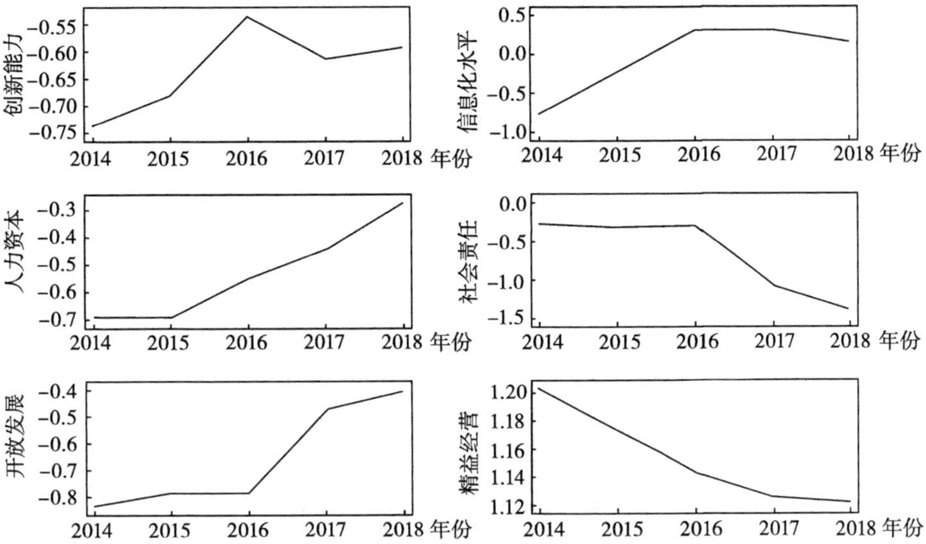

图 7-2 陕西企业管理现代化分项指数时间趋势

（4）陕西和全国企业管理现代化的时空差异分析

本章将陕西企业管理现代化进一步与全国企业管理现代化的平均状况在时间演化和空间分布进行了对比，以期了解陕西企业管理现代化与全国平均水平的共性和差异，进而为提高陕西企业管理现代化水平提供借鉴。具体地，本章将全国所有省份每年的企业管理现代化总体指数求取平均数，以获得全国企业管理现代化的平均水平。然后，按陕西和全国平均水平绘制了企业管理现代化的时间趋势图，以期从时间和空间的双重视角分析陕西和全国企业管理现代化的差异特征，找准陕西在全国中的位置，进而为加快实现陕西企业管理的现代化提供建议。

图 7-3 展示了陕西和全国企业管理现代化总体指数的时间趋势。该图呈现以下特征：①从绝对数值看，全国企业管理现代化的平均水平远远高于陕西。具体而言，全国企业管理现代化平均水平在 2014—2018 年逐年上涨；然而陕西企业管理现代化水平在 2014—2016 年有所上升，但在 2016—2018 年下滑，与全国平均水平的差距不断扩大。②从演化趋势而言，陕西与全国平均水平的差距可能会进一步扩大。陕西地处西部地区，由于西部地区

企业管理现代化起点低，且始终处于模仿、追赶东部地区的从属地位，导致陕西企业管理现代化的水平始终与全国平均水平保持一定差距。

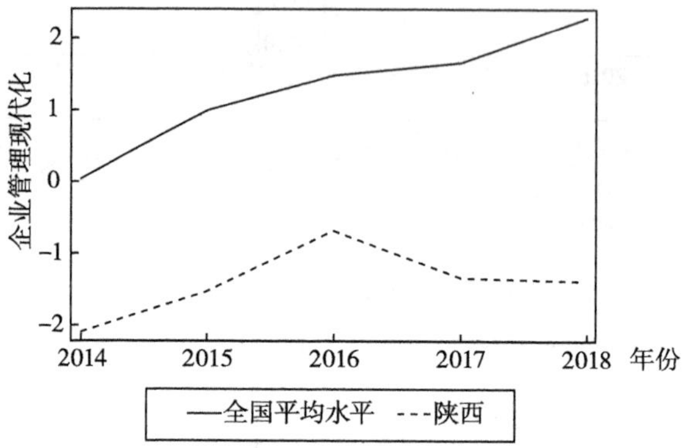

图7－3　企业管理现代化总体指数分地区时间趋势对比

为进一步了解陕西和全国企业管理现代化的总体差异是如何形成的，本章将企业管理现代化进一步区分为创新能力、信息化、人力资本、社会责任、开放发展和精益经营6个维度，分地区对比企业管理现代化6个维度指标的空间差异。具体地，本章对企业管理现代化的6个维度，按陕西和全国平均水平分年度进行处理，并绘制了企业创新能力、信息化水平、人力资本、社会责任、开放发展和精益经营分地区的时间趋势图（见图7－4）。陕西企业管理现代化分维度的地区差异呈现出以下特征：①陕西企业创新能力和陕西企业管理现代化的总体指数的特征基本一致。即陕西企业创新能力呈现出低于全国平均水平的趋势，并且后续差距进一步拉大。②陕西企业信息化水平经历了先上升后下降的整体趋势。2014—2016年陕西和全国信息化水平增长速度较快，但差异不大，基本保持一致。2016年陕西企业信息化水平甚至还略高于全国平均水平。③人力资本呈现全国平均水平大于陕西的阶梯式区域差异，且均呈上升趋势。这种阶梯式差异在人力资本的绝对数指标和增长速度的相对性指标中都普遍存在。在图中表现为陕西和全国平均人力资本的趋势线基本平行，为两条平行线，且全国平均水平在上、陕西在下。④企业社会责任均呈现下降趋势，并且陕西社会责任的下降速度高于全国平均水平。⑤企业开放发展都经历了上升趋势。最近几年陕西企业开放发展的增长速度较快，缩小了与全国平均水平之间的差异。⑥企业精益经营也呈现出全国平均水平大于陕西的阶梯式区域差异。与人力资本不同的是精益经营呈现下降趋势，并且陕西的下降速度高于全国平均水平，导致与全国平均水平的差距进一步扩大。

综合企业管理现代化分维度分地区对比的结果，可以对企业管理现代化总体指数的地区差异作出合理的解释：陕西企业管理现代化的差异主要是由于创新能力、人力资本、社会责任、开放发展和精益经营导致的；创新能力、社会责任和精益经营的阶段性下滑是陕西企业管理现代化和全国平均水平拉开差距的主要原因；信息化水平与全国平均水平的差异并不明显，不是影响企业管理现代化地区差异的主要原因。

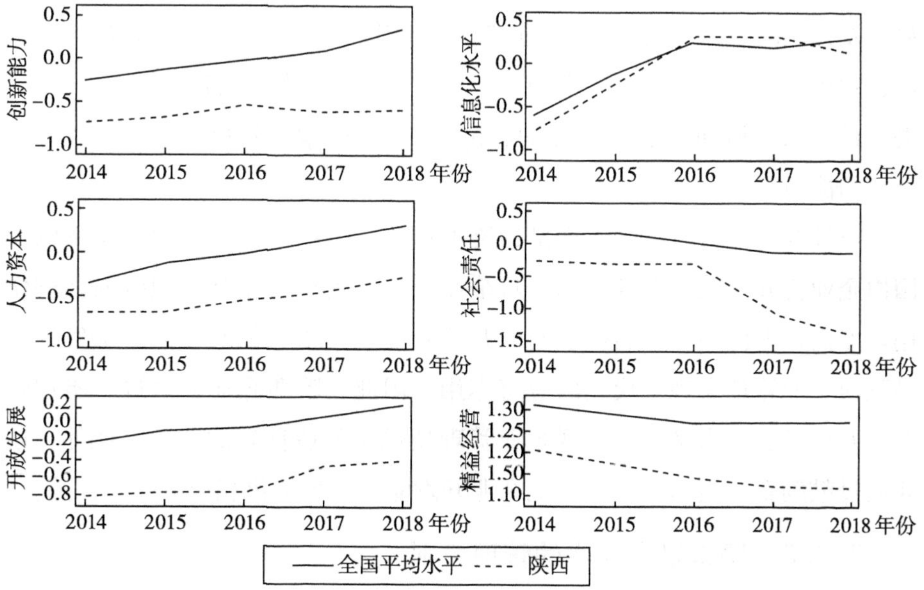

图 7－4　企业管理现代化分项指数分地区时间趋势对比

7.2　陕西企业管理现代化的实现路径

本章在对企业管理现代化的概念特征进行梳理的基础上，从企业管理现代化的核心概念出发，将企业管理现代化概念特征区分为创新能力、信息化、人力资本、社会责任、开放发展和精益经营六个维度，利用主成分分析法将上述6个维度综合为反映企业管理现代化的整体指数，对陕西企业管理现代化进行了初步的评价。上述研究发现，无论是总体指标还是分项指标，陕西企业管理现代化在空间布局和时间演化上都显著落后于全国平均水平。因此，本章将结合陕西企业管理现代化的现实状况，考虑陕西与全国平均水平的差异，提出实现陕西企业管理现代化的具体路径。

7.2.1 重视开放整合和合作竞争

2013年习近平总书记先后提出共建“丝绸之路经济带”和“21世纪海上丝绸之路”重大倡议。并且，2020年国务院发布《关于新时代推进西部大开发形成新格局的指导意见》，支持甘肃、陕西充分发掘历史文化优势，发挥丝绸之路经济带重要通道、节点作用。陕西企业应紧抓政策机遇，积极参与到“一带一路”的项目中去，整合优质资源，加快“走出去”的步伐，协同竞争，开拓国际市场，借助政策优势提升企业开放整合资源的能力。

对外开放既可以将国外充足的资本和先进的技术引入国内，又可以为国内企业打开广阔的海外市场，对企业管理实现现代化具有积极的促进作用。然而，上面的分析表明陕西的开放发展水平依然相对较低，未发挥促进陕西企业管理实现现代化的应有作用。因此，陕西企业应该进一步加强对外开放发展的水平，为实现企业管理现代化创造良好的条件。此外，还要通过鼓励企业走出去，为本地企业开发海外市场提供相应的政策保障。

7.2.2 坚持以人为本的管理原则

根据内生性增长理论，人力资本能够激发经济持续增长。对于现代企业而言，人才团队的建设具有十分重要的作用。尤其是高新技术企业，比如华为、苹果、微软等对顶尖人才的竞争非常重视。在现代企业的竞争期间，一旦核心技术人才缺失，将会对企业的竞争力产生不利影响。因此，陕西企业只有加大对于人力资本的投入，不断增强人才团队的建设，调动人的积极性，提高员工的素质，使员工自身的专业价值得到实现，减少人才专业不对口现象，使企业的公共资源得到合理化使用，才能为企业的发展与进步提供源源不断的动力。

7.2.3 经济效益和社会责任相融合

（1）重视社会责任

当前我国企业的核心价值观已经发生了一定的转变，企业在管理的过程中重视社会责任，提升客户价值以及员工的利益逐渐成为当前企业可持续发展的重要模式。同时，在企业管理的过程中还应当重视对环境的贡献以及对环境的保护。由上面的分析可以看出，陕西企业承担社会责任的水平不足，因此，陕西企业在进行管理的过程中应当将传统的以利益为目标转变为实现经济效益和社会效益的统一，提高对环境管理的关注度。

（2）保证社会责任的可持续发展战略

可持续发展是我国的长久性战略目标之一，获得了十分有效的科学论证与实践证明。与此同时，企业的现代化管理向可持续化方向发展，可以加快企业的转型速度。在传统的企业管理模式中，主要目标为经济利益最大化。但在现代化的企业中不仅追求经济利益最大化，同时更加追求综合效益最大化。因此，陕西企业要将可持续发展融入现代化管理模式中，不断加强管理模式的科学性、合理性、实效性，积极应对各种风险，做好风险防控处理工作，才能将综合效益提升至最高，加快实现企业管理的现代化。

7.2.4 完善企业现代化信息管理系统

现代化管理应以数据化技术为核心内涵，企业必须要建立一套功能完善而先进的企业管理系统，也就是企业依托数据技术构建数据化的信息管理系统，利用大数据的强大优势进行企业管理运作，实现管理效率的最大化和经济利益的最大化。与此同时，企业还要构建和相关部门单位的互联管理系统，以相同的执行标准进行兼容，切实提升企业信息化管理的水平。

在互联网大数据的背景下，企业的信息化建设务必要与网络技术相结合，依托数据信息技术构建企业信息化管理体系，对企业生产经营的日常活动进行全方位的动态监管，并构建企业信息平台的数据库，实现对信息的实时采集、分析、整理和存储，开拓企业线上线下的业务范围，确保企业经济利益的最大化。因此，陕西企业应结合先进的管理技术、信息化、计算机等技术，不仅可以加强管理水平，还可以加强企业的信息化建设水平，从而更高效地利用各项资源，使现代化管理更加信息化、智能化、人性化、技术化，使企业获得全面发展。

7.2.5 注重提高企业的创新水平

企业的创新水平是企业实现现代化管理的重要基础，同时也是企业管理现代化对企业经济效益促进作用充分发挥的重要保障。因此，企业在加强现代化管理的过程中应该首先注重提高企业的创新水平，企业管理理念与方法的创新，不仅有助于提高企业的管理水平，同时还有助于提高企业管理效率。上面的分析结果表明陕西企业的创新能力不足，因此，陕西企业应该根据自身的实际情况，对拥有的资源进行合理化的配置，充分发挥工作人员的创新能力和创造能力，最大化地挖掘工作人员的潜能。

其次，在经营管理的过程中，陕西企业应该坚持继承和创新并举的管理理念，将可靠性和稳定性作为现代化管理的重要前提，最大化地扩大企业经济效益和社会效益。只有提高企业的创新水平，企业才能正确合理地进行生产经营，只有坚持企业现代化管理的落实，才能实现企业效益最大化，从而增强企业的竞争力，确保企业更好地顺应市场经济的发展潮流，并实现自身的可持续发展。

7.2.6 全面实行精益经营

（1）优化业务流程

我国企业管理只是把管理创新作为提高工作效率的一种手段，并没有改变企业的业务流程，使得业务流程不能适应企业管理新变化，因此企业现代化管理创新需要推广“业务流程再造（BPR）”。BPR 要求企业管理者快速、节省、简单地做出合理的事情，带动企业的快速发展，进而提高企业的竞争力。企业在进行管理的过程中应当不断优化业务结构，提升企业内部专业化的优势。此外，企业可以运用ERP系统优化业务流程，提升业务流程科学性、规范性以及合理性，将企业管理效率提升，经营成本降低，最大限度地利用资源。

（2）实施品牌战略

企业要想实现品牌战略思想，就需要重视精确的定位、设计以及运营，为了能够有效地将资源作用发挥到极致，为客户量身定制相应的资源与产品，企业应当重视精确定位、精确营销。在这一过程中需要企业重视现代化信息技术的应用，通过现代化流通体系来实现客户数据的分析与总结，根据客户的消费情况、消费特点来判断客户的消费喜好，进而制定精确的产品模式，最终实现企业的可持续发展与品牌模式的构建。

（3）精准定位，精准设计，精准营销

运用现代信息理论、技术手段和现代流通体系，对市场细分和客户需求精确定位，与顾客建立个性传播沟通体系，并进行个性化定制，配合便捷快速的物流配送体系和可靠的结算体系，售后服务平台，实现顾客与企业价值的增值。

7.3 未来15年陕西企业管理现代化的趋势预测

7.3.1 陕西企业管理现代化的总体预测

到2035年，陕西企业充分依托现代化信息技术的完善与发展，注重以人为本的原则，大力支持并全方位发展科技创新，同时利用现代化信息技术来武装管理体系，内部管理实现精益经营，在运营的过程中推动企业对外开放整合，最后在企业经营目标的制定过程中重视社会责任目标的构建，基本实现陕西企业管理现代化。

7.3.2 陕西企业管理现代化的分维度预测

（1）创新能力预测

在创新能力方面，企业的R&D经费投入强度稳步提高，创新驱动越发明显；企业科技创新的有关政策持续完善和落实促进，营造良好学术生态和创新环境，继续巩固企业创新主体地位，R&D 产出质量和效率不断提高，在核心技术和关键领域已实现突破；已建立完善的产学研协同创新体系，并建立相应的体制机制，以保障其有效运行，企业的机遇和风险管理能力显著提升，创新能力全面提升，能够随时应对变革挑战，科技创新和陕西企业管理能力在全国处于领先水平。

（2）信息化水平预测

在信息化水平方面，充分利用大数据、云计算和云存储等现代化的信息管理手段，企业内部各部门协作创新；情报系统、知识管理平台、数据仓库等信息化建设完备；构建企业信息平台的数据库，实现对信息的实时采集、分析、整理和储存；能够充分运用信息化技术对企业的发展情况进行分析，并基于企业各项数据合理预测企业的发展，科学配置企业资源。

（3）人力资本预测

在人力资源方面，制订并完善员工援助计划，重视对员工创新能力的培养，促进企业发展的同时兼顾员工的能力发展，为员工提供多通道发展渠道；完善薪酬制度，充分激发员工工作的积极性；建立人才培养机制，加强对数据分析人才的培养，包括在校课程设置、校企合作模式、职业培训体系等，培养复合型现代化管理人才，能够为企业发展提供翔实完整的数据分析。

（4）社会责任预测

在社会责任方面，明确内部责任意识，积极承担社会责任，有清晰的低碳经济与可持续发展规划，主动制定服务社会保护环境的管理措施；在力所能及的情况下积极从事慈善事业，回报社会，树立健康的公众形象；积极践行 ESG 理念并且主动披露，产品竞争力和附加值得到提升，能够将环境友好理念与社会责任意识融入企业管理之中，在可持续发展中推动企业高质量发展。

（5）开放发展维度预测

在开放发展方面，开放发展水平良好，能够协同竞争，出现具有代表性的全球化企业；以技术和劳动力等资源为依托实现战略资源的整合；初步建立适应国外市场发展的战略目标；陕西企业充分把握共建“一带一路”、新时代推进西部大开发形成新格局、黄河流域高质量发展等重大战略机遇，充分发挥人才、资源、政策等优势，全面提升陕西企业管理的现代化水平。

（6）精益经营维度预测

在精益经营管理方面，贯彻节能环保的理念，供应链管理现代化，广泛应用 ERP 系统或其他先进信息管理系统；实行绿色营销，提供个性化服务，推广连锁经营，精准营销，商业模式创新能力显著提升；逐步完善利益分配机制，实行全面预算管理，进行战略成本管理。

8 陕西产业链现代化的路径与政策

产业链现代化不仅是未来一个时期产业组织的基本特征，也是“十四五”时期国民经济发展的客观要求。产业基础高级化是产业链现代化的基本前提和必要条件，反之，产业链现代化的实现是持续提升产业基础能力，优化产业基础架构，巩固产业基础质量的过程。因而，陕西初步实现产业链现代化不仅是“十四五”时期陕西经济发展的重要内容，也是未来相当长的一个时期陕西经济社会发展的关键支点。现阶段不但要明确陕西产业链现代化的评判标准，即如何理解陕西产业链现代化的战略目标，而且要提出陕西产业链现代化的实现路径，以及展望不同产业链的成长前景。

8.1 陕西产业链现代化评判标准

2019 年 8 月，习近平总书记在中央财经委员会第五次会议上提出：“打好产业基础高级化、产业链现代化的攻坚战。”2019 年 10 月，党的十九届四中全会指出：“提升产业基础能力和产业链现代化水平。”这些重要决议明确了我国当前和未来一个时期产业发展和产业竞争力提升的方向和目标，同时指明了产业发展和产业竞争力提升的基本路径。产业基础高级化和产业链现代化是“十四五”发展规划中关于产业政策的两个关键词。因此，如何认识产业基础高级化和产业链现代化的含义及两者之间的关系是陕西实现产业链现代化的思想基础。

产业基础是指支撑产业成长和发展的底层结构要素，主要包括基础材料、基础工艺、基础技术、基础零部件、基础动力和基础软件。这 6 种底层结构要素能否有力支持和推动产业做大做强，成为产业基础高级化的衡量标准。显而易见，要实现产业基础高级化，不仅要具备底层结构要素，而且要注重要素的经济效用，产业基础高级化应该体现为基础能力高度化、基础架构合理化、基础质量稳固化三个维度的统一。基础能力高度化是指底层结构要素具有高效率、高精度、全方位支持产业各部门健康、持续运行的能力；基础架构合理化是指无论是在产业内部还是在产业之间，底层结构要素之间要建立良好的协调机制，这种协调机制要在形成产业底层逻辑的条件下有力支撑产业系统的形成、优化和升级；基础质量稳固化是指底层结构要素在保障产业系统正常运行的同时能够推动产业增加值的产生和提高。

产业链是指国民经济不同产业之间形成的一定技术经济联系，这种联系犹如将不同产业部门耦合在一起的链条，由此形成了链条式的产业联合体。一条产业链通常涵盖了相关产品生产或服务提供的整个流程，包括从原材料获取、研究与开发到产品服务交付、消费、售后、回收再利用等全部环节。

陕西产业链现代化的目标在于进一步打造先进产业高地，强化区域经济增长极，助推陕西的综合竞争力。为此有必要制定陕西产业链现代化的评判标准，结合国情和省情，可以从“三项能力”和“三个水平”来阐释评判标准。“三项能力”是指技术创新能力、产业配套能力、价值创造能力，“三个水平”是指分工协作水平、要素协同水平、环境友好水平。

8.1.1 技术创新能力

陕西产业链现代化必须坚持以不断提升技术创新能力为原则。要打好产业链现代化攻坚战，从技术创新能力角度出发，应当使产业技术创新达到先进水平，特别是应当掌握和控制产业链关键环节的相关技术，降低核心技术的对外依赖程度，不断提高产业链的自主性与安全性。否则，关键核心技术受制于人、自主技术能力薄弱将会成为制约产业链现代化水平提升的瓶颈。

通过提升技术创新能力，依靠官产学研军一体化创新来推进陕西的产业转型升级，打好关键核心技术攻坚战，为实现产业链现代化奠定基础以及构筑新时代陕西的产业竞争优势。在这一过程中，既要更好地发挥政府统一布局与组织协调的职能，又要充分调动企业参与的积极性，进一步发挥企业在产业技术创新和产业标准制定中的主体作用。不但要加强基础研究，同时要强化应用研究，大力提升自主创新能力，着实推动科技成果向现实生产力转化，以此来不断提高产业技术创新能力。

8.1.2 产业配套能力

陕西产业链现代化必须要以良好的产业配套能力为标准。产业配套能力具体是指产业链成长过程中的支撑体系和协作环境，是具有上下游经济联系的产业之间的协调发展能力，在一定区域内使得上下游关联产业之间具有密切的前后向联系，并且关联产业能够在空间上毗邻。推动陕西实现产业链现代化以及经济发展的一个重要举措就是吸引投资，而外界在选择投资区域时注重的关键要素之一就是产业配套能力，因而产业配套能力评估及其培育显得尤为重要。

在提升产业配套能力的过程中，应当避免关键配套产业的缺失，加强对区域内产业分工合作的协调，推行适度重型化的配套举措，提高产业柔韧性和兼容性。产业配套是产业链分工不断深化的结果，产业配套能力作为区域产业竞争的一个重要支撑，在陕西产业链现代化这一攻坚战当中，完备的产业配套能力是不可或缺的。

8.1.3 价值创造能力

陕西产业链必须具备较强的价值创造能力。一方面，陕西支柱产业总体需要迈上价值链的中高端环节，具体表现为产业链的头部企业需要具备一定的价值链控制能力和治理能力，同时能够获取较高的附加值；另一方面，陕西企业在配置资源、要素和市场网络方面需要能够占据主导地位，具体表现为具有较强的市场控制能力和资源整合能力。

提升价值创造能力特别需要依托新兴技术，从而为产业链上下游各方赋能，协同提升陕西产业数字化与智能化整体发展水平，助推战略性新兴产业的成长，带动陕西产业链向高附加值领域延伸，不断扩张产业链的整体价值。从价值创造角度来说，陕西应当结合当前市场变化趋势和支柱产业的特点，打造未来产业制高点，加快传统制造业向服务型制造业转型升级，加快传统服务业向生产性服务业和现代服务业转型升级，优化全省范围内的产业布局，实现更大范围内的资源有效利用，扩展现有价值空间，创造新的价值增长点。

8.1.4 分工协作水平

陕西产业链现代化必须遵循深度分工和高度协同的原则。分工产生效率，协作产生效益，分工与协作是产业链现代化运作的主要特征。分工是指每个单独的个体企业只从事特定半成品或者产品的部分加工或是生产，其目的在于提升专业化水平以及提高效率；协作则是指将若干单独的产品生产者的成果组合起来，以此形成一个完整的产品链条，其目的在于促进相关产业之间的协同发展。

要推进陕西产业链现代化，从时间维度来看，要做到精准控制产业链上下游各个环节的运行，切实加强上下游企业之间在时间、技术、经济各方面的关联性；从空间维度来看，陕西各地要利用好当地区位优势，统筹好省内不同地区的各种资源优势，突破行政区域界线，增强产业之间的互补分工关系，优化重点产业布局，实现跨越式发展，进而增强区域间产业协同性，实现各类要素资源有效聚集与合理流动，达到资源配置最优化。

8.1.5 要素协同水平

现在产业体系的构建和成长离不开支持产业发展的要素之间的协同作用。产业链现代化的一个重要内在机制是产业组织、技术创新、金融活动、人力资源之间实现了高度协调和同步运作，这种机制反映了以产业链为主干，技术链、资金链、人才链围绕产业链的有机链接。

技术链主要是利用基础研究和应用研究为产业链成长提供创新驱动，技术链的成熟程度决定了产业链所依赖的技术水平。如果将技术链划分为两个阶段，那么第一阶段就是科学家和工程师发现新知识并创造新技术，第二阶段是企业家将技术转化为产品和服务。技术链与产业链的协同在于技术链两个阶段的衔接以及技术创新与产业组织的融合。资金链是产业链的生命线，产业发展需要充足的资金投入，因而必须充分发挥现代金融服务于产业经济的作用，发展现代金融的目标在于为实体经济提供充足的产业资本，为社会提供优质的理财资产。人才链与产业链的协同体现在实体经济能够吸引大量高级人力资源，尤其是工程师和技术工人，因此必须提高实体经济的利润水平，开拓实体经济的发展前景，同时应该大力发展应用型高等教育和职业技术教育，强化优秀人才的培养和输送机制。

8.1.6 环境友好水平

陕西产业链现代化必须遵循环境友好和资源节约的原则，必须打造生态型产业链。如图 8－1 所示，打造生态型产业链的基本要求是实施绿色战略，而绿色战略的核心内容是将传统制造模式转变为综合考虑环境代价和资源效率的现代制造模式，其目标是使产品在整个生命周期中对环境的负面影响最小化，同时最大限度地提高资源利用率，最终使得经济效益与社会效益协调统一。

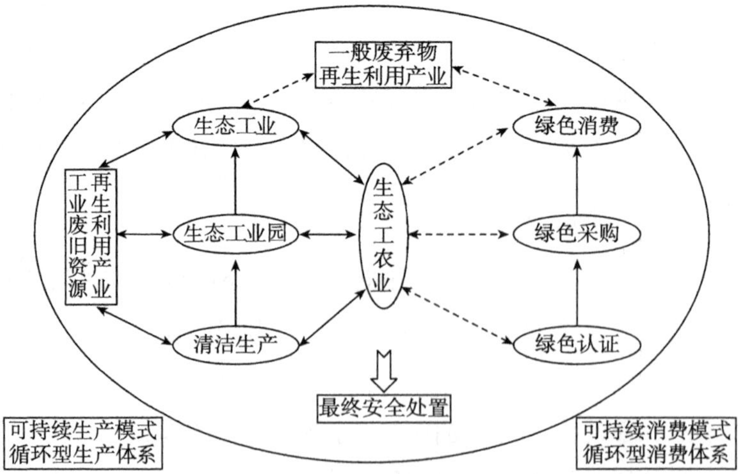

图 8－1　绿色战略路线

生态型产业链中的绿色制造包含了清洁生产、宜人、节能、延长产品使用周期、可回收5个维度。绿色战略是在生产领域和消费领域都实现生态化，并利用循环经济和可持续发展将生产与消费统一起来。生产领域的主要特征是建立生态工业园，不但将农业和工业融合在生态产业链中，还可以增补仓储、物流等生产性服务业和餐饮、旅游等消费性服务业。清洁生产贯穿整个产业链，相当一部分工业废旧资源可以再生利用，其产出作为工业原料重新投入生产。生产领域和消费领域产生的一部分一般废弃物也可以再生利用，其产出作为工业原料投入生产，或者直接产出为消费品，可见在生态型产业链中，一般废弃物再生利用产业是连接生产与消费的关键环节。最后，在一定技术条件下无法再生利用的工业废旧资源和一般废弃物将会被安全处置。

因此，陕西产业链现代化也是进一步打造绿色、生态产业链的过程，“青山绿水就是金山银山”，这就需要不断提高产业链的环境友好水平，以此作为产业链现代化评判的新标准。

8.2 陕西产业链现代化的实现路径

自西部大开发以来，陕西经济取得了快速发展，产业结构逐步优化，自主创新能力不断强化，各类特色优势产业链逐渐形成，逐步成为陕西转变经济发展方式，优化产业结构，拉动经济发展的重要引擎。陕西产业链的发展具有独特的教育优势、科技优势和产业基础优势，产业发展绩效不断改进。然而，陕西产业链的发展与东部发达地区相比还存在着一定的差距，产业发展水平和创新绩效比较低，不利于产业链的健康持续发展。因此，陕西应该遵循比较优势演化规律，积极构建基于供给侧改革、核心技术创新、价值链攀升、产业融合、产业协同、产业国际合作的产业链成长机制，不断夯实陕西先导产业链、优势产业链、特色产业链的基础，尽快创造陕西各类产业链迈向现代化的必要环境和有利条件，探寻和论证符合陕西现实情况的产业链现代化实现路径。

陕西产业链的发展一方面需要提升特色优势产业链在经济发展中的战

略地位，不断扩大产业规模，提升产业绩效，优化产业结构，培育自主创新能力，充分发挥各类产业链在改进经济发展模式，带动整体产业发展，推动国民经济稳定、协调、可持续发展中的重要作用；另一方面需要不断优化创新资源的投入比例，缩减投入冗余，增加创新产出，提高创新绩效，注重产业链的增补、延伸、强化，努力实现产业链经济效益与社会效益的协调。

8.2.1 深化供给侧结构性改革

(1) 持续推进“三去一降一补”，扩大有效和中高端供给，优化市场供求结构。推动重点领域去产能工作，出清落后产能和“僵尸企业”，化解过剩产能，加快转型升级传统产业，淘汰环保、安全等不过关的危险企业，发展新兴产业、绿色产业。稳步推进结构性去杠杆，有效降低企业杠杆率，重点控制宏观杠杆率。降低企业制度性交易性成本和生产经营成本，落实和完善减税降费政策，清理规范各类收费，减轻企业负担。坚持发展长板补齐短板，推动产业链强链补弱链，推进产业优化升级，培育新增长点，促进全产业链高端化发展。

(2) 重点发展先进制造业，融合5G、人工智能、工业互联网、物联网等先进技术，培育新兴产业，对传统制造业进行数字化转型、智能化升级，加快产业链高端化发展，带动全产业链转型。促进产业链纵向优化，推动先进制造业与现代服务业的结合，引导生产型制造业向服务型制造业转型升级，加快发展“互联网+”新模式，鼓励先进制造业延伸服务链条，向研发、设计等重点环节拓展，提升综合性效益。着力于实体经济，推动各类服务业创新发展，加快发展现代服务业，推动现代服务业规模化、专业化、优质化，建设现代化服务业集群。

(3) 营造公平竞争、开放透明的营商环境，建设统一有序的市场体系，贯通生产、分配、流通、消费等环节，激发各类市场主体活力。加快人才、技术、土地等要素市场化，突破要素壁垒，促进各要素自由流动，扩大资源配置范围。改革金融体制，改革金融体系供给结构，推动金融与科技相融合，提升金融服务业实体经济能力，实现金融和实体经济良性循环。

8.2.2 提升核心技术创新能力

（1）巩固企业创新主体地位，以企业为主导，在市场经济条件下围绕产业链整体布局，整合全行业共性技术资源共同攻克关键环节技术创新难题，形成一个突出产业需求、应用型的现代化创新载体。重点推动前沿技术研究，同时结合现代智能化转型升级基础产业，把有限的资源应用于关键环节，摆脱严重受制于人的“卡脖子”重点技术领域，聚焦核心技术。解决创新成果与企业需求脱节的问题，推动关键核心技术产业化落地，加快创新成果在市场上的应用速度。

（2）弥补陕西缺少创新能力较强的大企业的缺陷，大力培育产业链龙头企业，优先发展龙头企业核心技术，搭建产业链创新平台，引领产业链上下游技术升级。创新链条化合作机制，以龙头企业牵头，组建创新联盟，增进全产业链技术交流和资源共享。滚动培育龙头企业，聚焦数字经济，重视培养拥有关键核心技术的中小科技型企业，加快创新型企业发展。加强产业链保护机制，优化全链条创新资源配置模式，围绕产业链着力解决关键共性技术，增强技术竞争优势。

（3）依托陕西丰富的高校及研究院人才资源，更进一步地推进产学研合作，以政府为主导，联合高校、科研机构、金融机构以及相关协会等，以龙头企业为主体，牵头产业链上下游，着眼于产业需求，建设全产业链产学研合作共同体。调整基础研究和应用研究研发经费的比例，获取数量更多质量更优的科技论文成果和专利成果，强化知识产权保护，促进研究成果市场化、应用化。创新产学研合作机制，打破单一输出结构，形成企业与高校等双向合作、联合开发、共研共用的平台。

8.2.3 对标链条高附加值环节

（1）聚焦前沿高端技术，持续推进陕西特色传统产业优势，加快传统产业升级改造，同时突破核心科技难题，对标市场需求，着力发展具有前瞻性、先进性、全局性、绿色化的新兴产业，培育壮大新兴产业集群，占据新兴产业发展先机，寻找新的经济增长点。以产业链龙头企业为主体，联合相关配套企业或机构，积极参与人工智能、大数据中心等基础设施建设，发挥头部企业对全链条高端化的引领作用，破除产业链弱链部分，重视推动具有战略性的产业，建设中高端化的陕西现代化产业链。以核心大企业为中心，提档升级现有科研机构，遴选全链条具有高潜力的中小企业，连接产业链上下游，建设更具高动能的合作平台，构建连接上下、协作配套的全局产业链。

（2）稳固制造业底盘，重视产业链中制造业的基础地位，促进先进制造业与现代化技术融合，坚持创新驱动、产业集群发展、服务型制造，形成以先进制造业为引领的现代产业体系。推动产业链纵向延伸升级，摆脱低端无效环节，实现向设计、研发、品牌、营销等高附加值高端环节的跃进。如图 8 －2 所示，在产业链微笑曲线中，附加值更高的体现在微笑曲线两端，即研发和销售环节，而处于中间的制造环节附加值最低，利润相对薄弱，提升产业链附加值的关键就是促进产业链纵向升级，推动产业链向两端延伸。依托陕西高新技术和人才资源，以企业为主体，以市场为导向，鼓励企业加大研发投入，强化质量管理，创建自主品牌，扩大产品市场，增加品牌影响力，推动陕西产业链向高附加值环节攀升。

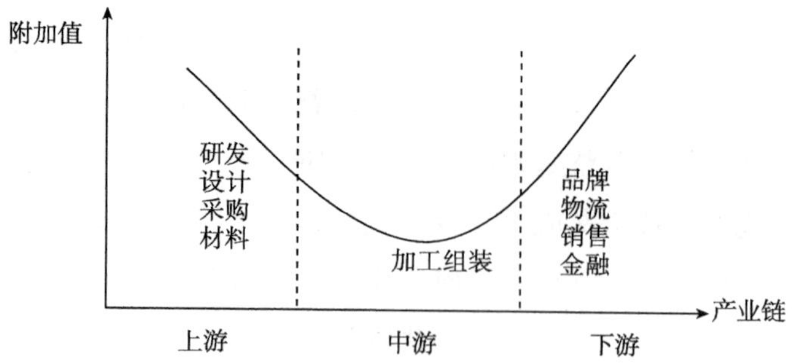

图 8 －2　产业链微笑曲线

8.2.4 推进产业深度融合发展

（1）充分利用现有资源和政策，不断推进产业深度融合发展，创新产业融合发展方式。依托丰富的产业资源和悠久的发展历史，陕西的产业已经具有一定的基础和规模，但仍存在着产业孤岛现象，产业的发展要素、部门之间还未建立高效的联系，有特色的产业集群尚未形成，产业融合度低仍制约着陕西产业链的发展。首先，陕西各产业应当向发达省份的优秀产业借鉴发展经验，提升陕西产业和产品的辐射能力，充分利用好国内、国外两个市场，提升产业链竞争力；其次，应当提高陕西各产业之间的关联度，增加产业体系整体的联动性、融合性，鼓励产业链核心企业搭建开放式、协同化、网络化的产业联系平台，形成开放创新生态圈；另外，陕西各产业需要创新深度融合发展模式，融合成功的产业继续深化融合，扩大产业的关联面，对需要升级或不合适的融合模式进行重新融合，鼓励试错，找到最佳的融合发展模式。

（2）推动制造业与现代服务业深度融合发展。鼓励工业设计高质量发展，围绕重点领域，帮扶龙头企业建设省级工业设计研究院，鼓励各种产业的优质企业加入，协同创新，引领技术创新与产品创新潮流；充分利用陕西制造业优势，鼓励制造业企业提供专业化服务，开拓新的制造业服务模式，提升制造企业价值链控制力；大力推广批量定制、项目集成总承包、融资租赁等服务制造新模式，鼓励服务业向制造环节拓展业务，开展服务型制造示范，提倡服务产品化。

（3）推动工业化与信息化深度融合发展。充分发掘先进制造工业的信息化潜力，依托大数据、云平台等手段建立起具有陕西特色的智能管理平台，让开放化、网络化的便捷深刻影响整个工业制造管理系统，提升整体效率。

（4）推动现代服务业与智慧农业深度融合发展。依托现代化农业手段，充分利用陕西优质多样的农业体系，大力发展智慧农业、生态农业、观光农业等现代化农业模式。

（5）推动军民深度融合发展。在一些军民两用重点技术领域，建立科研成果转化服务平台，使军民融合联合创新模式长期稳定。

8.2.5 引导产业协同集群布局

（1）充分整合陕西优势资源，引导产业协同集群布局。要对陕西目前的产业背景进行深刻分析，对产业布局现状做清醒的认识，找出产业集群布局存在的问题，促进产业链、创新链、资金链、人才链深度协同，在应用迭代中促进产业基础高级化和产业链现代化，在部分新兴领域实现弯道超车，使产业协同集群布局不断优化。

（2）在布局产业协同集群的同时，要注重市场配置和政府引导并举，结合产业集群现状，清楚不同产业的布局原则、功能定位和发展方向，结合区域产业优势和资源优势，建立陕西产业协同集群布局的总目标和分区域布局目标。整体上要创新全产业链协同发展模式，增强产业整体竞争力。

（3）运用科学工具，优化现有规划与空间布局，打造新的产业协同集群布局区位，利用产业技术创新地图，对结果进行调查与动态跟踪，实现陕西北部、关中、陕南三区域的产业布局协调发展；规划设计优质产业协同集群，进行产业链纵向与横向延伸整合，营建良好生态，培育产业集群模范试验区，全省以此为标杆优化资源配置，推动产业链治理现代化；加快培育壮大产业生态主导企业，打造战略性新兴产业高地，在信息技术、生物医药、新材料、高端装备制造、航空航天、节能与新能源汽车等方面培育战略性新兴产业集群。

（4）充分发挥市场机制，以先进产业链为中心打造创新主体，以企业为主导，采取市场化运作机制模式，整合产业链上下游、科研机构、高校等创新资源，加强创新体系建设的整体布局和创新链协同，组建一批以产业化需求为导向、应用创新为主的制造业创新中心等新型研发载体，强化全行业技术供给。

8.2.6 提升产业国际合作水平

（1）充分关注国际产业链现代化进程，提升产业国际合作水平。把握“一带一路”建设的时代脉搏，秉承开放创新和自主创新相结合的理念和策略，促进国内标准和国际标准衔接，适应全球创新体系和创新模式变革趋势。充分利用国际创新资源，开辟多元化合作渠道，坚持共商共建共享，落实新发展理念，在更高层次的开放合作中形成更强创新力、更高附加值的产业链。

（2）以西部大开发、“一带一路”建设为契机，以合作共赢为基础，深化创新合作，提升产业链国际化水平。坚持独立自主与开放合作并举，充分利用国际、国内两个市场、两种资源，大力吸引国际先进要素参与陕西产业链现代化构建。应该把握国际产业竞争格局的战略性调整，大力支持陕西优势企业走出国门，参与世界市场上的优势产业链，积极探索国际合作新模式、新路径；高质量推进“一带一路”交汇点建设，要善于发挥陕西的产业优势，在航空航天、资源产业、电子信息产业等方面，建设“一带一路”综合改革开放试验区，促进产业创新；以专业化、高水平、影响力大的产业合作平台为依托，在创新资源富集区布局海外创新服务平台，打造创新共同体，加强创新资源汇聚和技术交流；积极开展国际化并购，在全球范围内整合资源、开展技术创新，快速掌握相关关键核心技术，加速产业创新周期，提升国际化经营水平。

（3）在适应全球创新体系和创新模式变革趋势下，陕西不仅要更全面地融入全球相关产业创新体系，广泛开展合作、整合资源，还要建设产业链控制力增强工程，提升产业控制力和全球话语权。在注重自主创新、参与国际投资与国际并购的同时，要积极学习借鉴国外产业链的科技创新优势，吸引全球高端产业项目，还要保证陕西产业链自主可控，在垂直分工中打造以我为主的国际化产业链。

8.3 未来15年陕西产业链现代化的趋势预测

为了顺应我国经济发展的新常态和新趋势，把握世界新科技革命和产业发展历史机遇，陕西产业链现代化应结合陕西经济社会发展现状，瞄准世界产业发展前沿水平，以率先建成国家创新型试点省为目标，立足成为国家战略性新兴产业发展的高地和示范区。坚持高端引领，深化体制机制改革，强化重点突破，打造一批国家级战略性、创新型产业链，尽快打造支撑先导产业链、优势产业链、特色产业链的主导产业和支柱产业，为建设“三个陕西”做出更大的贡献。

陕西产业链现代化应该围绕新一代信息技术、先进装备制造与增材制造、航空航天、生物医药、新材料、节能环保、新能源及新能源汽车等产业领域，发挥产业比较优势，以重大项目带动，积极参与新型国际分工，突破关键技术，提高产业对全球知识资源的吸收和利用，使区域产业发展融入全球生产网络，加速模块创新和标准创新进程，将陕西打造成国内乃至全球战略性新兴产业高地。

陕西产业链可以通过深化模块化分工，实现关键技术的突破，推动链节企业的独立创新和协同创新，进而带动界面标准和技术标准的形成，促进创新绩效的提升。积极参与国际分工，实施开放式创新，提高对全球知识和资源的吸收能力和整合能力，进而提升陕西在国内和国际分工体系中的地位和竞争力。

8.3.1 新一代信息技术

在产业分工模块突破以下关键技术：行业应用软件、应用中间件、电子政务软件、创意软件、嵌入式应用软件、信息安全软件等高端软件技术；智能终端与关键零部件、核心元器件与嵌入式软件等通信技术；传感器技术、芯片制造技术、智能通信与控制技术、海量数据处理等物联网与云计算技术；半导体照明芯片、电源、散热、专用设备等半导体照明技术。

依托三星电子集团、陕西省电子信息集团、大唐电信、中兴通讯、华为科技、航天恒星、西安优势微电子、西安华迅微电子、西光集团、彩虹集团、联合 Sybase、SPSS、西安华晶电子、陕西西大科里奥、西北机器公司、西安天隆科技有限公司、西北医疗器械公司、蓝港医疗科技公司、英飞凌、烽火佰鸿光电、西安交通大学、西安电子科技大学、西北工业大学、航天 210 所、205 所、西北有色金属研究院等企业、高校和研究所，加快智能网络与网络安全教育部重点实验室、天线与微波技术国家重点实验室、陕西省计算机网络重点实验室、陕西省数字技术与智能系统重点实验室、陕西省信息光子技术重点实验室、陕西省信息获取与处理重点实验室等创新平台建设，整合各类创新资源，培育自主创新能力，形成产学研结合的创新体系。

依托三星电子、英飞凌、瑞萨科技等国际企业，强化西安软件城等新一代信息技术产业园区建设，提升陕西省电子信息集团、西安大唐电信、陕西烽火集团等骨干企业的国际竞争力，培育一批具有较强竞争力的企业与产业集群，重点打造一批先进的信息技术产品，构建高端软件与集成电路、物联网、通信等产业链，完善产业链，打造多元化、规模化的新一代信息技术产业高地。

8.3.2 先进装备制造与增材制造

在产业分工模块突破以下关键技术：3D 打印材料制造、数字化设计、关键部件、整机和应用服务技术。

依托西电集团、天虹电器公司、合容电器、西开高压、西变中特、中扬电气、宝鸡石油机械、宝鸡石油钢管、中石油测井公司、宝德股份、格威石油、斯伦贝谢、西安轨道交通装备、中铁宝桥、宝鸡南车时代、嘉业模具、中铁电气化宝鸡器材公司、日立永济电气设备（西安）公司、ABB、三菱、西安交通大学、西北工业大学等企业和高校，建设高端制造装备协同创新中心、机械制造系统工程国家重点实验室、机械结构强度与振动国家重点实验室、快速制造国家工程研究中心、国家能源先进电网与装备可靠性及寿命评估技术重点实验室、增材制造协同创新应用技术研究院等实验室与创新平台，整合各类创新资源，培育自主创新能力，形成产学研结合的创新体系。

依托格威石油、斯伦贝谢、ABB、三菱、日立永济电气设备（西安）公司等国际企业，强化西安高新区、西安经济技术开发区装备制造基地、西安高新区石油钻采产业园、西安泾河石油天然气装备工业园、宝鸡高新区石油装备工业园、渭南增材制造产业基地等园区建设，提升西电集团、天虹电器公司、合容电器、西开高压、西变中特、中扬电气、宝鸡石油机械、宝鸡石油钢管、中石油测井公司、宝德股份、西安轨道交通装备、中铁宝桥、宝鸡南车时代、嘉业模具、中铁电气化宝鸡器材公司等骨干企业的规模与竞争力，培育一批具有较强竞争力的企业与产业集群，重点打造一批先进的智能制造装备、海洋工程关键设备、高速列车城轨设备、增材制造等产品，完善产业链，打造集群化的先进装备制造与增材制造产业高地。

8.3.3 航空航天

在产业分工模块突破以下关键技术：大型运输机、大型干线客机、ARJ21 新支线飞机、MA700 新支线飞机、运八系列飞机、小鹰系列通用飞机的研制。

中航集团、西飞集团、西航集团、陕飞集团、汉航集团、燎原液压公司、三角航空科技公司、宝钛集团、西北工业大学航空新材料公司、康本材料公司、三沃化学公司、宝成航空仪表、凌云、烽火、陕西省电子信息集团、航天恒星、西安华讯、陕西航天导航设备、航天六院、四院、航天五院西安分院、航天七七一所、中电三十九所、西安微电子技术研究所、第一飞机设计院、飞行试验研究院、空间电子信息技术研究院、西北工业大学、西安飞行学院等企业、研究院所、高校，建设宇航动力学国家重点实验室、飞行器结构力学与强度技术国防重点学科实验室、新概念喷气推进技术国防重点学科实验室、空天电子信息感知与光电控制教育部重点实验室、航空气动力数值模拟航空科技重点实验室、航空航天关键材料技术协同创新中心、未来飞行器设计与制造共性基础技术协同创新中心、无人机系统国家工程研究中心、陶瓷基复合材料制造技术国家工程研究中心、航空航天电机系统技术教育部工程研究中心、陕西省飞行控制与仿真技术重点实验室、陕西省空间材料科学与技术重点实验室、陕西省微小卫星工程实验室等实验室与创新平台，整合各类创新资源，加强自主创新能力建设，形成产学研结合的创新体系。

依托中航集团、西飞集团、西航集团、陕飞集团、汉航集团等龙头企业，强化西安阎良国家航空高技术产业基地、西安国家民用航天产业基地等产业基地建设，抓住国际航空产业转移的历史机遇，通过与国外航空航天企业合作，提升西飞集团、西航集团、陕飞集团、汉航集团、陕西省电子信息集团、航天恒星、西安华讯等省内龙头企业的规模和竞争力，带动培育一批具有较强竞争力的航空航天产品，推进一批重点产业化项目建设，强化自主创新能力，提升技术水平、扩大产业规模，完善产业链，打造集群化的航空航天高技术产业基地。

8.3.4 生物医药

在产业分工模块突破以下关键技术：按照适度超前的原则，大力发展用于重大疾病尤其是西北地区常见病防治的创新药物品种。

依托美国强生等国际巨头，将陕药、步长、杨森、力邦等培育成具有国际竞争力的龙头企业，培育和鼓励一大批中小企业发展，推动同行业的高效竞争与合作，重点打造以生物资源调查保护为源头，以生物资源的多元化开发利用为主体，以相关配套产业和服务为支撑，以生物龙头企业为核心的循环经济产业网络，推动生物医药产业规模化发展。重点打造西安—杨凌国家生物产业基地及陕南生物资源种养殖基地，不断完善西安—杨凌国家生物产业基地的基础设施和公共服务体系建设，大力支持和引导跨国公司和研发机构向基地聚集，不断强化该地生物产业集群的吸引力和竞争力。

8.3.5 新材料

在产业分工模块突破以下关键技术：高性能轻合金材料技术，低成本钛合金制备技术，大规格钛及合金制品及设备，钛多领域应用拓展集成技术，T400及以上级高性能碳纤维材料制备和碳纤维制品工艺技术。

依托宝钛集团、航天四院、西京公司、彩虹集团、天宏硅业、金钼集团等骨干企业，西北有色金属研究院等研究院所，以及西北工业大学、西安电子科技大学、西北大学等高等院校，加快陕西省新材料工业研究院、高性能碳纤维制造及应用工程研究中心以及宝钛集团和金钼集团国家级企业技术中心等创新平台建设，整合创新资源，建设产学研用相结合的技术创新体系。

依托美国陶氏化学公司、美国应用材料公司等国际企业，提升宝钛集团、航天四院、西京公司、金钼集团等骨干企业的国际竞争力，培育一批具有较强竞争力的企业与产业集群，重点打造高品质金属复合材料、人体植入物、电子级晶硅材料等核心产业链，推动电子信息产业结构调整和优化升级，打造多元化、规模化的产业链条。

8.3.6 新能源

在产业分工模块突破以下关键技术：多晶硅切割机、拉晶炉等硅材料加工专用设备，太阳能光伏电池、组件生产技术及专用设备，新型光热发电系统；1.5兆瓦风电机组集成制造技术等。

依托陕西电子信息集团、美国应用材料、西安理工晶科、创联新能源、山东鲁能、中国华能、中国华电、中国国电、中国大唐、中国电力投资集团、国电龙源、陕西光伏、金风科技、盾安科技、捷力电力电子、永电电气、西安核设备、国核宝钛、西安交通大学等企业和高校，打造各类新能源产业基地和园区，构建可再生能源工程技术研究中心等研究院所，竭力提高现有企业的研发生产能力，大力引进一批国内外先进新能源企业，强化自主创新能力，着力完善从研发创新、规模制造到示范应用的产业链。

依托陕西电子信息集团、美国应用材料、西安理工晶科、创联新能源、山东鲁能、中国华能、中国华电、中国国电、中国大唐、中国电力投资集团、国电龙源、陕西光伏、金风科技、盾安科技、捷力电力电子、永电电气、西安核设备、国核宝钛、日立永济电气设备（西安）公司等龙头和骨干企业，组建新能源产业技术开发研究院，承担关键技术研发、产品检测、技术转让、技术服务等功能，强化陕北太阳能光伏产业基地等园区建设，提升陕西电子信息集团等省内骨干企业的规模与竞争力，培育一批具有较强竞争力的企业与产业集群，重点打造一批先进的太阳能、风能、生物质能、核能等领域的产品，完善产业链，打造集群化的新能源产业高地。

8.3.7 新能源汽车

在产业分工模块突破以下关键技术：与新能源汽车相适应的整车设计、整车安全、整车控制、电子通信、系统集成以及轻量化技术；动力电池技术，磷酸铁锂等动力电池、电池控制系统、电池电容，以及电池系统安全性等技术；防重金属污染技术。

以陕汽、比亚迪、吉利等整车企业为龙头，依托汽车企业技术中心、科研院所及西安交通大学、长安大学、西北工业大学等高校，整合创新资源，大力推动产学研合作，优化技术创新体系，提升新能源汽车的自主创新能力。

以纯电动汽车和插电式混合动力汽车为主攻方向，重点推进新能源汽车关键技术研发和产业化，积极发展和推广节能内燃机汽车，将陕西建设成为国家重要的新能源汽车生产基地。

8.3.8 节能环保

在产业分工模块突破以下关键技术：煤的高效清洁燃烧技术，节能锅炉（窑炉）设备制造与集成技术，节能机电和家电产品制造技术，高浓度有机废水处理技术，烟气脱硫及脱硝成套技术等。

以陕鼓、陕钢等企业为龙头，利用“一区多园”形式，积极引导和鼓励园区围绕主导产业向集约化、规模化方向发展，形成优势产业集群和优势产品集群，成为特色鲜明、具有较强竞争力的产业基地。

9 陕西基础设施现代化的路径与政策

陕西基础设施是陕西经济和社会活动的载体，经济的现代化、社会的现代化、文化的现代化都离不开陕西基础设施的现代化。本章将从陕西基础设施现代化的评判标准、现状分析和建设路径三方面探讨陕西省基础设施现代化的路径与政策。

9.1 陕西基础设施现代化评判标准

基础设施是陕西生存和发展的基础条件。现代化城市基础设施的特征总体上表现为：具有运转的系统性和系统之间的协调性，建设的超前性和形成的同步性，服务功能的多样性和设施管理的科学性。具体体现在城市基础设施各个系统的水平和功能上。区域基础设施包括区域能源动力、水资源和供排水、道路交通、邮电通信、生态环境和防灾等六大系统。因此，基础设施现代化的内涵应该包括：具有充沛、稳定的能源以及先进合理的能源输送供应系统；具有稳定、可靠的水源以及科学合理的给排水系统；具有自动化的综合立体交通体系；具有以信息传输为中心的现代化通信系统；具有以绿化系统为主体的、接近自然环境的城市生态系统；具有安全、可靠的城市防灾设施。

9.1.1 指标选取原则

(1) 代表性

代表性包含两层含义：一是单个指标对应于所评价的区域基础设施部分最具有代表性；二是指标体系能够反映区域基础设施的现代化水平。

（2）可比性

所选取的指标要适用于不同情况的地区，如南方与北方地区、大地区与小地区，也就是说要使评价对象之间有较好的可比基础。评价指标中不宜选择总量指标，而应多选择人均指标，如人均生活用电量、人均生活用水量。

（3）可行性

评价指标体系所选取的指标既要考虑指标自身的特点，又要考虑统计工作的局限性和可行性。评价指标宜选取现有统计报告已有的指标，现有统计报告中没有的指标，即便最具有代表性也是不可行的。

（4）独立性

所选取的指标要求具有相对独立性，即指标之间的关联性较小，也就是说所选择的指标，一方面是构成评价指标体系必不可少的，另一方面彼此要相对独立。

9.1.2 评价指标的选取

按照代表性、可比性、可行性和独立性的原则，选择评价指标。对于评价指标的取值，按好、较好、一般、差四个档次分别计 7 分、5 分、3 分、1 分。

（1）反映区域供水的指标

它包括制水能力（自来水厂）、供水能力（管网）和用水能力（消费的水量）。

供水设施水平 = 自来水厂年供水能力 ÷ 全年实际供水量

人均生活日用水量 = 生活日用水总量 ÷ 区域用水总人口数

（2）反映区域排水的指标

排水包括生活污水和工业废水，以及雨水的排泄能力。排水管道密度反映区域排水设施水平，生活污水处理率反映排水服务水平。

排水管道密度 = 排水管道长度 ÷ 区域建成区面积

区域生活污水处理率 = （区域污水处理厂污水处理量 ÷ 区域污水排放总量）×100%

(3) 反映区域道路交通的指标

区域道路交通是个非常复杂的大系统，它包括区域道路的分布密度，以及公共交通情况等，综合分析可用人均道路面积，道路网密度和万人公交车辆数来反映。

区域人均道路面积 = 区域道路总面积 ÷ 区域人口总数

区域道路网密度 = 区域建城区道路总长度 ÷ 区域建成区总面积

万人公交车辆数 = [区域公交车辆总数（含汽、电车）÷区域人口总数] ×10000

(4) 反映能源的指标

区域基础设施的能源动力系统包括电力、燃气、集中供热几个方面。由于集中供热在北方地区较普遍，南方地区一般没有城市集中供热系统，因此在能源指标中未予考虑。

供电设施水平 = 区域供变电总容量 ÷ 总用电负荷

区域人均年生活用电量 = 区域年生活用电总量 ÷ 区域人口总数

区域燃气普及率 = （区域使用燃气的人口数 ÷ 区域总人口数） ×100%

(5) 反映区域通信系统的指标

对于区域通信系统来说，其通信基础设施（如电缆敷设的服务区域和服务能力）及语音通信和数据通信的服务能力（如程控交换机容量等），这些都是反映通信设施水平的指标。由于电缆基本上都已敷设到位，因此，主要从装机容量与实际装机数的对比选取相关指标。

电信设施水平 = 区域电话装机总容量 ÷ 实际装机数

电话普及率 = [（区域固定电话机数 + 移动电话机数） ÷区域人口总数] ×100%

国际互联网普及率 = （互联网户数 ÷ 区域人口总数） ×10000

(6) 反映区域环境的指标

万人公厕数 = （区域公厕总数 ÷ 区域人口总数） ×10000

生活垃圾无害化处理率 = （生活垃圾无害化处理量 ÷ 生活垃圾清运总

量）×100%

人均公共绿地面积 = 区域公共绿地总面积 ÷ 区域人口总量

建成区绿化覆盖率 =（区域建成区绿化总面积 ÷ 建成区总面积）×100%

建成区人口密度 = 建成区总人口数 ÷ 建成区面积

综上所述，除区域防灾系统在目前的统计报告中没有统计指标反映之外，其他五大类系统可以用以上 18 个指标来反映区域基础设施的发展状况。根据统计年鉴中的有关数据，结合发达国家在经济发展水平与我国现阶段相当时的基础设施现代化水平的统计数据，给出参考分值。

9.2 陕西基础设施现代化的现状分析

陕西基础设施现代化水平可从六大类 18 项指标来反映，利用层次分析（AHP）方法进行评价。

9.2.1 权重选择

（1）构建两两比较判断矩阵

根据层次分析方法构造两两比较判断矩阵 $\boldsymbol{B}$。首先，确定两两比较的重要性标度（见表 9－1）。

表 9－1 因素重要性标度及定义

重要性标度	定义描述
1	相比较的两因素同等重要
3	一因素比另一因素稍微重要
5	一因素比另一因素明显重要
7	一因素比另一因素强烈重要
9	一因素比另一因素绝对重要

同时，对于 n 个同一层次评价指标，都满足因素 B_i 与因素 B_j 相比标度值为 B_{ij} 时，则有因素 B_j 与因素 B_i 相比较标度值为 $1/b_{ij}$，$i, j = 1, 2, \cdots, n$。根据上面建立的层次结构的不同层次的每一层的要素进行两两判断并构造每一层的判断矩阵。

(2) 相对权重计算和一致性检验

①权重计数。

对于权重的计算，选择和积法。

和积法公式：

(a) 对矩阵 $\boldsymbol{B}$ 按列规范化。

$$\bar{b}_{ij} = b_{ij} \div \sum_{i=1}^{n} b_{ij} \text{ , } i \text{ , } j = 1, 2, \cdots, n$$

(b) 按行相加得和数 $\bar{w}_i$ 。

$$\bar{w}_i = \sum_{j=1}^{n} \bar{b}_{ij}$$

(c) 进行归一化处理，即得权重系数 W_i 。

$$W_i = \bar{w}_i \div \sum_{i=1}^{n} \bar{w}_i$$

②一致性检验。

由 $BW = \lambda W$ ，求出 $\lambda_{\max}$ 。定义一致性指标 $C.I.$ 为 $C.I. = (\lambda_{\max} - n)/(n-1)$。一般情况下，若 $C.I. \leqslant 0.10$ ，就表示判断矩阵具有一致性，据此计数的权重是可以接受的，否则需要重新进行两两判断，构造新的判断矩阵。

(3) 计算各层元素相对于总目标的权重

区域基础设施的六大系统对区域基础设施的现代化水平的权重计算。

①把区域基础设施系统按表9-2所示分解成硬系统和软系统。对基础设施系统而言，硬系统的权重综合考虑为0.8，软系统权重综合考虑为0.2。对区域基础设施硬系统中的五大系统两两比较矩阵的构建如下表9-2所示。

表9-2　基础设施系统两两比较矩阵

子系统名称	给水	排水	道路	通信	能源
给水	1	3	1/2	3	1
排水	1/3	1	1/5	1/2	1/3
道路	2	5	1	5	2

续表

子系统名称	给水	排水	道路	通信	能源
通信	1/3	2	1/5	1	1/3
能源	1	3	1/2	3	1

②计算权重，并进行一致性检验各子系统对区域基础设施的权重计算（见表9－3）。

表9－3　各子系统对区域基础设施的权重

子系统名称	权重
给水系统	0.218
排水系统	0.068
道路交通系统	0.406
通信系统	0.090
能源系统	0.218

$C.I. = (\lambda_{max} - 5) \div (5 - 1) = (5.093 - 5) \div 4 = 0.023 < 0.1$，满足一致性检验。

用同样的方法将第二层次的18个指标对应相应的系统构建两两比较矩阵和权重，并进行一致性检验（见表9－4～表9－9）。

表9－4　供水系统指标权重

指标	权重
供水设施水平	0.6
人均生活日用水	0.4

表9－5　排水系统指标权重

指标	权重
排水管道密度	0.6
生活污水处理率	0.4

表9－6　区域道路交通系统指标权重

指标	权重
人均道路面积	0.4
路网密度	0.4

续表

指标	权重
万人公交车数	0.2

表9-7　能源系统指标权重

指标	权重
供电设施水平	0.3
人均生活用电量	0.4
燃气普及率	0.3

表9-8　区域通信系统指标权重

指标	权重
电信设施	0.4
电话普及率	0.35
互联网普及率	0.25

表9-9　环境系统指标权重

指标	权重
万人公厕数	0.2
生活垃圾无害化处理率	0.25
人均公共绿地面积	0.2
建成区绿化覆盖率	0.2
建成区人口密度	0.15

③计算18个评价指标的综合权重。

根据六大系统将区域基础设施的权重和每个子系统中各个指标的权重，按层次计算出综合权重，即指标的综合权重为 $D_j = W_{[j]} \cdot P_j$。式中，P_j 为指标 j 在子系统 $[j]$ 中的权重，$W_{[j]}$ 为第 $[j]$ 个子系统在基础设施评价中的权重。按如上约定得到的18个指标在区域基础设施综合评价中的综合权重 D 如表9-10所示。

表9-10　区域基础设施评价指标体系综合权重

指标名称	综合权重	指标名称	综合权重
区域供水设施水平	0.105	区域燃气普及率	0.018

续表

指标名称	综合权重	指标名称	综合权重
人均生活年用水量	0.070	电信设施水平	0.052
排水管道密度	0.033	电话普及率	0.070
区域生活污水处理率	0.022	国际互联网普及率	0.052
区域人均道路面积	0.130	万人公厕数	0.04
区域道路网密度	0.130	区域生活垃圾无害化处理率	0.05
万人公交车辆数	0.065	人均公共绿地面积	0.04
供电设施水平	0.028	建成区绿化覆盖率	0.04
区域人均年用电量	0.025	建成区人口密度	0.03

④给出综合评价。

将某个区域的基础设施各项指标按以上给出的评分标准进行评分，得到相应的指标值，乘以该指标的综合权重，再将积相加，就可得到该区域基础设施的综合评价值，即

$$V = 100 \times \sum_{j=1}^{n} D_j \cdot P_j$$

其中，V 为区域基础设施现代化水平的综合评分值，D_j 为第 j 个指标的综合权重，P_j 为该区域的第 j 项指标的评分值。对应于 18 个指标的评分区间，可以得到区域基础设施的总评价表。因每个指标最高得分值为 7，其次为 5，再次为 3，至少为 1，因此 $100 \leqslant V \leqslant 700$。据此并在专家咨询基础上给出区域基础设施现代化水平的总体评价（见表 9－11）。

表 9－11　总体评价

基础设施评价	领先水平	较高水平	一般水平	低水平
总分值（V）	$600 < V \leqslant 700$	$450 < V \leqslant 600$	$300 < V \leqslant 450$	$100 \leqslant V < 300$

那么根据某个区域基础设施综合得分值可以参照上表的分值得到其基础设施水平的相应评价。

9.2.2 现状实证

本章以陕西基础设施的统计数据，对其基础设施现代化水平进行了实证。从统计资料得到其 18 个统计指标的具体指标值，按模型给出的评分规

则得到其相应的评价分。区域供水设施水平得分 3.6，人均生活年用水量 4.0，排水管道密度 3.4，区域生活污水处理率 3.6，区域人均道路面积 4.6，区域道路网密度 4.0，万人公交车辆数 4.0，供电设施水平 5.0，区域人均年用电量 5.0，区域燃气普及率 5.0，电信设施水平 5.2，电话普及率 5.2，国际互联网普及率 5.2，万人公厕数 4.2，区域生活垃圾无害化处理率 3.6，人均公共绿地面积 3.6，建成区绿化覆盖率 3.6，建成区人口密度 5.2。根据综合评分计算公式 $V = 100 \times \sum_{j=1}^{n} D_j \cdot P_j$ 可得，陕西基础建设综合得分 429.32，处于总体评价标准的一般水平。

9.2.3 现状描述

（1）能源动力

2020 年，在省委、省政府关于统筹疫情防控与经济社会发展工作部署下，陕西深入贯彻国家能源发展战略，在电力、煤炭等关键方面推进了“陕电外送”和“煤炭行业化解过剩产能”等工作。

按照陕西推进电力外送领导小组工作指示，“充分发挥资源禀赋优势，努力扩大陕电外送规模”作为落实国家“保粮食和能源安全”的重要举措，会同国网西北分部、国网陕西省电力公司、陕西电力交易中心，统一思想、研判形势、超前谋划，2020 年初签订政府间电力外送协议 32 亿千瓦时；年中紧抓青豫直流投运契机，促成陕青两省签订三年中长期增量电量互济协议，全年增送电量 36 亿千瓦时。进入 2020 年采暖季以后，全省多轮大范围寒潮来袭，陕西用电负荷五次创历史新高、日用电量七次创历史新高，在省内电力供应保障极其艰难的情况下，陕西电网仍坚定信心，咬定电力外送不动摇，统筹省内发电资源，科学调度，在保障全省全社会用电秩序稳定的同时，12 月支援周边电力供应存在缺口省份 20 亿千瓦时。2020 年，在各方的积极努力下，陕西电网完成电力外送 504.3 亿千瓦时，增长 20.37%，创陕西电力外送历史最高水平。在外送电量大幅增长的有力支撑下，2020 年全省完成总发电量 2278.31 亿千瓦时，增长 6.5%，为国家能源安全和陕西经济稳增长贡献了“电力力量”。

自2016年以来，陕西坚决贯彻落实习近平新时代中国特色社会主义思想，遵循习近平总书记“以深化供给侧结构性改革推动经济转型发展”要求，按照《国务院关于煤炭行业化解过剩产能实现脱困发展的意见》（国发〔2016〕7号）文件精神，紧紧围绕“引导退出关闭101处煤矿，退出产能4725万吨/年”这一既定目标，严格执行省委省政府决策部署，按照“地方组织、综合施策、标本兼治，因地制宜、分类处置”指导思想，坚持“市场倒逼”与“政府引导”相结合、“化解产能”与“转型升级”相结合、“整体推进”与“重点突破”相结合三个原则，会同相关市（县）政府、有关部门和企业，细化目标任务、狠抓工作落实，全力推进煤炭行业化解过剩产能工作。特别是进入2020年以来，陕西化解煤炭过剩产能工作进入攻坚阶段，面对新冠肺炎疫情严峻形势，深入贯彻习近平总书记来陕西考察重要讲话中“坚决淘汰过剩落后产能，为优质产能释放腾出环境容量和生产要素”的指示精神，进一步坚持目标导向，积极担当、主动作为，不断加强组织协调，强化监督巡查，注重宣传引导，着力解决关键问题，科学有序推进工作任务。通过各方共同努力，“十三五”期间，陕西省煤炭去产能关闭煤矿155处，退出产能5597万吨/年，较计划目标超额完成872万吨/年，超额完成18.46%。为煤炭行业优化结构、转型升级，全行业高质量发展奠定了坚实基础。近日，国家能源局、国家煤矿安全监察局确定全国71处煤矿作为国家首批智能化示范建设煤矿。陕西省有15处煤矿入选，入选数量全国第一。按照国家有关要求，陕西省积极推进煤矿智能化建设工作，智能化煤矿建设数量和质量都有较大提升，智能化建设水平居全国第一方阵。下一步，陕西将继续按照国家《关于加快煤矿智能化发展的指导意见》以及煤矿智能化建设实施方案要求，加快推进煤矿智能化建设，努力实现煤炭工业安全、高效、绿色、智能发展。

（2）水资源和供排水

陕西地处我国内陆西北腹地，介于东经105°29′～110°15′、北纬31°42′～39°35′，在全国层面来讲属于水资源紧缺省份，人均水资源量为941立方米，为全国水平的55%，亩均784立方米，仅为全国水平的52%，水资源极度紧缺且南北时空分部极不均衡，71%的水资源集中于南部地区。

2020年陕西27个城市集中式饮用水源水质均达标，水源达标率100%；总取水量82517.80万吨，水量达标率100%。6个湖库型水源地除宝鸡冯家山水库营养状态等级为轻度富营养之外，其余湖库水源地营养状态等级均为中营养。陕西的水源情况可分为陕北、陕南和关中三个地区进行分析。陕北作为缺水地区，水资源匮乏已经成为制约陕北能源化工基地发展的最大障碍。陕北地区的缺水性质是资源性缺水、工程性缺水、水质性缺水和管理性缺水并存。特别是近年来，随着水资源的无序过度开发，造成地下水位下降、部分河道径流量锐减、红碱淖等湖泊逐年萎缩，加之部分煤矿采空区塌陷，造成水库漏失或枯竭，资源性缺水明显。陕南地区北靠秦岭、南倚巴山，汉江自西向东穿流而过，从西往东依次是汉中、安康、商洛三个地级市，是陕西水资源最丰富的地区，是国家“南水北调”工程的主要水源地，也是陕西“引汉济渭”工程的水源地。全省水资源总量集中在该地区，但陕南区域内的河流均属于山区河流，水源工程建设难度大，开发利用程度低，因此属于典型的工程性缺水地区。陕南地区经济发展落后，对于水源地的保护意识薄弱，加上滑坡、泥石流、洪灾等自然灾害发生率较高，整体属于贫困地区。关中地区是陕西经济最发达的地区，但历来严重缺水。关中缺水的主要原因是水资源总量严重不足，人均水资源量仅为380立方米，低于人均500立方米的全国绝对水位线，属于典型的资源性缺水区。另外，随着县城化步伐的加快，关中城市也步入快速发展阶段，生产和生活用水的需求量将大幅增加。而关中地区每年约有7亿吨的废水排放，其中工业污水达3亿吨左右，污水处理率仅为13%左右。水质恶化现象严重，对提高水资源的开发利用造成严重影响，加剧了水资源的短缺。水资源短缺和水质污染已成为制约关中地区经济发展的瓶颈。

因此，陕西将在2021年大力发展民生水利，通过改善农村供水，新增县城设施供水能力10万吨，使120万人受益。陕西将发展民生水利，提升城乡供水四级回访机制效能，加强饮水安全动态监测，落实长效运行管护机制，稳定水源、提升水质；将推进城乡供水一体化，逐步推进城乡供水设施提档升级，突出稳定水源工程、城乡供水一体化工程和小型集中供水工程规范化改造，促进城市、县城和农村供水联动协调发展；启动省级城乡供水信息管理系统和省市水质检测中心建设，推进县级水质检测机构CMA资质认证。同时，陕西还将大力实施灌区改造，启动实施五个大型灌区、50个万亩以上中型灌区续建配套与现代化改造，创建标准化规范化灌区，配合抓好高标准农田大型灌区试点项目建设。同时，稳步推进移民安置工作，继续推进移民美丽家园建设，加大产业扶持力度，创新扶持方式，实现水库周边区域社会和谐稳定、移民增收致富①。

（3）道路交通

2020年是“十三五”的收官之年，在“十三五”期间陕西综合交通建设实现了跨越发展。五年完成交通投资约4600亿元，较“十二五”增长15%。建成通车高速公路1078公里，普通国省道新改建规模约5000公里，全省公路总里程超过18万公里，路网密度达到88公里/百平方公里。建成宝兰、西成、西银高铁和浩吉、神靖、宝麟等普速铁路，西安北至机场城际铁路开通运营，全省铁路营业里程突破6000公里。开工建设西安咸阳国际机场三期扩建工程，建成陕西省首条国家高等级航道汉江安康至白河段。全省邮政普遍服务网点、快递服务网点分别达到1823个、7706个。横贯东西、纵贯南北的综合交通运输大通道基本形成②。

交通脱贫攻坚工作成效显著。五年完善提升农村公路超过6万公里，实施深度贫困村通组路4645公里，整治通村公路“油返砂”路段1.6万公里，新增通客车建制村2494个。认真履行六盘山片区和驻长武县扶贫团牵头单位职责，7个片区县、包扶的8个贫困村全部摘帽。广大三秦百姓“出门硬化路、抬脚上客车”的梦想成为现实。

人民满意交通建设持续推进。五年创建四星级以上汽车站10家。深入推进西安、宝鸡、咸阳“公交都市”建设。“司机之家”、乡镇运输服务站

① 2021年陕西改善农村供水将让120万人受益[EB/OL]. 央视新闻客户端,2021-03-16.

② 资料来源:《夏晓中厅长在2021年全省交通运输工作会议上的报告》。

建设成效显著。创建美丽干线公路5832公里。创建“四好农村路”国家和省级示范县36个。认真落实绿色通道、重大节假日小客车免费通行等优惠政策，累计减免通行费超过150亿元。

（4）邮电通信

2020年，陕西邮电通信方面电信业务总量同比增速持续小幅提升，固定互联网宽带接入用户数和IPTV用户数持续增加。

陕西电信业务总量同比增速持续小幅提升，三家基础运营企业完成电信业务总量4148.8亿元，同比增长23.2%，增速较1—11月提高0.7个百分点（见图9－1）。然而，电信业务收入增速放缓。1—12月，实现电信业务收入353.3亿元，同比增长3.5%，较1—11月下降0.2个百分点（见图9－2）。其中，完成移动通信业务收入256.7亿元，同比下降1.4%，移动通信业务收入占电信业务收入的72.7%；固定通信业务收入96.5亿元，同比增长19.1%。

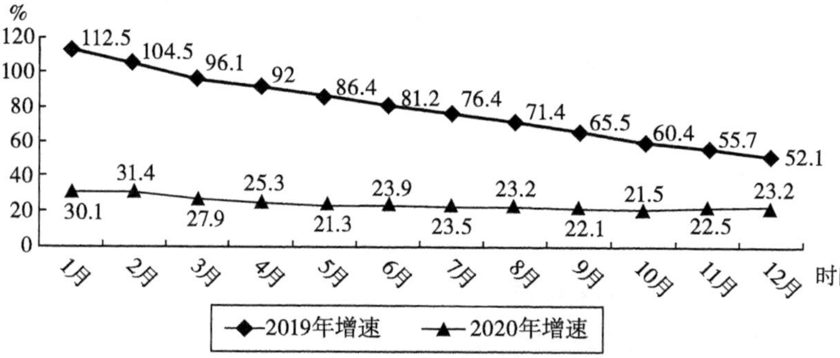

图9－1　2019—2020年陕西电信业务总量增长情况

资料来源：《2020年陕西省通信业发展运行情况统计公报》。

陕西固定互联网宽带接入用户数和IPTV用户数持续增加。截至2020年12月底，全省移动电话用户总数达到4589.7万户，比上年减少50.8万户。其中，4G移动电话用户数为3733.1万户，占移动电话用户总数的81.3%，比上年减少62.1万户。固定互联网宽带接入用户数达到1369.0万户，较上年净增171.3万户。IPTV用户数达到994.1万户，比上年净增

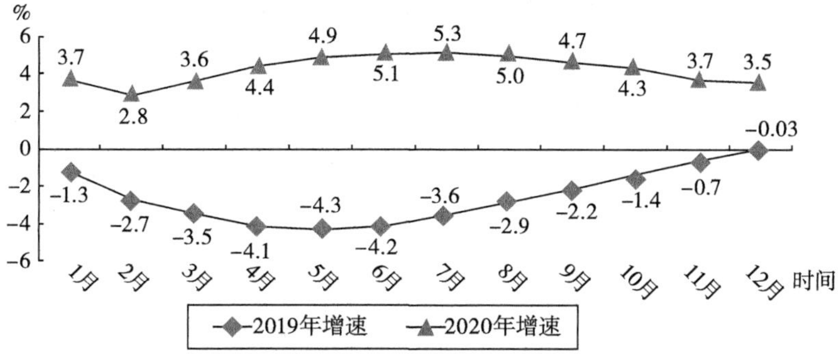

图 9－2　2019—2020 年陕西电信业务收入增长情况

资料来源：《2020 年陕西省通信业发展运行情况统计公报》。

137.1 万户。百兆以上固定互联网宽带接入用户数占比超过 90%。截至 2020 年 12 月底，百兆以上固定互联网宽带接入用户数为 1259.6 万户，占比为 92.0%，占比较上年增加 6.6 个百分点；千兆以上宽带用户数为 7.3 万户，占比达到 0.5%。

（5）生态环境

作为西部大开发的重要省份之一，陕西积极响应国家政府的号召，全省生态环境保护工作以习近平生态文明思想为指导，以改善生态环境质量为目标，全面加强党对生态环境保护工作的领导，坚决打好蓝天、碧水、净土、青山四场保卫战，各项工作取得积极进展。

近年来，全省协同推进黄河流域生态保护和高质量发展，持续深化"放管服"改革，进一步下放环评审批权，行政许可实现全流程办理。出台 20 条提升全省生态环境治理能力助推高质量发展措施，扎实推进生态环境保护督察。全面核发排污许可证，完成 24 个重点行业排污许可清理整顿，实现固定污染源监管全覆盖。稳步推进第二次污染源普查工作，在全国率先完成工业源和农业源普查。生态红线划定数据首批一次性顺利进入国家红线划定成果库。陇县、宜君、黄龙等三县荣获第三批国家生态文明建设示范县，镇坪县荣获第三批"绿水青山就是金山银山"实践创新基地。加快推进治理体系和治理能力建设，修订省秦岭生态环境保护条例和煤炭石油天然气开发环境保护条例。

按照《生态环境状况评价技术规范》（HJ 192—2015），陕西生态环境状况指数为 64.76，评价等级为“良”。与 2016 年基准年相比提升 1.55，属“略微变好”。10 个设区市及杨凌示范区生态环境状况指数分布范围为 47.61 ~82.97，各县（市、区）生态环境状况指数分布范围为 39.77 ~88.70，评价等级涵盖“优”“良”“一般”等三个等级，不同区域之间差异显著。

全省 107 个县（市、区）中，EI 值范围为 39.77 ~88.70。按照指数分级，“优”33 个，“良”50 个，“一般”24 个。面积占全省 74.43% 的县（市、区）生态状况达到“良”及以上。其中，生态状况“优”的县（市、区）面积占比最高。

陕西生态状况空间分布南高北低。全省 70% 以上的人口生活在生态环境良好的区域。面积仅占 22.43% 的评级为“一般”的县（市、区）贡献了全省近一半的 GDP。

在各项措施推进下，陕西生态环境质量持续改善。全省城市环境空气质量综合指数同比改善 2%；西安、渭南空气质量退出全国 168 个重点城市后 20 位，咸阳市改善程度位列全国第三。全省河流水质同比有所好转，50 个国考断面Ⅰ ~Ⅲ类比例优于国考指标 7.6 个百分点，全部消除劣Ⅴ类水体；83 条河流 180 个国省控断面中Ⅰ ~Ⅲ类比例同比上升 3.9 个百分点，劣Ⅴ类比例下降 2.2 个百分点。地级及以上城市集中式饮用水水源达标率 100%。

（6）防灾

2020 年陕西应急管理部门坚持以习近平新时代中国特色社会主义思想为指导，深入学习贯彻习近平总书记来陕西考察重要讲话精神和关于应急管理的重要论述，全面落实省委省政府决策部署和应急管理部工作要求，全面履行职责使命，迎接风险挑战，安全生产防害，防治应急管理等各项工作成效明显。

2020 年陕西全面组织防灾减灾救灾，推动自然灾害防治能力八大工程建设，创建 23 个国家级和 100 个省级综合减灾示范社区，创建数居西北五省第一。在防汛抗洪方面结合视频调度、会商研判、发布预警和应急响应等方式，紧急转移安置群众10.2万人，确保有大汛无大灾。森林草原防灾火形势总体平稳，推动了“三站一中心”航空护林体系建设，依托“智慧林火”APP和铁塔公司实时监控，实现火情早发现早扑救。救灾保障及时到位，下拨应急救助、春冬救助、灾后恢复重建基层备灾等各类救灾资金7.355亿元，调拨各类救灾物资8.9万件，救灾款物同比大幅增长。

在防范重大安全风险方面，陕西出台了《陕西省安全生产和灾害防治责任体系建设指南》，强化举报奖励、约谈问责和黑名单管理。全省约谈警示单位3649家，联合惩戒企业120家。成立工作专班扎实展开2个专题落实、17个专项整治，全省组织7662个检查组，发现问题26551个，排查隐患14万项，整改13万项，暗查暗访做法被国务院安委办简报刊发交流。煤矿百万吨死亡率降至0.038，实现全省危险化学品重大危险源企业督导检查全覆盖，工矿商贸领域出台了《防范化解尾矿库安全风险若干规定》，公告312座尾矿库包保责任人，加强事故企业特别监管。

同时，陕西不断通过各种方式提升应急保障能力。2020年陕西基础保障水平全面提升，应急通信网络实现省内全覆盖。全省储备防汛抢险物资、器械装备1.6亿元。联合省社科联开展15项重点课题研究，聘任应急管理专家648名。启动应急管理干部三年大培训，全年培训4.2万人次，实现全系统培训全覆盖。联合省委宣传部等部门，组织应急宣传、公益作品征集和征文活动，建成陕西应急管理云媒体平台。

9.3 陕西基础设施现代化的建设路径

9.3.1 能源动力：推动能源清洁化高端化发展

实施煤化工延链强链行动，拓展煤油气盐多元综合循环利用途径，加快发展精细化工材料和终端应用产品，延伸产业链、提高附加值。推进大型煤矿智能化建设，加大煤炭优质产能释放，狠抓油气产能建设，提高煤炭回采率和石油采收率。调整优化煤电布局，积极发展风电、光电、生物质发电，加快陕北风光储氢多能融合示范基地建设。加强输气管网、储气库和电力基础设施建设，扩大电力外送规模。高水平建设榆林国家级能源革命创新示范区和延安综合能源基地，推进能源技术融合创新和产业化示范，着力构建万亿级能源化工产业集群，打造世界一流的高端能源化工基地。

9.3.2 水资源和供排水：突出水土保持，加快老旧城区排水改造

突出水土保持，统筹推进山水林田湖草沙系统治理。完善水沙调控机制，建设以淤地坝为重点的拦沙工程，持续实施退耕还林还草、三北防护林、天然林保护、湿地保护恢复、矿山地质环境治理等生态治理工程，开展黄土高原塬面保护、小流域综合治理、坡耕地综合整治等行动，加强河道和滩区综合治理，推进黄河西岸生态修复和渭河谷地园林景观绿廊建设。加快引汉济渭、东庄水利枢纽、古贤水库、龙安水库等干支流控制性骨干工程和黄河小北干流护岸控导工程建设。推广海绵城市建设，统筹推进农业节水增效、工业节水减排、城市节水降损等。加大农田水利设施建设力度，实施优质粮食工程，以确保“藏粮于地”的耕地保护目标的实现。实施重点水源、水生态修复、灌区改造、防洪减灾等工程，提升水资源优化配置。

在排水方面全面开展生态修复、城市修补，加快旧城区和老旧小区改造，增强城市排水防涝能力，健全城市生态系统和安全系统，提升城市治理水平，建设宜居城市、韧性城市。

9.3.3 道路交通：优化道路布局，提升交通效率

推进交通强省建设，完善“米”字形高铁网，优化提升公路网，加快推进西安至重庆、西安至包头、西安至十堰高铁和岚皋至陕渝界等高速公路建设。健全机场体系，加快西安国际航空枢纽建设，提升支线机场功能，有序建设通用机场。加快大西安轨道交通建设，发展多制式、多层次、一体化城市轨道交通网。推进以绿色公交设施建设、节能环保建筑、

新能源汽车应用等为重点的绿色消费。加快西安国际消费中心城市建设，培育若干中小型消费城市梯队。引导大型商业综合体健康发展，持续推进限上单位培育扶持。加快综合保税区建设，强化口岸开放，高质量建设中欧班列（西安）集结中心。加强城乡高效配送和农产品供应链体系建设，扩大电商进农村覆盖面。

9.3.4 邮电通信：统筹邮电通信建设，重点推进数字陕西建设

统筹推进邮电通信基础设施建设。以优化提升、协同融合为导向，加快构建系统完备、高效实用、智能绿色、安全可靠的现代化基础设施体系。加强5G、物联网、人工智能、工业互联网、北斗卫星导航系统等新型基础设施建设。完善数字政府建设运行体制，建成全省统一的政务服务平台和协同办公体系，让“一网通办”加速迈向“一网办好”，形成协同高效的跨层级、跨地区、跨部门政府运作新模式。

加快数字陕西建设。推进数字产业化、产业数字化，积极发展面向汽车、装备制造、金融保险、现代物流、网络视听等行业应用场景的大数据产品及服务，培育发展大数据、人工智能、区块链、5G应用等新增长点。实施数字赋能计划，加快数字农业发展，推动制造业、服务业数字化转型，推动中小企业“上云上平台”。强化数字基础设施和智能化技术创新应用，建设西安新一代人工智能创新发展试验区、西咸新区国家级大数据和云计算产业基地、全省能源大数据中心，创建国家数字经济创新发展试验区。加快智慧社会建设，率先推进教育、医疗等领域数字化，提升全民数字技能，实现信息服务全覆盖。健全数据资源产权、交易流通和安全保护规范体系，加强个人信息保护。

9.3.5 生态环境：推进黄河流域生态保护，打造美丽宜居乡村

在生态环境建设方面需要深入践行“绿水青山就是金山银山”理念，坚持节约优先、保护优先、自然恢复为主，健全生态文明制度体系，推动生态保护系统化、环境治理精细化、生产方式绿色化，促进人与自然和谐共生。发展空间拓展优化的同时，发展路径深度融入共建“一带一路”，

新时代推进西部大开发形成新格局、黄河流域生态保护。健全“天地一体化”、线上线下相融合的监管体系，依法依规对各类开发建设活动实行强制性、全过程监管。加强巴山生态环境保护，提升桥山、黄龙山等重点林区森林质量，修复白于山、关中北山等脆弱区生态功能。加强河道和滩区综合治理，推进黄河西岸生态修复和渭河谷地园林景观绿廊建设。稳步提升水生态环境，健全河湖长制，全面推进渭河、汉丹江、延河、无定河、北洛河等流域生态环境综合整治，切实做好陕西省长江流域禁捕退捕工作，持续开展规模以上入河排污口、饮用水水源地和黑臭水体专项整治，加强南水北调中线水源涵养地保护。建设秦岭国家公园，完善自然保护地体系，使三秦大地山更绿、水更清、天更蓝。

加强农村人居环境整治，推进农村“厕所革命”和生活垃圾污水无害化处理，加大农业面源污染治理力度，推动农村废弃物资源化循环利用，打造山清水秀、宜业宜游的美丽宜居乡村。推动农村基础设施提档升级，加快水、电、路、气、信等建设，提升农房建设质量，强化教育、卫生等公共服务设施保障，开展“十县百镇千村”乡村振兴试点。加强历史名村、传统村落的保护和发展。

9.3.6 防灾：重视水土生态修复，健全动物防疫和病虫害等防治体系

实施重点水源、水生态修复、灌区改造、防洪减灾等工程，提升水资源优化配置和水旱灾害防御能力。加大系统保护修复力度，全面推行林长制，加强植被、水资源和生物多样性保护，加快损毁矿山生态恢复和治理，开展小水电整治、地质灾害防治和尾矿库治理。

健全动物防疫和农作物气象灾害、病虫害防治体系。强化重要农产品保障供给，调优畜牧养殖结构，推动生猪标准化规模养殖，加强市场监测预警，完善市场流通体系和应急调控体系。

10　陕西基本实现现代化的产业支持

本章主要探讨陕西在实现现代化过程中三次产业发展的概况、存在的问题与发展路径。具体内容安排如下。首先，分析陕西基本实现现代化过程中三次产业发展现状。其次，构建三次产业间发展的评价指标体系，并采用综合发展水平评价模型，探讨各产业发展的水平及差异。最后，剖析现代化进程中三次产业发展存在的问题，并给出产业发展的建议。

10.1　陕西三次产业发展现状

10.1.1　农业发展现状

农业是支撑国民经济发展的基础产业，也是现代化建设的重要内容。参考已有研究文献，遴选七项农业发展的相关评价指标，来透视陕西农业发展的现状（见图 10－1）。整体来看，研究阶段内，陕西农业整体上呈现出上升的发展趋势，发展规模日益扩大，评价指标的规模较 2010 年实现了翻倍增长，但在发展速度方面呈现一定差异，不同年份下，具体指标的发展呈现一定的波动特征。其中，陕西农业机械化发展水平提升较快，粮食单位面积产量稳步增长。

具体来看，根据《陕西预计年鉴》的数据，常用耕地面积指标中，耕地规模由 2010 年的 2860 千公顷提升至 2019 年的 3010 千公顷，年均环比增长率均值维持在 0.6%。主要农作物播种面积指标呈波动下降的发展趋势，发展规模由 2010 年的 4216 千公顷降至 2019 年的 4132 千公顷，发展速度相对较慢，年均环比增长率均值为 -0.2%。粮食产量指标呈现波动上升的趋势特征，产量规模由2010年的1186万吨提升至2019年的1231万吨，年均环比增长率均值为0.47%。粮食单位面积产量呈现稳定增加的发展趋势，产量规模由2010年的3707公斤/公顷，提升至2019年的4105公斤/公顷，实现了1.2%的年均环比增长率。可见，近年来虽然陕西农作物播种面积有所下降，但粮食的产量和单位面积产量却呈增加的态势，这也间接说明陕西农业精耕细作的能力有较大提升。

机械化发展水平的高低，有利于提升农业现代化的发展水平，对提升农业发展效率具有重要作用。在农业机械化生产方面，近年来，陕西的大中型拖拉机和粮食作物收割机的规模和速度增长均较快，分别由2010年的7.8万台与2.3万台提升至10.4万台与4.5万台，年均环比增长率均值分别达到了3.7%与8%。

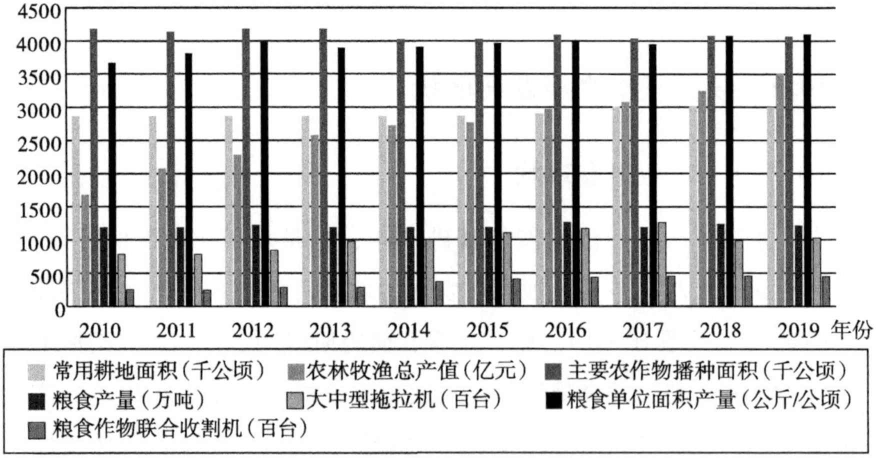

图10-1　陕西农业发展主要指标

10.1.2　工业发展现状

工业是陕西国民经济的重要组成部分，是其经济发展的重要动力。参考已有研究文献，遴选八项工业发展的相关评价指标，来透视陕西工业发展的情况（见图10-2）。整体来看，发展规模方面，陕西工业发展水平有较大幅度的提升，发展规模日益增强，2019 年相关评价指标的发展规模均为 2010 年的 0.65 倍以上，其中企业单位数量、工业总产值、资产总计、利润总额与营业收入等指标为 2010 年的 1.5 倍以上。发展速度方面，企业单位数、工业总产值、资产总计、营业收入与利润总额等指标的年均环比增长率均值高于 5.3%，其中工业总产值、资产总计两项指标的年均环比增长率均值分别达到了 10.5%、9.9%。总资产贡献率、资产负债率与成本费用利润率增速较弱，年均环比增长率均值分别为 -3.2%、-0.5%、-3.3%。可以发现，近年来陕西工业发展规模日益强大，但发展效率还不强，有待强化提升。

具体来看，企业单位数量方面，发展规模由 2010 年的 4564 个提升至 2019 年的 6974 个，年均环比增长率维持在 5.3%。相应的规模以上工业企业总产值由 2010 年的 1.1 万亿元升至 2019 年的 2.6 万亿元，发展速度相对较快，年均环比增长率均值为 10.3%。资产规模稳步提升，由 2010 年的 1.46 万亿元提升至 2019 年的 3.59 万亿元，年均环比增长率均值为 10.5%。营业收入呈现出稳定增加的发展趋势，由 2010 年的 1.08 万亿元，提升至 2019 年的 2.49 万亿元，实现了 9.9% 的年均环比增长率。从发展规模可以发现，陕西的工业发展水平日益提高，尤其近年来数字经济、信息通信等企业的快速发展，带动了企业的快速发展。

发展效率方面，与发展规模相比，工业企业的总资产贡献率呈现连续下降的发展趋势，由 2010 年的 17.11% 降至 2019 年的 11.85%。资产负债率稳中有降，由 56.84% 降至 53.96%，年均环比增长率均值为 -0.56%，说明资产负债情况发展向好。成本费用利润率波动下降趋势明显，由 2010 年的 16.14% 降至 2019 年的 10.53%，年均环比增长率均值为 -3.34%。该指标代表了经营耗费所带来的营收效果。可以发现，近年来虽然陕西工业发展规模和速度在提升，但发展质量不高、效益不明显，未来需要走高质量发展之路，提升企业经营效益。

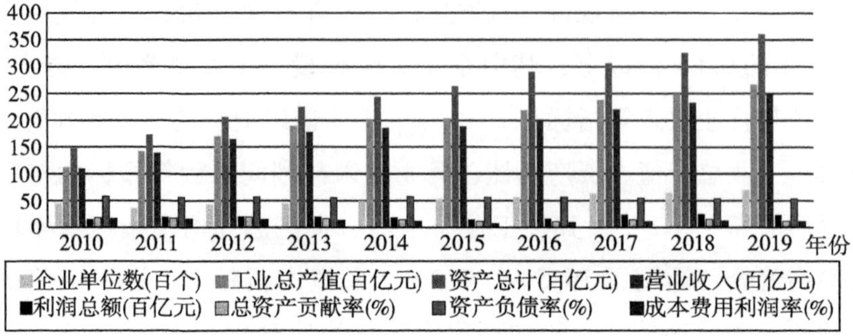

图 10-2　陕西省工业发展指标

10.1.3　第三产业发展现状

第三产业涵盖内容较广，是吸纳就业人数，促进经济发展，增强社会稳定的重要产业，为现代化建设提供了重要的服务与消费支持。根据已有研究成果，遴选了交通、邮电通信、对外贸易、旅游等15项第三产业发展的相关评价指标，来研判陕西第三产业发展现状（见图10-3）。研究阶段内，陕西第三产业发展上升态势明显，规模和效益突出，相关评价指标较2010实现了0.76倍以上的增长，但发展速度参差不齐，差异明显。其中，快递数量与进出口总额的规模较2010年进步最快，为研究基期的28倍与29倍。

具体来看，建筑业总资产是城市化发展的重要指标。分析发现，陕西建筑业总资产发展规模由2010年的2863亿元提升至2019年的7884亿元，年均环比增长率均值为12.1%，间接说明陕西城市化发展势头迅猛。邮电通信方面，邮电业务、快递数量、移动电话、互联网宽带等指标的年均环比增长率均值实现了7.2%以上的增长，其中邮电业务量与快递数量的年均环比增长率均值达到了29.3%、46.5%。随着近年来5G与智能电话的快速发展，固定电话的规模和增速均在迅速减小，其规模由2010年的782万部降至2019年的642万部，年均下降2.1%。交通运输方面，铁路营业里程、公路通车里程、旅客周转量等指标均实现了不同程度的增长，发展规模均在2010年的一倍以上，增长速度方面，上述三大指标的年均环比增长率均值分别为 4%、2.3%、1.7%。但客运量指标方面，发展规模和速度却呈现下降的态势，由 2010 年的 941 百万人次降至 2019 年的 723 百万人次，年均下降 1.5%。

贸易发展方面，社会消费品零售额与进出口总额在规模与增速上均实现了正向发展，其中社会消费品零售额由 337 千亿元升至 1021 千亿元，年均环比增长率均值为 13.2%，受丝绸之路经济带等利好政策的刺激，陕西进出口总额表现优异，其发展规模由 120 亿美元扩大至 3515 亿美元，为 2010 年的 29.1 倍。旅游业是吸纳就业、实现人口城市化的重要手段，研究阶段内，陕西旅游总人数与旅游总收入实现了双增长，其发展规模分别为 2010 年的 4.85 倍与 7.33 倍，年均环比增长率均值分别为 19.3% 与 24.8%，旅游业作为第三产业的龙头产业，已经逐步成为陕西国民经济发展的重要产业。在校生人数是现代化得以实现的智力与人力保障。目前，陕西高等在校生人数由 2010 年的 92.78 万人升至 2019 年的 112.2 万人，年均环比增长率均值为 2.2%。

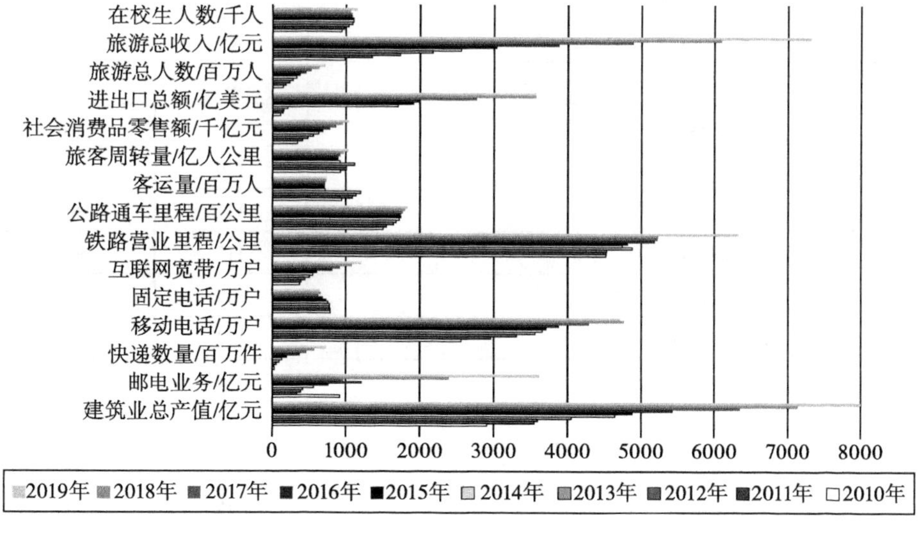

图 10-3 陕西第三产业发展指标

10.2 陕西三次产业发展水平评价

10.2.1 三次产业发展水平评价指标与方法

(1) 评价指标

结合陕西区域经济发展现状，依据系统性与连续性等原则，在参考已有文献的基础上，构建了陕西农业、工业与第三产业评价指标体系，其中包含7项农业发展指标、8项工业发展指标、15项第三产业发展指标（见表10-1）。

表10-1 评价指标

要素	指标	编号	类型
农业	常用耕地面积/千公顷	X1	+
	农林牧渔总产值/亿元	X2	+
	主要农作物播种面积/千公顷	X3	+
	粮食产量/万吨	X4	+
	粮食单位面积产量公斤/公顷	X5	+
	大中型拖拉机/百台	X6	+
	粮食作物联合收割机/百台	X7	+
工业	企业单位数/百个	X8	+
	工业总产值/百亿元	X9	+
	资产总计/百亿元	X10	+
	营业收入/百亿元	X11	+
	利润总额/百亿元	X12	+
	总资产贡献率/%	X13	+
	资产负债率/%	X14	+
	成本费用利润率/%	X15	+
第三产业	邮电业务/亿元	X16	+
	快递数量/百万件	X17	+
	移动电话/万户	X18	+
	固定电话/万户	X19	+
	互联网宽带/万户	X20	+
	铁路营业里程/公里	X21	+

续表

要素	指标	编号	类型
第三产业	公路通车里程/百公里	X22	+
	客运量/百万人	X23	+
	旅客周转量/亿人公里	X24	+
	社会消费品零售额/千亿元	X25	+
	进出口总额/亿美元	X26	+
	旅游总人数/百万人	X27	+
	旅游总收入/亿元	X28	+
	在校生人数/千人	X29	+
	建筑业总产值/亿元	X30	+

（2）评价方法

采用线性加权法来测度陕西农业、工业与第三产业的综合发展水平。

$$u_i = \sum_{i=1}^{n} w_{ij} \times u_{ij} \qquad (10-1)$$

其中，u_i为系统第 i 年的综合发展水平，u_{ij}为指标 j 对系统的功效贡献，w_{ij}为指标权重。权重通过熵值赋权法来计算获得。

功效贡献 u_{ij} 主要通过正负功效函数计算获得［式（10－2）、式（10－3）］，以评估各指标对系统的贡献度，其取值范围为［0－1］，$x_{j\max}$，$x_{j\min}$为第 j 项指标的最大值与最小值。

$$u_{ij} = (X_{ij} - X_{j\min})/(X_{j\max} - X_{j\min}) \text{（}u_{ij}\text{为正向指标）} \qquad (10-2)$$

$$u_{ij} = (X_{j\max} - X_{ij})/(X_{j\max} - X_{j\min}) \text{（}u_{ij}\text{为逆向指标）} \qquad (10-3)$$

10. 2. 2 三次产业发展水平评价

采用综合发展水平评价模型，探讨陕西农业、工业与第三产业的综合发展水平特征。整体上看，陕西农业、工业与第三产业的综合发展水平呈现波动上升的发展趋势，研究末期的综合发展水平值在研究基期的 1. 34 倍以上，年均环比增长率均值在 5. 4% 以上。三次产业比较来看，2015 年之前，陕西的工业综合发展水平最高，其次为第三产业，农业发展水平最低，2010—2014 年三者的综合发展水平均值分别为 0. 532、0. 281、0. 266。

2015 年之后，农业与第三产业发展水平有较大幅度的提升，超越工业成为发展水平较快的产业。2015—2019 年，三者的综合发展水平均值分别为 0.649、0.502、0.477。

（1）农业综合发展水平评价

由图 10－4 可知，陕西近年来农业发展水平提升较快，整体上呈现“两峰三谷”的发展特征，综合发展水平年均环比增长率均值高达 25.6%。2010—2014 年，陕西农业发展水平相对较弱，综合发展水平仅为 0.266，低于工业与第三产业的发展水平，2015—2019 年，陕西农业综合发展水平大幅提升，其综合发展水平达到了 0.649，为 2010—2014 年的 2.4 倍。

具体来看，近年来陕西在主要农作物播种面积下降的情况下，走集约化、现代化与科学化的高质量发展之路，其中，大中型拖拉机、粮食作物联合收割机等机械化设施台数为 2010 年的 1.33 倍与 1.97 倍，农业机械化的推进，有力地带动了陕西农业的稳步发展。同时，陕西农林牧渔总产值、主要农作物播种面积、粮食产量与粮食单位面积产量相较于 2010 年均获得了较大的提升，并在 2015 年其综合发展水平超越了工业，成为陕西国民经济发展中发展水平最高的产业。

分析可知，从 2015 年开始，我国进入了供给侧结构性改革的新阶段，中央农村工作会议提出加强农业供给侧结构性改革，提高农业供给体系质量和效率，形成合理的农业发展结构的要求，随后，陕西出台了《关于加快推进农业供给侧结构性改革大力发展粮食产业经济的实施意见》，从培育壮大粮食产业主体、创新粮食产业发展方式、强化粮食科技创新和人才支撑等方面提出了具体要求，带动了陕西农业建设的快速发展。但不可忽视的是，陕西农业发展虽然近几年机械化水平有所发展，但还需要继续提高其机械化率，推进陕西农业的高质量发展。

（2）工业综合发展水平评价

由图 10－4 可知，陕西近年来工业发展水平波动幅度较大，相比较农业与第三产业的发展水平和速度均较弱，综合发展水平年均环比增长率均值仅为 5.4%，其工业化发展转型任重道远。2010—2014 年，陕西工业发展水平较高，表现突出，综合发展水平仅为0.532，高于年工业与第三产业的发展水平，但2015—2019年，陕西工业综合发展水平降幅明显，其综合发展水平降至0.502，较2010—2014年下降了5%。

具体来看，近年来陕西的工业发展虽然在企业单位数、工业总产值、资产总计、营业收入、利润总额等规模发展指标方面表现突出，发展规模年均环比增长率均值在6.8%以上，极大带动了陕西工业化的发展，但其发展效率相对较弱，表现在企业的总资产贡献率、成本费用利润率相对较低并呈现下降态势，年均环比增长率均值分别为-0.6%、-3.3%。

分析发现，作为能源大省，陕西在2015年之前，其工业综合发展水平较高，是陕西经济发展的顶梁柱，在国民经济的发展中所占份额较大。2015后，随着供给侧结构性改革的实施，“去产能、去库存、去杠杆、降成本、补短板”成为陕西工业发展的主基调，陕西工业发展的高质量转型之路开始，其工业发展进入阵痛期，导致其综合发展水平受到影响。未来，陕西工业发展需要持续改革创新，走高端化与高质量的发展道路。

（3）第三产业综合发展水平评价

由图10-4可知，陕西第三产业发展水平提升较快，整体上呈现波动上升发展特征，综合发展水平年均环比增长率均值高达19.8%。2010—2014年，陕西第三产业发展水平相对较弱，综合发展水平仅为0.281，低于工业发展水平。2015—2019年，陕西第三产业综合发展水平有较大提升，其综合发展水平达到了0.477，为2010—2014年的2.2倍。

具体来看，近年来陕西第三产业发展在建筑业总产值、邮电业务、快递数量、互联网宽带、社会消费品零售额、进出口总额、旅游总人数、旅游总收入等发展指标规模方面进步明显，发展规模年均环比增长率均值在12%以上，其中邮政、快递、旅游人次与收入的年均环比增长率分别达到了29.2%、46.5%、19.3%、24.9%。邮电通信、旅游业、进出口的快速发展，吸纳了城市人口就业，提升了居民收入，带动了陕西人口城市化、设施城市化的发展，但值得注意的是，虽然陕西“米”字形交通设施建设已初具雏形，但其交通客运量却呈现下降态势，年均环比增长率均值为 -1.5%。

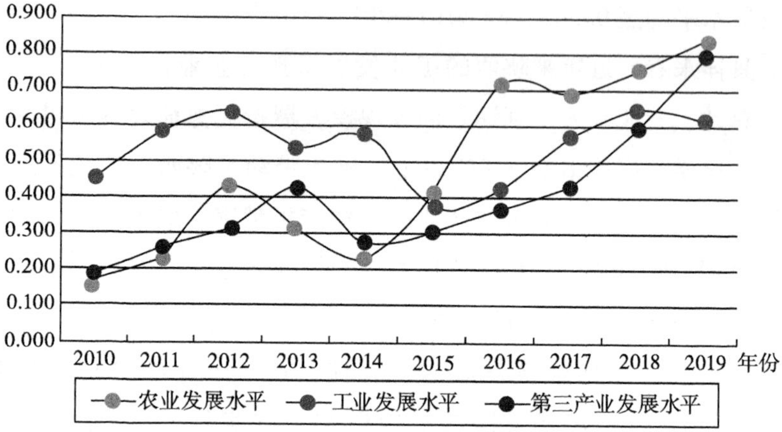

图 10-4　三次产业综合发展水平

分析可知，陕西第三产业的快速发展，与陕西的产业转型、资源禀赋、供给侧结构性改革等密不可分。在 2015 年之前，陕西以能源、化工等重工业为主，第三产业的发展水平较为弱小，伴随供给侧结构性改革的实施，陕西工业结构开始“去产能、调杠杆”，高污染企业逐步被淘汰或转型，陕西工业发展进入转型发展期。同时，由于陕西历史文化资源、生态环境资源等突出，以旅游业为主的第三产业发展迅速，逐步成为陕西各市区域经济发展的重要力量和推手，加之陕西受国家“一带一路”倡议的利好影响，以及《陕西省促进旅游消费八条措施》等政策的出台，带动了陕西第三产业的快速发展。

10.3　陕西三次产业发展问题剖析与提升路径

10.3.1　三次产业发展问题剖析

剖析陕西三次产业发展过程中存在的问题，保持农业、工业与服务业的持续健康发展，对实现陕西现代化具有重要意义和价值。在此，对陕西三次产业发展所面临的问题进行剖析，并提出相应的发展路径。

（1）农业发展存在的问题

第一，农业相关产业链条发展较弱。黄土地貌使得陕西农业生产方式单一，主要以粮农经济作物为主。农业生产效率相对较低。农副产品缺乏精深加工，深加工程度不足，农产品产业链条尚未成熟，农产品竞争力较弱。农业经济发展效果不显著，传统的小农经营模式难以支持农业产业链的发展和成熟，农业经营模式亟待升级。

第二，农业科技化发展程度不足。陕西拥有西北农林大学等高等院校，农业科技人员和研究实力雄厚，但受制于传统的农业承包责任制，致使农业产业经济以小农经济为主，农业产业化的规模和效益不明显，阻碍农业科技的推广和使用。同时，随着城市化进程的加快，农业技术人员流失严重，而且农林类高校毕业生从事农技研究的相对较少，导致具有现代农业经营能力的新型农民欠缺。在农业技术推广中，较多局限于栽培种植等初级技术，而对现代农业技术的指导程度不足，同时，农业技术推广的投入相对较少，农业推广服务体系还未成熟，农业机械化发展水平也有待提升。

第三，龙头农业企业相对较少。随着信息技术的发展，对农业现代化的运营与管理产生巨大的冲击。目前，陕西农业信息化发展的技术实力较弱，导致农民不能快速高效地接收到最新的农业技术信息，影响了农业现代化的建设和发展，在农业生产和加工中无法实现差异化、精细化、有序化、精确化的调控，导致难以形成强大的龙头农业企业。

第四，农业生态环境亟待改善。由于地质和气候因素，陕西生态环境整体较为脆弱，尤其是陕北地区水土流失严重，制约了陕西农业现代化的实现。陕北地处黄土高原地区，缺水成为制约陕西农业快速发展的关键因素。关中地区由于近年来城镇化的快速发展，导致水资源紧张，供需矛盾突出，对农业现代化的进程形成了威胁。

（2）工业发展存在的问题

第一，工业基础还较为薄弱。从综合发展水平分析可以发现，目前，陕西工业发展存在发展效率不高的问题，透视出陕西工业技术创新能力还有待提升。虽然近几年来陕西的工业产业规模和效益有了较大提升，但其发展存在资源利用效率低下和环境污染的问题。目前，陕西工业发展处于转型的阵痛期与供给侧结构改革的深度推进期，工业的转型发展与信息化建设等还较为落后，与东部地区存在明显差距。企业发展过程中，陕西虽然近年来引进不少高新技术企业，但核心技术仍未掌握，企业在自主知识产权方面仍然较为缺乏，传统产业仍是陕西工业发展的主导产业。与东部地区相比，陕西企业发展的宏观环境和其服务条件相对较弱，这也影响和约束企业的创新发展。

第二，组织结构不合理。陕西工业发展存在所有制结构和国有资本投资不合理的问题，导致企业间的低层次竞争加剧，消耗企业的内在成长力，影响企业的发展。中小企业是陕西工业的重要组成部分，但由于陕西中小企业相关的发展政策和制度保障相对欠缺，以及投融资方式不畅等原因而发展缓慢。同时，企业重复生产问题突出，规模效应和产业聚集效应不明显，合理高效的专业分工体系尚未形成，完整的产业链尚未成型，国际竞争力有待提升。

第三，产品市场竞争力较弱。整体来看，陕西的知识和技术密集型、高附加值产品相对较少，影响企业的创新和竞争力。目前，陕西的工业产业结构不适应市场化的需求，导致工业产品供给的种类和销售较为单一和固定，致使工业产品存在产能过剩。同时，由于工业资本的流动性较低，致使工业企业不能敏锐察觉市场需求的变化，导致其产品竞争力不足。虽然陕西科学技术教育资源丰富，科研院所众多，但其科研和实践的结合能力还有待提升，较多企业发展过程中存在技术水平落后，演化研发投入缺乏的问题，影响陕西科技创新能力的提升和科技产品的转化。近年来陕西在供给侧结构性改革的推进下，工业转型升级进步明显，增速较快。但整体上，陕西企业的技术水平和发展质量存在产品技术含量低、层次低等系列问题。

（3）服务业发展存在的问题

第一，现代服务业发展较为缓慢，结构性问题突出。陕西服务业发展主要以传统服务业为主，服务业产业结构内部失衡，现代服务业发展较为缓慢，服务业规上企业数量少、实力较弱。其中，新兴战略服务业占比、营业收入占规模以上服务业的收入占比相对较低。投资占比方面，内部投资结构有待优化。目前，陕西现代服务产业起步晚、发展慢，尚未形成品牌和集聚优势。从内部投资结构来看，陕西建筑行业、交通运输、住宿与餐饮业等传统产业占比较高，而信息、科技服务等新型现代服务业投资相对较弱，陕西服务业投资结构有待完善。

第二，服务业高层次人才缺乏，创新能力不足。邮电通信、软件开发与计算机服务等产业是典型的创新型产业，虽然近年来陕西高新技术产业人才增长较快，且陕西高校众多，科研实力充足，但相比东部发展地区省份，在生产性服务业方面的人才较为缺乏。在现代物流、会展、金融、社区服务等行业方面高层次人才也存在缺口。人才的缺乏，导致陕西服务行业企业的产业链条不完善，无法形成明显的规模效应。

第三，服务政策的制定与执行有待提升。陕西除积极贯彻国家的相关法律法规政策之外，还颁布了支持陕西服务业发展的专项资金等相关政策，但实施细则还需强化。陕西历史文化、资源禀赋丰富，但在现代服务业发展过程中，还未能形成独具特色的重点服务业。计算机软件、电子信息等政策促进了相关新行业的持续发展，但发展效果与效益有待提升。文化教育等部分服务业，存在过度依赖政府投入的现象，发展活力与竞争力有待强化。陕西服务业整体上投资力度不足，不利于形成结构合理的现代服务业产业。

10.3.2 三次产业发展的路径总结

（1）农业发展路径

第一，积极推进农业化转型发展。高质量发展阶段，传统的小农经济产业已经不适应现代化农业的发展和要求。陕西未来要依托城镇化发展的大趋势，积极调整农业产业结构，依据城镇市场需求调整农业种植结构，加速城乡农业资源要素流动，积极培育和兴办农业龙头企业，依靠科技资源，提升农业信息化发展水平，走科技兴农、产业富农的农业高质量发展道路。依靠陕西农林科研资源众多的优势，积极展开农业技术下乡工作，提升农村劳动力的科技素质。

第二，因地制宜提升农业发展技术水平。关中地区城市人口较多、城市化水平较高，对农业产品需求体量较大，加之关中地区信息技术发展水平较高，可以实施信息技术带动战略，从高效化、精确化、智能化、数字化方面，支持农业走集约高效与创新发展之路。陕北和陕南地区城镇化水平相对较低，未来需要依托城镇化过程继续转移农村剩余劳动力，走农业集聚化产业发展的道路，提高农业劳动生产率和土地生产率。

第三，加大新型农民的培育工作。在小农经济影响下，农业发展的集聚效应较弱，导致农业现代化建设的人才供给和需求失调。需要依据陕西农林高等院校，通过技术三下乡、对口支援等方式，改变以往简单的种植技术的传授，而从农业产业链的角度，加大涉农专业技术的推广和培训力度，提升农村居民农业的现代化技能水平和素质，培养出技能型、知识型和专业型农民，为农业现代化的实现提供人才智力和技术支持。

第四，依托高科技积极发展现代农业。采取高科技发展现代农业，可以提升其附加值。因陕西不同区域农业发展所面临的问题与水平不同，陕北应努力研发和采用节水、滴灌、喷灌等农业技术，解决灌溉用水约束的问题。关中地区依托科技与信息优势，可以通过农业标准化，经营现代化，销售链条化，大力发展现代电子商务，提升农业的竞争力。陕南地区绿色资源丰富，可采用高新技术在水产养殖、农业种植等方面进行产业化加工、运营与销售，提升科技水平，构建农业销售物联网，推进各地区的农业现代化进程。

（2）工业发展路径

第一，走工业化高质量发展道路。传统工业的发展以粗放经营和发展为主，导致耗能高，效益低下，并带来严重的生态环境污染。未来，需要以高质量发展为要求，积极发展循环经济和低碳经济。未来在工业化发展的过程中，贯彻五大发展理念，树立可持续发展观，积极转变传统的资源消耗型发展方式，加大资金投入，提高企业信息化发展水平，以技术创新为支撑，改变传统生产方式，提高资源利用效率，实现工业化的转型发展。

第二，打造高新技术产业基地。贯彻创新发展理念，加大对高新技术产业的资金、制度支持，扶持和引导高新技术企业的发展，打造高新技术产业基地。依托高新技术优势，改造和提升传统工业的信息化、智能化发展水平，提升传统工业发展质量。在高新企业技术引进和管理上，紧抓新一轮技术革命的新机遇，融合购买、合作、融资等多种方式，吸引能力强的国际高新技术产业来陕西落户，通过溢出效应带动陕西工业化的发展。加快打造发展陕西工业产业集群，通过集群产业发展，为高新技术和新企业的诞生营造氛围。

第三，大力发展陕西新兴支柱产业。依托陕北能源化工、关中高新技术产业主体，打造陕西新兴产业集群，形成新兴技术多网络协同发展空间布局，打造以新兴产业集群为主体的发展体系。整合和集成陕西科技资源，优化科技资源配置，建设一批对经济高质量发展具有带动作用的高新技术产业集群，推进陕西高新技术产业发展。营造良好的新兴产业发展环境，从投融资、企业管理、信息服务、基础扶持等方面完善产业发展机制，支持高新技术产业的发展。

（3）服务业发展路径

第一，强化政策指导价值，保障陕西现代服务业高质量发展。首先，依据国务院《关于加快服务业发展的意见》《陕西省关于进一步加快发展服务业的实施意见》的要求，因地制宜，结合陕西服务业的资源禀赋、发展基础等实际情况，细化制定并落实相关财税、土地、价格、人才、技术等政策，扶持服务业的发展。其次，构建现代服务业组织机构，形成政府主导、协会联动、行业配合的协同机制，实现现代服务业的规范发展。

第二，依据自身优势，合理配置服务业组织结构。陕西科教文卫基础较好，高校众多，科研实力强大。首先，依托陕西历史文化资源，积极发展文化创意产业与旅游业，深度推进文化、旅游与体育的融合，拓展文化旅游产品市场。构建高校、企业与科研院所联合发展的技术创新体系，推动电子信息与软件开发等行业产业的升级，加速推进技术服务的产业化进程。其次，完善服务业投融资机制，实行公开透明的市场准入制度，提高非公有制经济在服务业中的占比。构建现代金融服务体系，扩大金融业务品种和规模，推动金融市场业务创新。积极培育互联网金融等新业态，支持科技、农村、矿业等与金融的深度融合及创新发展，优化陕西服务业发展结构。

第三，搭建陕西现代服务业人才体系。首先，搭建由学界、业界及科研院所共同参与的现代服务业人才联盟，加大文旅产业、电子商务、会展运营、数据服务等领域人才的培养，提高法律、信息咨询等服务人才的比重，为陕西服务业的发展提供人力与智力支持。同时，制定相应的人才激励政策，制定紧缺人才需求目录，并在科研支出、住房保障等方面对高端科技服务人才给予扶持。其次，搭建陕西服务业公共服务平台，依据市场需求，积极提供信息咨询、金融保险、旅游发展等相关服务。

11 陕西基本实现现代化的开放战略支持

随着全球经济格局的深刻调整和国家区域发展战略走向深入，我国区域开放条件发生了重大变化，陕西作为以对内对外双重开放为特征的西部地区，不可避免地成为未来我国继续深化对外开放战略的重点区域。近年来，开放战略成为陕西实现现代化的重点，其不仅进一步加强了陕西与周边国家的战略合作，而且也为提升陕西经济社会可持续发展带来了新的机遇。在未来很长一段时期，开放战略将成为陕西经济社会发展、开发开放、发展周边国家关系、确保国家利益长期坚持的战略选择和重要取向。

11.1 陕西基本实现现代化开放战略支持的态势分析

11.1.1 陕西实现现代化的开放战略

（1）开放主体的逐渐转变

开放战略应强化开放的微观基础，坚持以市场为导向，从以政府为主体转向以企业为主体，发挥市场机制在资源配置中的基础性作用，在加强政府宏观调控的同时减少行政干预；积极培育各类市场主体，构建微观市场主体的多元化，促进各市场主体间专业化分工水平，支持和引导企业参与开放战略的实施，以周边国家市场需求为导向，积极参与对外合作和市场竞争，鼓励和扶持企业“走出去”。

当前，陕西已经拥有了一批研发能力强、产品质量好、品牌价值高、国际化经营理念完善的优质企业。这些企业通过出口和投资等方式参与全球经济分工，有利于提高全球生产要素配置效率，推动全球生产可能性曲线向外延伸。从出口看，陕西企业将立足于自身比较优势，大力提升出口产品技术水平和质量，积极发展跨境电子商务等贸易新业态，不断推进出口市场多元化，在塑造优质中国品牌的同时有效提高各国消费者福利，实现互利共赢；从投资看，陕西企业将基于自身发展战略，以“一带一路”为重点稳步扩大国际产能合作，积极参与东道国基础设施建设和设立海外研发中心、营销平台和生产基地，在成长为世界一流的跨国公司过程中，为东道国改善基础设施状况、提升产业发展水平和促进就业做出更大贡献。

（2）开放内容的深化拓展

开放战略应推进陕西产业结构的调整与升级，重点打造以外向型为主导的优势产业和以信息产业、新能源、高端装备制造业和新材料为主的战略新兴产业。进一步扩大陕西与开放对象间的贸易水平，提高外资利用规模和效益，优化进出口产品结构，扩大对外投资并加大支持力度，加快区域和跨区域产业合作和以区域一体化为基础的自由贸易区的建设和发展。加快区域产业合作形成规模，加强与周边国家重点产业的对接合作，特色产业的互动合作，建立跨国产业链条分工体系以及国际产业合作带，在农牧产品、农产品加工、资源开发等领域与中亚国家进行合作与开发，在橡胶生产和木材加工业、贸易投资、能源、信息等领域与东南亚、南亚国家开展合作与开发。有效借助外部力量，促进内部产业发展，形成与国际经济接轨的优势产业，提高产业国际竞争力。

对于陕西内部应集中发展现代农业、改造提升传统优势产业、加快培育战略性新兴产业、推动现代服务业发展和布局，提升自我发展能力以此来提升带动对外开放所需的外向型产业发展基础，逐步形成区域内产业集聚，与此同时，促进产业合理集聚和集约发展，形成规模效应，实现核心产业、经济规模、产业延伸、配套体系和对外贸易的整体推进。

（3）开放政策的循序引导

现代化开放战略应落实“放管服”的政策体系，为陕西对外开放提供体制保障。政府减少对市场的直接干预和微观调控，引导市场发挥主体作用，促使区域经济韧性不断增强。陕西自贸区自设立以来，不断加快政策体系创新，不仅在政府职能转变、金融、贸易投资便利化等常规性领域实施改革，同时积极探索科技创新、人文交流的差异化制度，以创新引领构建新发展格局，有效提升营商环境，激发市场活力和发展动力，积极打造内陆型改革开放新高地。

着力消除不利于对外开放的政策壁垒，促使形成全方位、高水平对外开放格局。通过制度性安排确保开放政策的持续性和稳定性，坚定区域开放发展的战略方位和功能层次，建立跨区域协同发展体系，强化开放政策对区域发展的导向性作用，有序推动区域协调发展取得更大成效，同时政府注重审时度势适度微调，灵活应对开放过程中可能发生的风险和挑战，提高服务现代化对外开放的意识和能力，打造陕西对外开放的软实力。

（4）开放平台多元化建构

现代化开放战略应加快对外开放平台和窗口建设。通过打造引流、聚流、强流的国际开放平台，促进中心城市及重点地区向西开放、向东集散，进一步提升其资源要素的集聚能力，扩大“三个经济”平台效能，利用现有的陆港、空港，做强陆港型国家级物流枢纽，打造中欧班列集结中心，实现陆海联动的开放通道和口岸体系，同时高标准建立自贸试验区，吸引电子信息、生物医药等高新技术产业集聚，增强陕西开放性经济实力。依托欧亚经济论坛、丝博会、农高会等成熟平台，汇集更多开放元素，进一步强化陕西对外开放合作功能。西安正努力做大国家临空经济区，重点推进空港综合保税区等对外开放载体建设，同时致力于优化营商环境，吸引更多高质量外资企业入驻，为实现企业“引进来”和“走出去”创造良好机遇，促使门户经济的发展与枢纽经济和流通经济的发展之间实现良性互动，让陕西开放型经济更具活力与实力，助推陕西构建多元化国际开发开放合作交流平台，实现新一轮高水平开放发展。

11.1.2 陕西实现现代化的开放战略支持

（1）“一带一路”引领现代化开放

一直以来，共建“一带一路”倡议的目的都是实现信息共享，深化国际合作水平，构建人类命运共同体，实现共同发展。2020年，陕西省发改委积极应对外部环境的深刻变化，在积极开展国际抗疫合作的同时，推进“一带一路”五大中心建设。同时大力推行“放管服”改革，下放行政审批事项，提高政府工作效率，建立“互联网+政务服务”体系，健全促进对外投资政策服务提升，形成278项政策名录和155项政策实施流程图，构建全面对外开放新格局，陕西丝绸之路经济带重要节点作用得以充分发挥。

国家将中欧班列西安集结中心纳入示范工程，对推动长安号开行实现班列高效运营起到积极促进作用，由以往“点对点”运输模式转变为“枢纽对枢纽”模式。2020年中欧班列长安号全年开行3720列，开行线路15条，核心指标稳居全国前列。集结中心辐射和承载能力升级，“+西欧”联合开行模式的持续拓展，为稳定国际供应链产业链、助力中欧共同抗疫发挥了重要作用。

对外贸易畅通度不断提升，经贸活动不断深化。爱菊集团“一带一路”在哈项目进展良好，带动中俄丝路创新园、中哈现代农业示范园、陕韩企业园等新一批国际合作产业园区踊跃出现。作为西北内陆地区，陕西紧抓“一带一路”发展契机，打造开放性经济，同时，政府改革激发创新活力，为陕西的高质量发展之路创造了更大的机遇和空间。

（2）自贸区发展提升现代化开放

2017年4月1日，陕西自贸试验区正式揭牌，自其成立以来，不断深化国际产能合作、优化国内营商环境，与“一带一路”共建国家有效对话，取得进一步合作；三年来累计形成创新案例370个，165项试点任务基本完成，创造了73%的货物进出口额，实际利用外资占全省近一半。

在深化国际产能合作方面，陕西自贸区加快建设“中欧”“中俄”等国际合作园，建立“云端”网上自贸综合服务平台，与国外各类创新主体签订技术合同300余项，教育部批准陕西备案建设的12个国别区域研究中心有8个涉及“一带一路”沿线国家。

在优化营商环境方面，陕西进一步减少或降低外资准入门槛，落实外商投资企业国民待遇，完善知识产权保护制度，鼓励外商多方式来陕西投资。同时，减少行政审批事项、对标国际经贸标准规则，推进政府职能转变等探索实践，切实解决外商投资企业生产经营中面临的实际问题，降低市场主体的经营成本，吸引区内大量市场主体聚集。截至2019年年底，陕西自贸试验区新增市场主体57853户，新增企业注册资本7071.1亿元。

（3）跨境电商扩大现代化开放

在推动构建外向型世界经济和促进普惠世界贸易中，电子商务发挥着积极作用。近年来，在包括“互联网+”等一系列国家战略的推动下，陕西大力推动以互联网为核心驱动力的经济发展，2014年3月西安获批跨境电商服务试点城市，跨境电商企业快速聚集，建立了“洋货码头”、西安港进口红酒交易基地等具有影响力的运营品牌，促使信息流、资金流、货物流快速、高效、低成本流动，到2018年7月获批国家跨境电商综合试验区，跨境电商每年始终保持30%以上的增长速度，为陕西搭建起一条“网上丝绸之路”，成为陕西外向型经济发展的新引擎。

“9710”（陕西跨境电商B2B直接出口）和“9810”（跨境电子商务出口海外仓）模式首单已申报成功，标志着陕西正式启动跨境电商出口B2B出口及特殊区域出口试点业务，企业可通过优惠缴税、入区退税、申报简便等优势极大地降低物流成本，提升国际竞争力，助力企业出口，促进电商新业态的健康快速发展，陕西跨境电商迈入出口业务全模式、简化申报秒通关新时代。

陕西作为西北地区重要的跨境电商口岸，此次跨境电商B2B新模式的启动，极大丰富了空港跨境电商的出口业务，下一步将继续深入挖掘陕西跨境电商产业类型，助力企业“走出去”，推动外贸高质量发展，利用中欧班列“长安号”优势、创新优势，为全省开放型经济贡献力量。

（4）枢纽建设助推现代化开放

过去几年里，陕西不断加强基础设施建设，打造“枢纽经济”。通过加快发展无人机物流体系、综合交通网络、枢纽交通等新业态，构建陆空内外联动，东西双向互济的对外开放新格局。2016 年至今，西安全货运航线共覆盖 11 个国家与 30 个主要枢纽城市，航线从 5 条增至 35 条，运输网络已全面建立，2020 年货量达到 38 万吨，增长 65%，实现井喷式增长。随着疫情防控形势稳定，经济逐渐复苏，货量和种类也开始变化，普通货物的货量增加了 15% 左右。

陕西紧抓机遇，进一步织密航空网络，利用咸阳国际机场的优势与多家外国航空公司展开合作，通过“一带一路”的发展机遇，将对外开放的“触角”推进至中亚、中东欧、非洲和南亚地区，建立顺达通畅的航空物流体系，畅通商贸国际物流通道。

2020 年作为“三个经济”重要动能的中欧班列“长安号”全年开行 3720 列，运输货物 145. 4 万吨。国内陕西与珠三角、长三角等地之间的运输网络基本完成建立，保证货源供应，国际上西安至欧亚等地开设 15 条运输线路，与澳大利亚、美国等国家无缝对接，通达丝绸之路沿线国家及欧亚大陆全境。“长安号”的高质量开行，有助于形成全网物流体系，将西安从内陆腹地推到开放的前沿。

11. 2　陕西基本实现现代化开放战略支持的路径

11. 2. 1　陕西现代化开放的发展路径

（1）完善自贸区发展，促进贸易开放

在国际贸易与投资新规则向更高标准、更高层次的服务贸易和跨境投资转变的背景下，自贸区的主要任务之一即完善自贸区发展，探索中国对外开放的新路径。

中国（陕西）自由贸易区总体方案提出，通过自贸区高端产业集聚，促进西部地区优化现代服务业、先进制造业和战略性新兴产业布局，创新区域经济合作模式。陕西自贸试验区各个片区将立足自身定位和优势产业，不断探索制度创新，促进投资贸易便利化，为陕西发展注入更多动能。陕西自贸试验区西安高新区功能区积极发展战略性新兴产业和高新技术产业，努力建设“一带一路”创新之都；西安国际港务区片区要加快建设“一带一路”国际中转内陆枢纽港和开放型金融产业创新高地，打造国际文化体育交流新平台；杨凌示范区片区应以农业科技创新和示范推广为重点，打造“一带一路”现代农业国际合作中心。

随着自贸区建设的深入，国际化、法治化、便利化的营商环境日渐完善，越来越多的国际咨询服务机构进入陕西布局，它们将引入更多的国际经验和国际资源，并通过整合落地服务于陕西经济的开放与产业发展，成为助推陕西贸易开放、经济发展的重要助力。

（2）深化共建“一带一路”，助力门户经济

在“一带一路”倡议下，陕西应积极推进核心区建设，高标准建设自贸试验区，发挥科教与人文优势，成为向西开放、向东集散、辐射“一带一路”的经济和文化门户。

通过成功举办丝博会、欧亚经济论坛、西安丝绸之路国际旅游博览会、丝绸之路国际电影节等活动，陕西与“一带一路”沿线国家及地区之间互通互动和交流交往不断加深。作为古丝绸之路起点和新亚欧大陆桥的重要枢纽，陕西企业更要积极“走出去”与世界各国进行政策、规划对接，打造利益共同体。

陕西高校要迈出国门，主动搭建起“一带一路”高等教育“朋友圈”，让高等教育真正面向世界。陕西省出台的《陕西省“一带一路”建设2017年行动计划》中，明确要求加强影视和版权领域合作，译制一批反映当代陕西的精品出版物和精品影视剧，形成一系列与“一带一路”建设配套的文化产品。陕西的电影、电视剧作品应不断挖掘自身丰厚的文化底蕴，在传承与创新中，以文化交流为媒介，打开民心相通之门。文化是个富矿，要创新方式方法，逐步打造陕西优秀文化“走出去”的平台和载体，打造面向世界的“一带一路”文化高地。

陕西将持续推进“一带一路”建设，高标准建设自由贸易试验区，实行高水平的贸易和投资自由化、便利化政策，切实发挥向西开放、向东集散、辐射全国的门户作用。

（3）推进国际航空枢纽建设，助推物流经济

2018 年，西安咸阳国际机场年货邮吞吐量突破 30 万吨大关，达到 31.3 万吨，同比增长 20.3%，货量排名升至全国第 13 位，较 2017 年提升 1 位，同时创下在全国十大机场单月增速连续 6 个月排名第一的纪录。陕西要依托自身优势，大力发展航空物流，实现跨越式发展。形成以西安为中心，辐射西部乃至“一带一路”的现代物流新经济走廊。

从不沿边、不靠海到建设国际航空枢纽，陕西要坚持以航空市场为主战场，聚焦转型升级，做大货邮总量，探索出一条航空物流业高质量发展之路。要建立民航发展领导小组，从顶层设计和体制机制方面全力推进空中丝路建设，让空港新城通过与西部机场集团的互动合作，进一步推动“港城”合作。

随着国家深入推进“一带一路”建设，陕西航空运输已迈入高速发展期。借此良机，陕西要以西安咸阳国际机场为核心，加速构建国际航空枢纽，着力推动形成航空带动、陆空互动、多式联运的综合交通体系，力争将西安打造成国际性重要枢纽城市。下一步，西部机场集团航空物流公司要抢抓机遇，持续优化发展环境，全面延伸服务链条，搭建服务平台，全力吸引航空物流要素聚集，加速繁荣航空物流经济。

（4）加快综合保税区建设，强化口岸开放

产业优先，联动发展，优化服务。陕西将坚持产业优先，大力发展新模式、新技术、新产业，引进深度融入国际产业链、价值链、供应链的新项目，努力打造具有陕西特色和国际竞争力的海关特殊监管区域。同时将突出联动发展，完善“区港联动”“区区联动”机制，加快实现综合保税区与自贸试验区、经开区、高新区政策互动，释放叠加效应，更大程度激发市场活力和社会创造力；持续优化服务，加快推进海关、税务、工商、商务等“一站式”政务服务平台建设，推动物流、金融等配套服务机构入

驻，实施人才引进和培养激励机制，完善生活配套设施，切实提高综合保税区承载水平和服务能力。

作为不临边、不临江、不临海的西安综保区，在发展过程中需要找准立足点，配合航空、铁路、高速公路等枢纽优势，充分与口岸联动，进行协同发展，以循环发展实现贸易多元化。主动构建更高水平的口岸开放平台，培育更具国际竞争力的营商环境，抓住新机遇，培育新业态，聚合新动能。强化口岸开放是综合保税区更好服务双循环的强劲动力。

11.2.2 陕西现代化开放的政策保障

（1）陕西现代化开放的金融保障

金融制度是经济社会发展中重要的基础性制度。区域经济的高质量发展要求建立开放包容的现代经济体系。打造陕西内陆金融改革开放高地，不仅要提升金融资源供给效率，也要探索构建现代经济金融制度，逐步健全现代金融体系，深入推进金融业“放管服”改革，改善金融机构公司治理，从制度层面推动现代化开放。

提升贸易投资便利化水平。推动“简政放权”，简化外汇业务办理流程。积极落实“放管服”要求，取消投资项下账户核准业务，整合并简化外债和市场项下账户，将外商直接投资和境外直接投资外汇登记业务改由银行办理。同时，取消外商直接投资和境外直接投资外汇年检，改为实行存量权益登记。取消涉及结售汇、境外投资、跨国公司资金集中运营等外汇管理证明事项。这些措施可以降低企业办理外汇业务的成本，增强市场主体的获得感、幸福感。

推动跨境人民币业务发展。一是推动建立“通丝路”平台。为小微企业提供出口贴现、打包贷款等贸易融资产品和全产业链解决方案，助力小微企业和农户“走出去”，打造“人民币网上丝绸之路”。二是创新推出“央行·跨境票据通”融资模式。这一模式使用央行再贴现工具降低跨境贸易融资成本，企业融资成本较短期贷款将下降3～4个百分点，打通货币政策工具支持“一带一路”的传导渠道，减少企业面临的汇率风险。三是建立跨境双向人民币资金池。开办跨境双向人民币资金池业务，实现人民币资金集中运营。

（2）陕西现代化开放的投资保障

建设高水平自由贸易试验区。推动“一带一路”建设和西部大开发战略的深入实施，在中国（陕西）自由贸易试验区范围内，依据《自由贸易试验区外商投资准入特别管理措施（负面清单）》，进一步减少或取消外商投资准入限制，提高开放度和透明度，加快政府管理改革创新，形成与国际投资贸易通行规则相衔接的制度体系，营造稳定、公平、透明和法治化、国际化、便利化的营商环境，努力建成投资贸易便利、高端产业聚集、金融服务完善、人文交流深入、监管高效便捷、法治环境规范的高水平自贸试验区，将自贸试验区建设成为陕西利用外资的重要载体。

推动国际合作园区建设。坚持“引进来”和“走出去”相结合，加强与“一带一路”沿线国家在高新技术、战略性新兴产业、金融、物流、教育、文化、科研、培训、农业等领域的合作。鼓励省级以上开发区创建国际产业合作园区，围绕特色产业形成外资项目聚集效应。对吸引外资居全省前列的园区，优先推荐升级。经过 3 ~ 5 年的培育，打造一批开放程度高、产业结构优、创新能力强，在国内外有一定知名度和较强竞争力的国际产业合作园。

加快境内外利用外资平台建设。用好丝博会暨西洽会、农高会、欧亚经济论坛等国际经贸合作平台，促进更大范围、更高质量的贸易投资合作。加强与友城的经贸合作，加快陕西海外商务代表处建设，进一步拓宽国际交流合作渠道。

（3）陕西现代化开放的制度保障

陕西现代化开放要更加注重促进制度保障，即通过贸易投资便利化、优化营商环境、加强知识产权保护等促进对外开放水平不断提升。

以外商投资法为代表的涉外法律法规，把握国际经贸规则的发展变化、适用条件和制度创新，注重与多边投资保护协定对接，完善多元化纠纷解决机制，充分体现制度的包容性。比如，在外资准入上，明确规定对外商投资实行准入前国民待遇加负面清单管理制度，落实负面清单以外的内外资待遇平等要求。2020 年 1 月 1 日，《外商投资法实施条例》正式施行，陕西应积极贯彻落实，为持续优化外商投资环境、推进更高水平对外开放提供更加精准细致、更具操作性的规则依据和制度保障。

制度保障以体系化、规范化、法治化的国内规则制度为依托，与先进的国际经贸规则体系有效衔接，服务于新一轮经济全球化，能够为陕西经济高质量发展提供动力。陕西应着力优化营商环境，推动规则、管理、标准等制度型开放，加强涉外法治建设、促进规则对接，为把握新一轮经济全球化机遇提供有利条件。

积极推进制度保障，充分释放制度红利和竞争优势，不断完善涉外法律法规体系，推动涉外法治建设走深走实，将进一步夯实陕西全面提高对外开放水平的制度基础。

（4）陕西现代化开放的公共保障

健全公共服务。找准切入点，大力推进结构性改革，通过发展数字经济、促进互联互通、完善社会保障措施等，建设适应未来发展趋势的现代产业结构、政策框架、管理体系，提升经济运行效率和韧性，努力实现高质量发展。抓住新技术、新产业、新业态不断涌现的历史机遇，营造有利市场环境，尊重、保护、鼓励创新。与此同时，我们要提倡国际创新合作，超越疆域局限和人为藩篱，集全球之智，克共性难题，让现代化开放成果得以广泛应用，不断满足人民日益增长的美好生活新需要。

进一步转变政府职能。深化“最多跑一次”改革，依法经批准将下放至地级及以上城市的省级管理权限下放至自贸试验区。按照“整体智治”现代政府理念，建设数字政府，完善“互联网 + 政务服务”“互联网 + 监管”体系，加快政府数字化转型，健全事中事后监管服务，完善中央与地方信息共享机制，促进市场主体管理信息共享。深化资源要素市场化改革，开展国家级改革试点，推动土地、能源、金融、数据等资源要素向自贸试验区倾斜。完善外国人来华工作许可制度和人才签证制度区内配套措施。探索取消施工图审查（或缩小审查范围）、实施告知承诺制和设计人员终身负责制等工程建设领域审批制度改革。

坚守底线。牢固树立总体国家安全观，强化底线思维和风险意识，切实加强自贸试验区风险防控体系建设，完善风险防控和处置机制，维护国家安全和社会安全，牢牢守住不发生区域性系统性风险底线。陕西和有关部门要依法及时下放相关管理权限，完善配套政策，确保各项改革举措落地实施。要加强自贸试验区既有区域和扩展区域的联动发展、融合发展，既有区域和扩展区域各项政策措施可叠加适用。自贸试验区各片区要把工作做细，制度做实，严格监督，严格执纪执法。

11.3 未来15年陕西基本实现现代化开放战略支持的趋势预测

11.3.1 实施贸易多元化战略，推动外贸外资优化升级

实施对外贸易多元化战略，提升一般贸易出口产品附加值，实现加工贸易产业升级和服务贸易创新发展，推动外贸外资优化升级。深化巩固欧美、日韩等传统市场，以“一带一路”沿线为重点，积极开拓东南亚、中东欧、中亚南亚西亚等新兴市场。加快建设国家外贸转型升级基地、西安国际港务区进口贸易促进创新示范区及西安、延安跨境电商综合试验区，积极创建国家加工贸易产业转移承接示范地，深化西安、西咸新区服务贸易创新发展试点。

实施贸易投资融合工程和中小外贸企业孵化工程，加快外贸综合服务平台和国际营销服务体系建设，完善“走出去”一站式服务平台功能。实施外商投资准入前国民待遇加负面清单管理制度，推进金融、教育、文化、医疗等服务业领域开放，加强外商投资促进和保护，保障内外资企业公平竞争。

完善外商投资法治环境，增强外商长期投资经营的信心；坚定不移地扩大开放，增强外商长期投资经营的决心；鼓励消费新模式和新业态，以增强外商长期投资经营的定力。

11.3.2 深度融入城市群发展，筑基内陆改革开放高地

陕西利用内陆地域纵深广阔、人力资源丰富、产业基础较好的优势，依托长江中游城市群、成渝城市群、中原城市群等重点区域，推动要素有序自由流动、资源高效配置、市场深度融合、产业集聚发展，让内陆腹地更好“动”起来、“活”起来、“热”起来，把发展的巨大潜力与强大动能激发出来。对此，内陆地区要承担起新时代赋予的新使命，将自身发展积极融入国家战略，加快打造内陆改革开放高地。

打造内陆改革开放高地，要进一步冲破观念束缚、打破利益藩篱，坚持全面深化改革不动摇，特别是要突出基础性、根本性、全局性，抓住重点领域和关键环节，推动一批牵引性大、穿透力强、精准度高的改革举措切实落地，以“一子落”带动“满盘活”；要切实发挥内陆自由贸易试验区“改革开放排头兵、创新发展先行者”的重要作用，以制度创新为核心，在构建开放型经济新体制、内陆开放型经济发展新模式和建设法治化、国际化、便利化营商环境等方面，率先挖掘潜力、破解难题；要不断拓展开放的范围和层次，关键是要深度融入共建“一带一路”大格局，加快形成面向中亚南亚西亚国家的通道、商贸物流枢纽、重要产业和人文交流基地，构筑内陆地区效率高、成本低、服务优的国际贸易通道，为我国形成陆海内外联动、东西双向互济的开放格局提供有力支撑。

11.3.3 强化开放大通道建设，形成国际商贸物流枢纽

高基础设施通达度、通畅性和均等化水平，推动绿色集约发展。加强横贯东西、纵贯南北的运输通道建设，拓展区域开发轴线。强化资源能源开发地干线通道规划建设。加快西安至银川的项目实施，争取尽快全面开工西安至延安、西安至十堰以及西安至安康、延安至榆林等高速铁路项目，着力推进西安至法门寺、西安至韩城等四条城际铁路等重大工程规划建设。注重高速铁路和普通铁路协同发展，继续开好多站点、低票价的“慢火车”。打通断头路、瓶颈路，加强扶贫通道和旅游交通基础设施建设。加强综合客运枢纽、货运枢纽（物流园区）建设。完善国家物流枢纽

布局，提高物流运行效率。加强航空口岸和枢纽建设，扩大枢纽机场航权，积极发展通用航空。

加快推进“2367”（两环三纵六辐射七横）高速公路网、“米”字形高速铁路网建设。努力打造“国际运输走廊”和“国际航空枢纽”。积极发展多式联运，加快铁路、公路与港口、园区连接线建设。强化铁路通道运输能力和港口集疏运体系建设。

依托大数据、“互联网 +”，融合共享信息化系统，提升现代化管理水平。构建陆海联运、空铁联运、中欧班列等有机结合的联运服务模式和物流大通道。支持在西部地区建设无水港。优化中欧班列组织运营模式，加强中欧班列枢纽节点建设。进一步完善口岸、跨境运输和信息通道等开放基础设施，加快建设开放物流网络和跨境邮递体系。

11.3.4 构建多层次开放平台，打造人文交流开放基地

形成多层次开放，推动各类资源要素有机结合、合理流动、高效配置。抢抓“一带一路”人文交流基地建设，全力打造具有国际影响力的创新高地、人才高地和产业高地，为共建“一带一路”贡献陕西方案。在发展更高层次的开放型经济上走在前列，初步建成高品质产品产销基地和高质量外资集聚地、高水平对外投资策源地、高层次人才创业地。

国家要通过自贸试验区这个改革开放的平台，引领和带动西部地区协同创新、协同发展，深化与“一带一路”沿线国家的经济合作与人文交流。陕西要有所作为，就要探索经济合作和人文交流新模式。自贸试验区的设立无疑对陕西构建多层次开放平台，推进国际经济合作和人文交流，吸引国内外优质资源和高端产业聚集提供了千载难逢的发展机遇。陕西自贸试验区将陕西厚重的文化积淀与现代科技创新相结合，通过与“一带一路”沿线国家及地区在文物修复、文化创意产业、现代农业发展等方面开展深入合作，进行“文化 + 科学”品牌建设，今后要让文化创意产业成为陕西经济发展的重要支柱，打造人文交流开放基地。

12 陕西基本实现现代化的生态环境战略支持

党的十九大报告中明确了中国特色社会主义进入新发展阶段的历史定位，提出了二〇三五年基本实现社会主义现代化的远景目标。随着我国主要矛盾的转变，现代化的衡量标准已不再是单纯的经济增长，而是五大发展理念的有机互动和“五位一体”战略的整体推进。生态文明建设作为我国现代化治理能力的重要表现之一，已纳入中国特色社会主义事业总体布局，要求始终坚持“绿水青山就是金山银山”的理念，促进经济社会发展全面绿色转型，推动人与自然和谐共生。在国家现代化建设和生态文明建设的新时期，陕西把握自身发展现实、顺应国家发展大势，追赶超越取得了一系列重大成就的同时，依然面临高质量发展基础不稳固、创新潜能释放不充分、环境经济发展不协调等亟待解决的重大问题。在共建“一带一路”、新时代推进西部大开发形成新格局、黄河流域生态保护和高质量发展等重大政策红利加速释放的重要节点，“十四五”时期是陕西攻坚克难，解决重大问题的关键时期，也是全省巩固发展局面，走好现代化之路、实现高质量发展的重大机遇期①。基于此，研究陕西基本实现现代化的生态环境战略支持，有利于认清发展形势、把握发展规律，解决发展中生态环境保护与社会经济发展不协调的问题，助推陕西基本实现现代化。

---

① 资料来源：2021 陕西省政府工作报告，https://www.askci.com/news/zszc/20210222/0950121364001.shtml。

12.1 2019—2020年陕西基本实现现代化的生态环境战略支持态势

12.1.1 陕西基本实现现代化的生态环境战略

“十三五”时期，陕西深入践行“两山论”理念，坚持节约资源和保护环境基本国策，推动生态保护系统化、环境治理精细化，在生态文明建设方面取得了众多成就。陕西生态环境战略可以分为生态保护战略和环境治理战略两个层面。

（1）陕西生态保护战略的构成

严守生态保护红线，有效保护秦岭生态环境。“十三五”时期，陕西严格落实习近平总书记来陕重要讲话精神，制定实施《陕西省秦岭生态保护总体规划》《陕西省秦岭生态保护条例》等政策文件，依法依规推进秦岭生态环境保护。深刻吸取秦岭北麓西安境内违建别墅教训，定期开展联合执法，加大秦岭地区生态环境保护执法力度，持续解决秦岭区域突出环境问题。完善秦岭生态环境保护红线制度，不断加强生态环境保护监管工作，有序推进秦岭区域生态环境治理与恢复。持续加强秦岭自然保护区生物多样性保护监管，开展生物多样性调查、观测与评估工作①。

统筹山水林田湖草沙系统治理，扎实推进黄河流域生态保护。“十三五”时期，陕西严格按照“治理黄河，重在保护，要在治理”的要求，统筹山水林田湖草沙系统治理，持续推进小流域综合整治以及渭河、泾河等重要支流的防洪治理、固沟保塬、坡耕地治理和淤地坝建设。全面推行河湖长制，实现省、市、县、乡四级并延伸到村级河湖长全覆盖，同时，设立河（湖）警，全省形成了“河长湖长+河警湖警+河督察”实践模式。

---

① 资料来源：陕西多项措施加强秦岭生态环境保护，http://sthjt.shaanxi.gov.cn/dynamic/zhongs/2021-01-21/66629.html。

推动河湖“清四乱”常态化规范化，持续推动示范河湖创建工作①。

倡导绿色发展理念，加快推进全域绿色循环发展。在陕北，毛乌素沙地即将从陕西版图“消失”，书写了生态奇迹。陕北地区巩固“三北”防护林、“天然林保护”、“退耕还林还草”等重大生态工程成果，深入推进国土绿化行动。榆林以年 1.62% 的荒漠化逆转速率，不断缩小毛乌素沙漠面积，林木覆盖率由新中国成立之初的 0.9% 提高到 34.8%，陕西绿色版图向北推进了 400 多公里。在关中，开展区域大气污染联防联控，蓝天日益增多，群众幸福感不断攀升。关中地区全面实施蓝天保卫行动计划，出台了一系列法规政策措施，构建汾渭平原区域联防联控机制，推动关中地区生态环境质量不断好转。在陕南，“绿色循环”成为发展主题词，人们从“绿水青山”里挣出了“金山银山”。陕南立足资源禀赋，培育壮大特色现代农业，推进工业转型升级，大力发展现代服务业，加强创新驱动、人才支撑和城镇规划建设管理，推进产业生态化和生态产业化，努力实现陕南高质量发展。

（2）陕西环境治理战略的构成

统筹推进区域大气污染联防联控，铁腕推进蓝天保卫战。“十三五”期间，陕西制定落实《陕西省铁腕治霾打赢蓝天保卫战三年行动方案（2018—2020 年）》《陕西省重污染天气应急预案（修订补充版）》等配套文件，为打好蓝天保卫战提供政策支撑。坚持铁腕治霾，切实加强“散乱污”企业综合整治与散煤整治，提升治霾效率；坚持协同治霾，不断推进汾渭平原大气污染联防联控，调动社会各界保护大气环境积极性，推动形成万众一心护蓝天的社会氛围②。

开展重点流域整治，着力打好碧水保卫战。“十三五”期间，陕西开展重点流域整治，对无延河、无定河、北洛河、仕望河、清涧河等流域进

① 资料来源：我省扎实推进黄河流域生态保护，http://sthjt.shaanxi.gov.cn/dynamic/zhongs/2020-11-27/62157.html。

② 资料来源：陕西省蓝天保卫战 2020 年工作方案，http://sthjt.shaanxi.gov.cn/standard/policy/2020-06-19/56204.html。

行专项调研，制订达标方案。加强预警约谈力度，对河流污染严重流域内的政府主要负责人进行约谈。开展入河入湖排污口排查整治，对全省范围内的全部入河入湖规模以上排污口开展排查，并对规模以下入河排污口同步调查。印发《陕西省集中式饮用水水源地环境保护专项行动方案》《关于开展县级及以上地表水集中式饮用水水源地环境问题排查整治的通知》，安排部署水源地专项整治工作。对城市建成区黑臭水体专项督查，建立黑臭水体台账，逐个销号，并向社会公布，接受群众监督①。

强化土壤环境风险管控和治理修复，扎实推进净土保卫战。“十三五”期间，陕西深化土壤污染调查，掌握重点行业企业用地中污染块的分布以及环境风险情况。完成耕地分类划定，实施耕地分类管理，将符合条件的耕地划分为永久基本农田，实行永久保护；加强土壤源头管控，实时公布土壤污染重点企业名录，在矿产资源开发集中区域严格执行重点污染物排放限值与重金属污染物的排放标准，严格落实土壤污染防治法律法规；开展土壤污染治理，推进潼关区污染防治先行区建设和受污染农用地土壤污染治理与修复技术应用项目试点②。

持续开展农村人居环境整治行动，不断推进美丽乡村建设。“十三五”期间，陕西严格落实《陕西省农村人居环境整治三年（2018—2020 年）行动方案》，依规开展农村人居环境整治。抓好农村生活垃圾治理专项行动，建立合理生活垃圾运收处置体系；推进农村生活污水治理专项行动，治理农村黑臭水体，开展重点地区污水整治，推进农村饮用水水源地保护；推进农村“厕所革命”专项行动，对农村公厕科学规划、合理布局。开展“三清一改”活动，推进农村村容村貌提升③。

---

① 资料来源：我省多措并举全力打好碧水保卫战，http://sthjt.shaanxi.gov.cn/zfxxgk/water/20201130/62761.html。

② 资料来源：《陕西省净土保卫战 2020 年工作方案》，http://sthjt.shaanxi.gov.cn/mlsqqmxd/tjxw/2020-07-02/56623.html。

③ 资料来源：“五大行动”推进农村人居环境整治，http://sthjt.shaanxi.gov.cn/dynamic/zhongs/2019-02-19/37971.html。

12.1.2 2019—2020 年陕西生态保护与环境治理取得成效

（1）2019—2020 年陕西生态保护取得成效

通过实施一系列生态保护措施，“十三五”期间，陕西生态环境状况不断改善。森林资源数量大，森林面积达 1.33 亿亩，森林覆盖率为 43.06%，森林蓄积量由 2015 年的 4.79 亿立方米增长至 2019 年的 5.1 亿立方米，呈现数量不断增长，质量稳步提升，效能不断增强的良好态势。退耕还林全国领先，自 1999 年陕西开展退耕还林试点以来，累积退耕还林还草 4309.7 万亩，其中，退耕地还林还草 1867.5 万亩，占全国 9%，居全国第一[①]。水土流失治理成效显著，2019 年，陕西累计治理水土流失面积 803.99 万公顷，水土流失治理速度居于全国前列。土地沙化治理成效显著，沙化面积缩减 10 万公顷，沙区初步形成了沙漠治理产业化、产业发展促治沙的发展体系，使得陕西绿色版图向北推进 400 公里。秦岭生态环境质量显著好转，2019 年秦岭优良等级面积超过 96%，植被覆盖持续上升，东北部部分地区改善幅度达 30% 以上；土壤湿度逐年增加，秦岭中部和南部部分地区增幅达 50%[②]。2015—2019 年，陕西主要生态资源总量如图 12-1 所示。

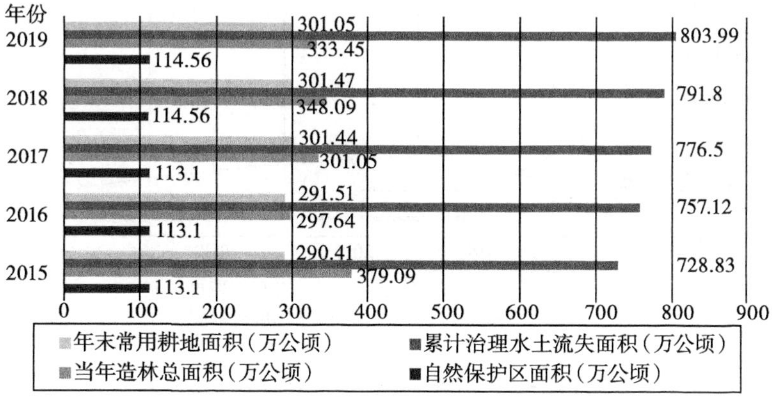

图 12-1 2015—2019 年陕西主要生态资源总量

① 资料来源：陕西森林面积 1.33 亿亩覆盖率 43.06%，http://sn.ifeng.com/a/20190930/7748655_0.shtml。

② 资料来源：陕西生态环境质量持续向好，http://news.cnwest.com/sxxw/a/2020/10/28/19224992.html。

（2）2019—2020 年陕西环境治理取得成效

“十三五”期间，全省空气质量逐步提升，与 2015 年相比，2019 年空气质量综合指数改善 19.8%。主要河流水质持续改善，2019 年，50 个国考断面Ⅰ－Ⅲ类水质比例为 77.6%，水质要求优于国家考核目标 7.6 个百分点，无劣Ⅴ类断面，优于国家考核目标 2 个百分点①。主要污染物排放量不断削减，2019 年全省化学需氧量、氨氮、二氧化硫、氮氧化物排放量分别较 2015 年下降 11.43%、10.47%、19.41%、14.32%②（见图 12－2）。工业“三废”中，工业废水排放量削减幅度较大，由 2015 年的 37729.95 万吨下降至 2019 的 23937.45 万吨，下降幅度达 36.56%；工业废气排放量和一般工业固体废弃物排放量均呈现递增趋势，相比而言，工业废气排放量增加幅度较小，为 9.1%，若将经济增长因素考虑在内，说明工业废气排放得到一定控制，扭转了大气污染加剧的势头；而一般工业固体废弃物生产量增加幅度较大，与 2015 年相比增加 24.7%，说明工业企业在生产过程中清洁生产水平不足，生产完成后，固体废弃物综合利用效率不高，这方面仍有待加强（见图 12－3）。

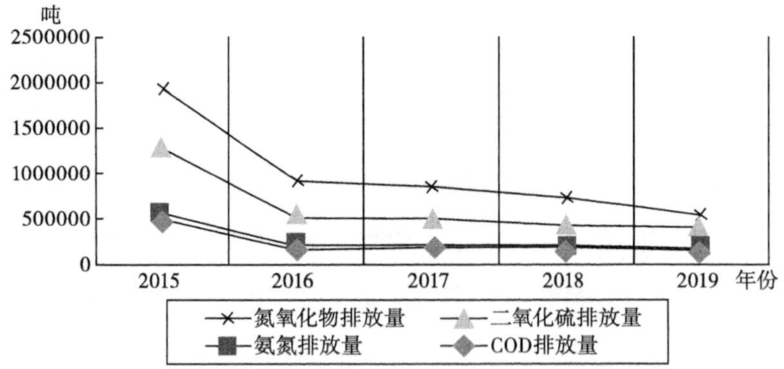

图 12－2　2015—2019 年主要污染物排放量

---

① 资料来源：2019 陕西省生态环境公报，http://hb.yl.gov.cn/show.jsp? article_id = 09b094abea8c4e5b964ae84b4e7a70fd。

② 资料来源：陕西生态环境质量持续向好，http://news.cnwest.com/sxxw/a/2020/10/28/19224992.html。

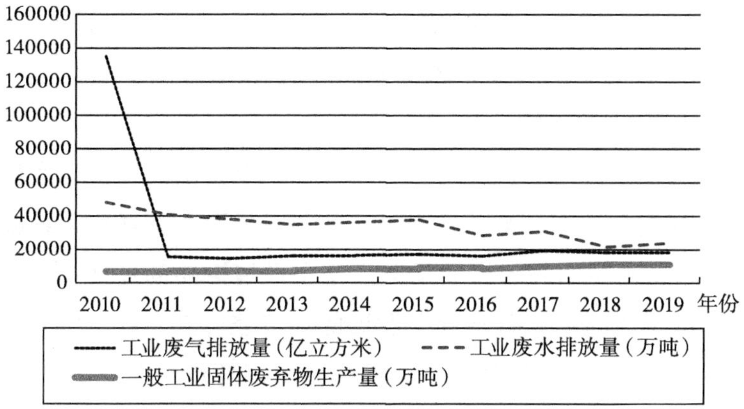

图 12－3 工业“三废”排放量情况

12.2 2019—2020 年陕西基本实现现代化生态保护与环境治理战略的实施绩效

《陕西省国民经济与社会发展第十四个五年规划》中明确指出，生态环境质量显著提升既是陕西“十四五”时期经济社会发展的目标，也是陕西 2035 年基本实现现代化目标之一，要秉持绿色发展，倡导绿色消费，不断促进生产生活方式绿色转型，进一步推动生态保护系统化、环境治理精细化，构建科学、高效的现代化生态环境监管体系。生态环境绩效测度是判断地区生态环境质量优劣的重要手段。“绩效”源于管理学概念，是成绩和成效的综合，是工作效率与效能的一种评估方式①。随着环境问题的突出，企业将环境管理纳入经营体系，环境绩效评价逐渐受到关注②。生态环境绩效评价的理论研究成果主要体现在生态环境绩效内涵和生态环境绩效评价研究等方面③。

---

① 孟雪，狄乾斌，季建文．京津冀城市群生态绩效水平测度及影响因素［J］．经济地理，2020，40(1)：181－186，225.

② 陈璇，淳伟德．环境绩效、环境信息披露与经济绩效相关性研究综述［J］．软科学，2010，24(6)：137－140.

③ 胡曲应．环境绩效评价国内外研究动态述评［J］．科技进步与对策，2011，28(10)：156－160.

当前学术界对生态环境绩效的内涵尚未达成共识。曹东等①认为生态环境保护绩效的实质是生态环境保护目标的实现程度或人们在生态环境质量改善方面所取得的成绩；俞雅乖等②认为，生态环境绩效是社会总产出与生态环境影响的相对比值，其中生态环境影响是指在社会生产生活过程中产生的污染物使生态环境承载能力被削弱并导致生态环境系统稳定性降低；黄磊等③认为生态环境绩效是考虑生态环境影响的经济、社会、环境综合效益，其内涵应包含经济社会发展的环境兼容性、社会生产生活的清洁度与绿色发展的增长潜力等三个维度，生态环境绩效是对生态环境质量、生态效率与绿色全要素生产率的全面反映。

现有文献对生态环境绩效的评价方法主要有两种：一种是基于 DEA 模型的生态环境保护的绩效评价，如马育军等④基于 DEA 模型对江苏省苏州市的区域生态环境建设绩效进行了评价，结果表明苏州市 10 年来生态环境建设总体而言绩效良好，DEA 有效年份占 30%，弱有效年份占 20%，无效年份占 50%。孟雪等⑤基于改进的 DEA 模型对京津冀城市群生态绩效水平进行了测度，结果表明京津冀城市群生态绩效水平较高的地区主要贴近沿海地区分布，区域差异较明显。另一种是构建评价指标体系，采用主成分分析法、层次分析法和空间关联分析等方法对区域生态环境绩效进行测度。如卢子芳等⑥利用主成分分析法降维，分别运用 SBM 模型和全要素生产率（TFP）指数对江苏省 13 个地市 2007—2016 年的生态环境治理绩效进行静态和动态分析，结果显示江苏平均生态环境治理绩效值仅为 0. 72，

---

① 曹东，宋存义，曹颖，曹国志，李万新．国外开展环境绩效评估的情况及对我国的启示［J］．价值工程，2008（10）：7－12.

② 俞雅乖，刘玲燕．我国城市环境绩效及其影响因素分析［J］．管理世界，2016（11）：176－177.

③ 黄磊，吴传清．长江经济带生态环境绩效评估及其提升方略［J］．改革，2018（7）：116－126.

④ 马育军，黄贤金，肖思思，王舒．基于 DEA 模型的区域生态环境建设绩效评价——以江苏省苏州市为例［J］．长江流域资源与环境，2007（6）：769－774.

⑤ 孟雪，狄乾斌，季建文．京津冀城市群生态绩效水平测度及影响因素［J］．经济地理，2020，40（1）：181－186，225.

⑥ 卢子芳，邓文敏，朱卫未．江苏省生态环境治理绩效动态评价研究——基于 PCA－SBM 模型和 TFP 指数［J］．华东经济管理，2019，33（9）：32－38.

整体有待改进。孟旭彤等[①]利用层次分析法对河北省北部山区农村生态环境治理及绩效进行了评价，结果发现该地区农村经济发展已达到一定水平，但生态环境、生态保护等仍有待提高。梁星等[②]基于空间关联分析对山东省自然资源的生态绩效进行了评价，结果显示2014年山东省资源环境绩效较高的地区集聚在烟台、威海和青岛地区。

本章认为生态环境绩效是一种考虑经济发展、生态保护和环境治理的综合效益，是涵盖生产、生活、消费以及监管四个维度对生态环境的影响得出的综合绩效。在此基础上，本章认为陕西实现现代化的生态环境绩效的内涵应包含生产方式绿色化、生活方式绿色化、消费方式绿色化和监管体系现代化四个维度，因此从生产、生活、消费以及监管体系四个方面来测度陕西基本实现现代化生态环境绩效。

12.2.1 指标体系构建

本章选取生产方式绿色化、生活方式绿色化、消费方式绿色化和监管体系现代化四个维度作为陕西基本实现现代化的生态环境绩效评价体系的准则层，参照《生态环境状况评价技术规范》《国家重点生态功能区县域生态环境质量考核办法》和相关研究，结合《陕西省统计年鉴》（2010—2020）、《中国统计年鉴》（2010—2020），遵循数据可靠性、典型性和科学性等原则，分别选取准则层对应的指标层因子，得到陕西基本实现现代化的生态环境绩效评价指标体系（见表12-1）。

---

① 孟旭彤，宋川．河北省北部山区农村生态环境治理及绩效评价[J]．中国农业资源与区划，2018，39(10)：57-61.

② 梁星，刘杨东涵．基于空间关联分析的自然资源生态绩效评价——以山东省为例[J]．会计之友，2017(18)：30-34.

表 12－1　陕西基本实现现代化的生态环境绩效指标体系

目标层	准则层		指标层	指标属性	单位
陕西基本实现现代化的生态环境战略支持	生产方式绿色化	X1	每万元工业总产值能源消耗量	逆向	吨标准煤/万元
		X2	工业废气排放量	逆向	亿立方米
		X3	工业二氧化硫排放量	逆向	吨
		X4	工业废水排放量	逆向	吨
		X5	工业用水总量	逆向	亿立方米
		X6	一般工业固体废弃物生产量	逆向	吨
		X7	一般工业固体废弃物综合利用量	逆向	万吨
		X8	第三产业贡献率/%	正向	
	生活方式绿色化	X9	城市污水处理厂集中处理率/%	正向	
		X10	城市生活垃圾无害化处理率/%	正向	
		X11	城市燃气普及率/%	正向	
		X12	城市集中供热面积	正向	万平方米
	消费方式绿色化	X13	能源消费总量	正向	万吨标准煤
		X14	人均水资源量	正向	立方米/人
		X15	人均日生活用水量	逆向	升/人
		X16	私人汽车拥有量	正向	辆
		X17	能源消费弹性系数	逆向	—
		X18	全省用电量总计	逆向	亿千瓦时
	监管体系现代化	X19	完成环保验收项目环保投资	正向	万元
		X20	环境污染治理投资占 GDP 比重/%	正向	
		X21	工业污染治理完成投资	正向	万元
		X22	治理废水项目完成投资	正向	万元
		X23	治理废气项目完成投资	正向	万元
		X24	治理噪声项目完成投资	正向	万元
		X25	突发环境事件次数	逆向	次

12.2.2　指标说明

(1) 生产方式绿色化指标

生产方式绿色化是生态文明建设的基本内容和物质基础。它将空间、产业和区域进行联动，以市场化推进经济与环境的协调发展，形成和谐发展；打破传统的“先污染后治理”的生产方式，从生产的源头堵住污染，形成经济社会发展的可持续性，既能保证环境的适宜性，又能大力推进生产力发展，是一种积极惠民的生产方式①。

本章选取的生产方式绿色化的主要指标有：每万元工业总产值能源消耗量（吨标准煤/万元）、工业用水总量（亿立方米）、工业废气排放量（亿立方米）、工业废水排放总量（吨）、一般工业固体废弃物生产量（吨）、工业二氧化硫排放量（吨）、一般工业固体废弃物综合利用量（万吨）、第三产业贡献率（%）。其中每万元工业总产值能源消耗量（吨标准煤/万元）和工业用水总量（亿立方米）是生产中表征资源能源消耗的重要指标；工业废气排放量（亿立方米）、工业废水排放量（吨）、一般工业固体废弃物生产量（吨）分别表示当年全省工业“三废”的排放总量，是生产中表征环境污染的重要指标；工业二氧化硫排放量（吨）表示工业污染中二氧化硫这一污染物的排放总量，是表征环境污染的重要指标；一般工业固体废弃物综合利用量（万吨）是表征生产中资源再利用的重要指标；第三产业贡献率（%）表示第三产业增量占国内生产总值比重，是表征经济转型升级的重要指标。

（2）生活方式绿色化指标

生活方式绿色化是指在生活中尊重自然发展规律，以环保理念实现资源循环，保持良好的生活环境和生态平衡②。倡导生活方式绿色化可有效扭转生态危机，以低碳环保形式减少资源消耗和环境污染，有效节约资源和保护环境。

本章选取的生活方式绿色化指标有：城市污水处理厂集中处理率（%）、城市生活垃圾无害化处理率（%）、城市燃气普及率（%）、城市集中供热面积（万平方米）。其中，城市污水处理厂集中处理率（%）和城市生活垃圾无害化处理率（%）表示城市水污染和生活垃圾污染的处理

① 杨博，赵建军．生产方式绿色化的技术创新体系建设[J]．中国科技论坛，2016(10)：5－10.

② 武婵．生活方式“绿色化”的推进之路[J]．人民论坛，2018(35)：72－73.

效率；城市燃气普及率（%）与城市集中供热面积（万平方米）则表示城市清洁能源的使用情况。

（3）消费方式绿色化指标

消费方式绿色化即绿色消费。大力推动绿色消费对转变发展方式、生活方式以及改善生态环境质量具有非常显著的正向作用①。倡导绿色消费理念可以促使经济朝着绿色、低碳的环保节能方向发展，进而解决我国经济所面临的自然资源消耗严重这一问题，实现经济可持续发展。

本章选取的消费方式绿色化的主要指标有：能源消费总量（万吨标准煤）、能源消费弹性系数、人均水资源量（立方米/人）、人均日生活用水量（升）、全省用电量总计（亿千瓦时）、私人汽车拥有量（辆）。其中，能源消费总量（万吨标准煤）和能源消费弹性系数表示经济发展过程中能源消费情况；人均水资源量（立方米/人）、人均日生活用水量（升）和全省用电量总计（亿千瓦时）则表示人们日常生活中对水、电等资源的消耗总量；私人汽车拥有量（辆）则表示社会公众的绿色出行状况。

（4）监管体系现代化指标

2018年，《中共中央国务院关于全面加强生态环境保护 坚决打好污染防治攻坚战的意见》进一步明确了“改革完善生态环境治理体系”，并从生态环境监管体系、生态环境保护经济政策体系、生态环境保护法治体系、生态环境保护能力保障体系和生态环境保护社会行动体系五方面做出具体部署。可见，生态环境治理体系已成为推进生态文明建设、实现美丽中国目标的重要抓手，对其进行改革完善具有重要的理论与现实意义②。而生态环境监管体系作为生态环境治理体系的五大部署之一，发挥着十分重要的角色。

本章选取的监管体系现代化指标有：环境污染治理投资占GDP比重

① 任勇．“十四五”推动绿色消费和生活方式的政策研究[J]．中国环境管理，2020，12(5)：5-10.

② 资料来源：改革完善生态环境治理体系 助力美丽中国建设，https://www.sohu.com/a/287708476_115239。

(%)、工业污染治理完成投资（万元）、完成环保验收项目环保投资（万元）、治理废水项目完成投资（万元）、治理废气项目完成投资（万元）、治理噪声项目完成投资（万元）、突发环境事件次数（次）。其中环境污染治理投资占 GDP 比重（%）和工业污染治理完成投资（万元）表示当年陕西污染防治投资情况；完成环保验收项目环保投资（万元）则表示当年陕西环保项目投资情况；突发环境事件次数（次）则表示当年意外环境事件的发生次数，是表征监管能力的重要指标。

12.2.3 数据来源与说明

根据构建的陕西基本实现现代化的生态环境绩效指标体系结构，对2010—2019 年陕西基本实现现代化的生态环境绩效水平进行综合评价。本章所使用的数据均来自《中国统计年鉴》(2010—2020)、《陕西省统计年鉴》(2010—2020)、《陕西省国民经济与社会发展统计公报》(2010—2020)，陕西政府工作报告以及陕西生态环境部网站相关数据。

由于各个基础指标属性并不相同，可以分为正向指标和逆向指标。在本章陕西基本实现现代化生态环境绩效指标体系构建中，由于各评价指标的单位或量级存在着差异，为了更好地综合不同属性的基础指标，消除各指标量纲差异对评价结果的影响，在数据进行分析之前，应根据各具体指标的性质对原始指标数据做归一化处理①。其正向指标计算和逆向指标的计算公式为：

$$x^* = (x_{j\max} - x_{ij})/(x_{j\max} - x_{j\min})$$

其中，x_{ij}为逆向指标，x^*表示第 j 个指标归一化后的值，x_{ij}为第 j 个指标的原始值，$x_{j\max}$和 $x_{j\min}$分别表示第 i 个指标的最大值和最小值。x^*在（0，1）之间，x^*越大，表明生态环境绩效水平越高。

① 吴小节，杨书燕，汪秀琼，陈修德．城市生态文明发展进程的综合评价与预测——以广州市2000—2013 年纵向追踪数据为例[J]．资源开发与市场，2015，31(8)：904－908.

12.2.4 2010—2019 年陕西基本实现现代化的生态环境绩效测度结果

本章借助 SPSS 26.0 对上述构建的陕西基本实现现代化生态环境绩效指标体系应用主成分分析法分别进行各个维度的评价以及综合评价，为陕西基本实现现代化的生态环境支持路径提供支持。主成分分析法是一种通过变量变换将多个相关指标变量简化为少数不相关综合指标变量的多元统计方法，其在保证原始数据信息损失最小的前提下，经过线性变换和舍弃部分信息，以少数的综合变量取代原有的多维变量，既抓住了主要矛盾，又简化了评价工作①。本章进行主成分分析的具体步骤为：首先，检验原有变量是否有相关关系。本章通过检验生态环境绩效指标体系中的生产方式绿色化、生活方式绿色化、消费方式绿色化以及监管体系现代化四个维度的相关系数矩阵、KMO 和巴特利特检验，证明大部分变量的相关系数较高，各变量线性关系较为明显；KMO 均大于 0.61，在显著性水平为 0.05 时，p 值小于显著性水平，因而相关系数矩阵与单位阵有明显差异，原有变量适合主成分分析。其次，按照主成分分析法一般步骤计算出陕西各年生态环境绩效综合得分。其一般步骤为：①分别计算四个维度标准化后的样本相关矩阵 $\boldsymbol{R}$，并求 $\boldsymbol{R}$ 的特征值 λ_1，λ_2，…，λ_i；②计算累计贡献率，按累计贡献率≥85%的原则确定主成分数；③计算主成分的特征向量和表达式；④对 K 个主成分进行综合评价，计算主成分的合成变量。设 Z_i 代表第 i 个公因子（主成分）的因子得分，F_i 代表第 i 个主成分得分，λ_i 代表第 i 个公因子（主成分）对应的特征值。根据 SPSS 26.0 输出结果中的载荷图阵写出第 i 个公因子（主成分）的因子得分表达式：$Z = a_{1i}X_1 + a_{2i}X_2 + \cdots + a_{pi}X_p$，则第 i 个主成分得分表达式为：$F = \sqrt{\lambda_i}Z_i = a_{1i}\sqrt{\lambda_i}X_1 + a_{2i}\sqrt{\lambda_i}X_2 + \cdots + a_{pi}\sqrt{\lambda_i}X_p$。

利用上述分析步骤首先计算出 2010—2019 年陕西生产方式绿色化、生

① 冯利华．环境质量的主成分分析[J]．数学的实践与认识,2003(8):32－35.

活方式绿色化、消费方式绿色化以及监管体系现代化四个维度的各自得分，最后将四个维度综合起来分析 2010—2019 年陕西生态环境绩效综合得分（见表 12－2）。为了更直观、更形象地对陕西基本实现现代化的生态环境绩效进行评估，将生态环境绩效得分绘制成折线图进一步描述（见图 12－4）。

表 12－2　2010—2019 年陕西基本实现现代化的生态环境绩效得分

年份	生产方式绿色化		生活方式绿色化		消费方式绿色化		监管体系现代化		综合得分	排名
	得分	排名	得分	排名	得分	排名	得分	排名		
2010	－3.36	10	－3.48	10	1.92	1	0.01	3	－2.37	10
2011	－1.25	9	－1.81	9	1.82	2	－1.06	10	－1.30	9
2012	－0.90	8	－0.28	8	0.93	3	－0.37	6	－0.57	8
2013	－0.44	7	－0.21	7	0.44	4	2.28	1	－0.47	7
2014	－0.27	6	0.27	6	－0.08	6	1.33	2	－0.06	6
2015	0.21	5	0.50	5	0.04	5	－0.10	5	0.18	5
2016	0.35	4	0.65	4	－1.38	9	－0.50	7	0.74	4
2017	1.52	3	0.92	3	－1.00	7	－0.81	9	1	3
2018	2.09	1	1.45	2	－1.48	10	－0.70	8	1.43	2
2019	2.05	2	1.99	1	－1.21	8	－0.08	4	1.43	1

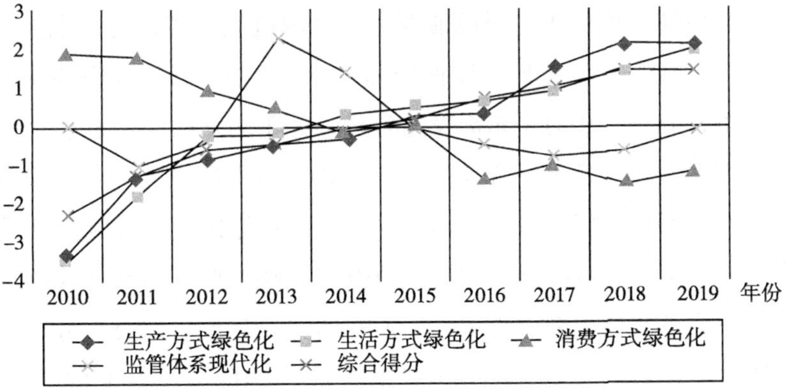

图 12－4　2010—2019 年陕西生态环境绩效

由表 12－2 可知，2010—2019 年陕西生态环境绩效综合得分由负转正，得分逐年提高，其中得分最低的年份是 2010 年（－2.37），得分最高的年份是 2018 年和 2019 年（1.43），图 12－4 中的“综合得分”展示了

2010—2019 年陕西省生态环境绩效综合得分逐年攀升的趋势。党的十八大将生态文明建设纳入中国特色社会主义总体布局，并将建设美丽中国作为社会经济发展的重要目标，陕西贯彻落实十八大精神，坚持“绿水青山就是金山银山”理念，提出美丽陕西战略，深入推进陕西生态文明建设。在国家政策的指引下，在全省人民的不懈努力下，“十二五”“十三五”期间，陕西生态环境质量不断好转，生态环境绩效综合水平逐步提高。

由表 12－2 可知，2010—2019 年陕西生产方式绿色化和生活方式绿色化综合得分逐年提高。其中，生产方式绿色化得分最高的年份是 2018 年（2.09），得分最低的年份是 2010 年（－3.36）；生活方式绿色化得分最高的年份是 2019 年（1.99），得分最低的年份是 2010 年（－3.48）。图 12－4 中的“生产方式绿色化”和“生活方式绿色化”清晰地显示了 2010—2019 年陕西生产方式绿色化水平和生活方式绿色化水平逐年递增的形势，这二者也是拉动陕西生态环境绩效逐年攀升的重要因素。与之相反，消费方式绿色化和监管体系现代化水平则呈现逐年递减的变化趋势。消费方式绿色化的综合得分由正转负，“十三五”期间综合得分均为负，且 2018 年得分最低（－1.48）。随着经济的发展，消费对资源能源的需求量会持续增加，陕西作为资源能源大省、制造业大省，这一点尤甚，“十二五”与“十三五”期间，陕西居民消费引致的综合能耗占能源消费比重不断增加，此外，相对于东部发达省份，处于内陆的陕西绿色消费观念淡薄，过度型、浪费型等不合理的消费方式依旧占据很大市场，这也导致消费引发的资源环境问题日益突出，这两方面的原因共同导致陕西消费方式绿色化水平低，发展缓慢。2010—2019 年，陕西监管体系现代化水平波动较大，呈先下降后上升、再下降后上升的“W”形，综合得分最高的年份是 2013 年（2.28），综合得分最低的年份是 2011 年（－1.06）。2012 年，党的十八大将生态文明建设纳入中国特色社会主义总体布局，标志着我国进入生态文明新时代。陕西积极响应十八大精神，先后出台“保卫蓝天”行动方案、渭河水污染防治行动计划等一系列政策措施。但 2013 年以后，陕西监管体系现代化水平持续走低，环保投资力度变化不大甚至减小，突发环境事件次数依旧维持较高水平，秦岭违建别墅备受社会关注，习近平总书记更是对秦岭违建别墅严重破坏生态问题和秦岭生态环境保护先后六次作出重要批示指示。“十三五”期间，陕西先后出台一系列生态环境保护政策，逐步加大环保投资力度，推进生态环境监管水平逐步向好。

12.3 陕西基本实现现代化的生态环境战略支持路径

陕西2021年政府工作报告以及政府工作会议均指出，“十四五”时期陕西经济社会发展的主要目标是推进经济建设、政治建设、文化建设、社会建设以及生态文明建设的总体布局，要以改善生态环境质量为前提，以满足人民日益增长的美好生活需要为目的，统筹经济发展与生态环境保护之间的关系，推动经济发展行稳致远、社会发展和谐稳定，生态环境质量显著提升，全面开启建设社会主义现代化新征程，奋力谱写陕西新时代追赶超越新篇章①。结合本章评价结果以及“十三五”期间陕西基本实现现代化的生态环境战略支持态势的分析，为进一步统筹陕西经济发展与生态环境保护的关系，助推陕西基本实现现代化，本章主要针对生产方式绿色化、生活方式绿色化、消费方式绿色化以及监管体系现代化的综合发展水平提出相应的政策建议。

12.3.1 推进生产方式绿色化的支持路径

相对于传统生产方式，生产方式绿色化是一种从思想意识到实践行为在统筹经济社会发展与生态环境保护问题上的一种提升，是生态文明建设的发展方向。推进生产方式绿色化：一是制定和完善生产方式绿色化的政策制度。制定绿色财税政策、完善绿色产业政策、发展绿色教育政策、实现绿色考核政策、引入绿色人才政策。二是推进生产方式绿色化的技术创新。推动工业企业采用清洁的生产技术，环保的生产设备和有效的生产方式，实现物质生产全过程的绿色化；促进农业绿色科技创新，加快推进农

① 资料来源：陕西省2021政府工作报告，http://www.shaanxi.gov.cn/zfxxgk/zfgzbg/szfgzbg/202102/t20210203_2151881.html。

业供给侧结构性改革，大力发展绿色现代农业；培育新兴产业发展新动能，增加绿色服务业供给。三是促进生产企业环境信息公开和公众参与度。完善企业环境信息公开制度，建立绿色 GDP 评价考核体系，激励社会公众约束企业环境行为，不断增加企业环境污染成本，促进生产企业削减污染，自发采取积极的环境对策。

12.3.2 推进生活方式绿色化的支持路径

倡导绿色生活方式，不仅能够为我国生态文明建设奠定坚实的社会和群众基础，而且也能够为实现生产方式绿色化改造提供持续需求①。推动生活方式绿色化，对于建设资源节约型、环境友好型社会的良好风气和社会氛围，具有重大的现实意义和深远的历史意义②。推进生活方式绿色化：一是加强生活方式绿色化的顶层设计。政府制订生活方式绿色化远期规划和年度工作计划，构建政府引导、市场响应、公众参与的运行保障长效机制。二是完善生活方式绿色化的设施配套，推动公众形成绿色生活方式。完善城市集中供水、供电、供气、供暖等居民日常生活设施；完善公共汽车、地铁、共享单车、共享电动车等绿色交通设施。三是加大宣传力度，增强绿色理念，营造绿色氛围。建立生活方式绿色化宣传联动机制，提高全民生态文明意识；开展绿色生活教育活动，增强公民道德约束力。

12.3.3 推进消费方式绿色化的支持路径

我国经济社会发展面临资源与环境压力不断加大的严峻现实，加快推进消费结构调整，构建与我国国情相适应的绿色消费模式，是我国生态文明建设的必然选择③，也是推进中国经济高质量发展的必经途径。推进消费方式绿色化：一是政府发挥调控作用，创造绿色消费环境。大力发展区

---

① 盛光华，高键．生活方式绿色化的转化机理研究——以绿色消费为视角[J]．西安交通大学学报(社会科学版)，2016，36(4)：8－16.

② 周宏春．以绿色消费引领生活方式绿色化——《关于加快推动生活方式绿色化的实施意见》解读[J]．环境保护，2015，43(24)：12－15.

③ 徐盛国，楚春礼，鞠美庭，石济开，彭乾，姜贵梅．“绿色消费”研究综述[J]．生态经济，2014，30(7)：65－69.

域经济，提高人民收入和生活水平，让消费者有绿色消费的物质能力；健全绿色产品认证标准，出台绿色产品管理法规，为规范绿色产品市场秩序提供法律依据；通过政策优惠、补贴、绿色采购、法律、税收等措施，扶持企业进入绿色产品生产的行列中。二是消费者转变消费观念，培养绿色消费理念，提高绿色消费能力。消费者主动提高绿色消费意识，树立绿色消费观念，主动选择绿色消费。三是企业树立绿色市场观念，优化绿色营销策略。利用绿色技术，发展绿色产品；进行绿色营销，鼓励适度消费，避免资源浪费。

12.3.4 推进监管体系现代化的支持路径

完善生态环境监管体系，推进环境治理体系和治理能力现代化是五大具体部署之一，而后者是推进绿色发展的重要途径，也是我国生态文明建设的战略选择，更是习近平生态文明思想的重要内容①。一是强化法制保障。贯彻落实《中华人民共和国环境保护税法》、“气十条”、“水十条”等环境保护相关法律法规，制定实施陕西蓝天、绿水、青山、土壤等保护法规与行动方案，推进法律规则完备化，推进监管体系系统化。二是强化技术支撑。加大环保科研投资力度，引入先进污染监测和处理技术，提高生态环境监管部门的服务能力。三是强化规划引领。以陕西第十四个五年规划纲要为依据，高质量编好陕西生态环境监管现代化规划，谋划好“十四五”时期陕西生态环境监管工作。

12.4 未来15年陕西基本实现现代化生态环境战略支持的趋势预测

本节在对2010—2019年陕西生态环境绩效评价的基础上对未来15年陕西基本实现现代化生态环境战略支持的趋势进行预测，以期明晰未来15年陕西生态环境发展态势。

---

① 王旭，秦书生．习近平生态文明思想的环境治理现代化视角阐释[J]．重庆大学学报（社会科学版），2021，27（1）：227－237.

12.4.1 趋势预测

从2010—2019年陕西生态环境绩效的综合评价可见，陕西历年生态环境绩效呈现不断上升的发展趋势，而此趋势表现为不规则的线性增加。本节运用GM（1，1）模型对未来15年陕西省基本实现现代化的生态环境绩效进行预测。GM（1，1）模型对于结构关系和运行机制不明晰的对象、过程系统进行预测分析具有独特优势①，其基本思想是通过鉴别系统因素之间发展趋势的相异程度进行关联分析，对原始数据进行生成处理来寻找系统变动的规律，在生成有较强规律性的数据序列基础上，建立相应的微分方程模型，预测事物未来的发展趋势②。

（1）模型建立③

对陕西2010—2019年历年生态环境绩效综合得分进行正向化处理，使其变为非负数列，并将正向化处理后的数列设为GM（1，1）模型的原始序列，即 $Y^{(0)} = \{y^{(0)}(1), y^{(0)}(2), \cdots, y^{(0)}(10)\}$，并对原始序列作一次累加生成新序列，即 $Y^{(1)} = \{y^{(1)}(1), y^{(1)}(2), \cdots, y^{(2)}(10)\}$，$Y^{(1)} = \sum_{j=1}^{k} y^{(0)}(j)(k = 1,2,\cdots,10)$。

对原始序列 $Y^{(0)}$ 做准光滑性检验。根据光滑性的计算公式：$\theta(k) = y^{(0)}(k)/y^{(1)}(k-1)$，得出光滑比计算值，如表12－3所示。由表12－3计算结果可知，$\theta(k+1)/\theta(k) < 1$，且当 $k>3$ 时，$\theta(k) < 0.5$，原始序列 $Y^{(0)}$ 满足非负准光滑性条件。从而，当 $k>3$ 时，$Y^{(1)}$ 满足准指数规律，故可以对 $Y^{(1)}$ 建立GM（1，1）模型。

表12－3 光滑比计算结果

$\theta(2)$	$\theta(3)$	$\theta(4)$	$\theta(5)$	$\theta(6)$	$\theta(7)$	$\theta(8)$	$\theta(9)$	$\theta(10)$
2.7	1.04	0.49	0.4	0.31	0.28	0.23	0.21	0.17

---

① 张琦. 县域农业生态环境质量动态评价及预测[J]. 农民致富之友,2017(6):279.

② 邓聚龙. 灰色系统基本方法[M]. 武汉:华中理工大学出版社,1987:74－106.

③ 王永哲,马立平. 吉林省能源消费碳排放相关影响因素分析及预测——基于灰色关联分析和GM(1,1)模型[J]. 生态经济,2016,32(11):65－70.

对 Y（1）作紧邻均值生成序 $W^{(1)} = \{w^{(1)}(2), w^{(1)}(3), \cdots, {}^{(1)}(2)(10)\}$，其中 $w^{(1)}(k) = \frac{1}{2}[y^{(1)}(k) + y^{(1)}(k-1)](k = 2, 3, \cdots, 10)$。

建立 GM（1，1）模型：$y^{(0)}(k) + aw^{(1)}(k) = b$。其离散解为：$\hat{y}^{(1)} = [y^{(0)}(1) - \frac{b}{a}]e^{-a(k-1)} + \frac{b}{a}(k = 2,3,\cdots,10)$，其中，$-a$ 为系数，b 为灰色作用量。设待估参数向量 $\hat{\gamma} = [a,b]^T$，由最小二乘法可得，$\hat{\gamma} = (B^TB)^{-1}B^TY$。其中，$B = \begin{bmatrix} -W^1\ (1) & 1 \\ -W^1\ (2) & 1 \\ \cdots & \cdots \\ -W^1\ (10) & 1 \end{bmatrix}$，$Y = \begin{bmatrix} y^{(0)}(2) \\ y^{(0)}(3) \\ \cdots \\ y^{(0)}(10) \end{bmatrix}$，

根据数据算得 $a = -0.102$，$b = 1.932$，$\hat{y}^{(1)}(k) = 19.526e^{0.102(k-1)} + 18.9(k = 2,3,\cdots,10)$ 显然，$-a < 0.3$，预测精度较高，所建立的 GM（1，1）模型可用于中长期预测。

根据上一步得出 $\hat{y}^{(1)}(k)$（$k = 2, 3, \cdots, 10$），分别计算出模拟还原值 $\hat{y}^{(0)} = \hat{y}^{(1)}(k) - \hat{y}^{(1)}(k-1)$。

（2）模型预测

由上述 GM（1，1）模型计算步骤可以预测 2020—2035 年陕西基本实现现代化的生态环境绩效，如表 12－4 所示。

表 12－4　未来 15 年陕西基本实现现代化的生态环境战略支持的趋势预测

年份	2020	2021	2022	2023	2024	2025	2026	2027
预测值	2.28	2.85	3.48	4.17	4.95	5.80	6.75	7.80
年份	2028	2029	2030	2031	2032	2033	2034	2035
预测值	8.96	10.25	11.68	13.26	15.01	16.95	19.09	21.47

由上述预测结果可知，未来 15 年陕西基本实现现代化的生态环境绩效综合得分均为正数，综合得分水平逐年提升，生态环境绩效逐年攀升。表明，随着经济发展水平的不断提高与陕西生态文明建设的不断推进，未来 15 年陕西生态环境质量将根本好转，人民对美好生活的追求将得到满足。

12.4.2 “十四五”时期陕西基本实现现代化的生态环境战略支持重点领域

2010—2019 年，陕西生产方式绿色化、生活方式绿色化水平均呈现逐年提高的趋势，而消费方式绿色化、监管体系现代化综合得分则呈现逐年降低的趋势，因此，“十四五”时期，陕西省基本实现现代化的生态环境战略支持重点领域应主要包含以下几个方面：

（1）推动农业绿色发展

陕西生态环境脆弱，水土流失面积占总土地面积的 2/3，而且化肥、农药、农业废弃物造成的农业面源污染问题突出。推进农业绿色发展既有利于保护水土资源环境与农产品质量安全，又有利于提高人民群众健康水平，全面推进农村生态文明建设。要以农业面源污染治理作为农业绿色发展的突破口，改变依靠资源消耗的粗放式经营方式，有效遏制农业面源污染和生态退化的趋势，努力增加绿色优质农产品和生态农产品供给数量。

（2）推动工业绿色发展

陕西作为资源型大省，经济发展模式呈现高投入、高消耗、高排放、高污染的“褐色”经济，传统的工业发展模式对地区生态环境造成了严重的破坏。推进工业绿色发展既有利于提高生产效益、增加经济产品价值，又有利于保护地区生态环境，满足人民对美好生活的追求。要加大绿色投资力度，破解工业绿色发展过程中的技术障碍；要充分利用信息化，实现工业化和信息化的紧密结合；要将工业与新能源、新材料等领域相结合，打造绿色环保产业价值链，推动工业结构生态化改造和工业生产体系绿色化建设。

（3）推动服务业绿色发展

“十三五”期间，陕西第三产业总体占比不断增加，但区域差异显著。大力发展现代服务业既是促进陕西经济绿色发展的重要举措，又是推进产业结构转型和发展方式转变的内在要求，对于陕西实现经济社会可持续发展具有重要意义。要坚持跨界融合、模式创新，促进现代服务业扩大规模、拓展空间、优质高效发展；要不断培育绿色金融、大数据产业、绿色物流等绿色发展新动能，推动其向专业化和价值链高端移动；大力发展绿色餐饮、绿色旅游，加强公益性、基础性绿色服务业供给。

（4）推动能源产业绿色发展

陕西能源储量丰富，煤炭产量全国第三，油气当量全国第一，能源产业占全省工业“半壁江山”。自“十三五”以来，陕西以重大工程、重大项目为引领，推动能源产业取得了新成就、迈上了新台阶，但面临全球能源供需格局的深刻调整以及倡导清洁能源利用的发展大势，陕西应推动能源生产和消费模式转变，促进能源发展质量、效率与动力变革，推动陕西能源由“黑”转“绿”。

13 陕西基本实现现代化的金融支持

习近平总书记在党的十九大报告中指出，要乘势而上开启全面建设社会主义现代化国家新征程，而金融作为现代经济社会发展的核心，实现现代化无疑离不开金融的支持。陕西作为丝路经济带的重要支点，拥有丰富的自然资源、历史资源以及区位优势，具有巨大的发展潜力。可以预期，陕西将于2035年基本实现社会主义现代化。本章将着重分析陕西金融支持实现现代化的态势，挖掘陕西基本实现现代化金融支持存在的问题，并提出陕西基本实现现代化金融支持的优化路径，以期对陕西省制定基本实现现代化金融支持方面的政策有所裨益。

13.1 2019—2020年陕西基本实现现代化金融支持的态势分析

13.1.1 陕西基本实现现代化金融支持的总体态势分析

2019—2020年，陕西积极贯彻落实十九大精神，加快经济、政治、文化、社会、生态全方位现代化建设进程，引导金融机构稳步加强基本实现现代化的资金支持，通过政策引领、结构调整、重点扶持等举措，推动金融支持全省基本实现现代化建设，不断形成西部大开发新格局。

从金融服务的供给侧看，银行主动作为，为现代化建设提供强力信贷支持。近五年来，陕西存贷款总额稳定增长，存款年均增速达7.0%，贷款年均增速为10.3%，截至2020年末陕西金融机构本外币各项存款余额达4.94万亿元，各项贷款余额3.92万亿元（见图13－1）。2020年，陕西银行秉承加大流动性、增强盈利性、保障安全性三原则，为省内民生建设、实体经济、特色项目提供信贷支持。如秦农银行在前期授信西安火车站改建项目的基础上新增投放 1295 万元贷款，累计发放 3.17 亿元贷款，确保施工高效推进，提升西安交通枢纽地位，凝心聚力迎接“十四运”；受到疫情影响，陕西引汉济渭工程项目工期延误，国开行陕西分行积极响应融资需求，为项目发放贷款 5.5 亿元，保障工程顺利进入二期建设阶段；建设银行陕西分行发挥大型银行综合优势，为“西安丝路会展中心”项目提供 8 亿元固定资产贷款，成为陕西“一带一路”和打造国家中心城市的标志性工程。截至 2020 年 3 月末，辖区银行向公共工程、社会民生等 80 个重大项目提供资金合计已达 570 亿余元，以资金流动推进要素集中，聚力服务实体经济，鼓励智慧绿色模式，支持社会、经济与生态的现代化发展。

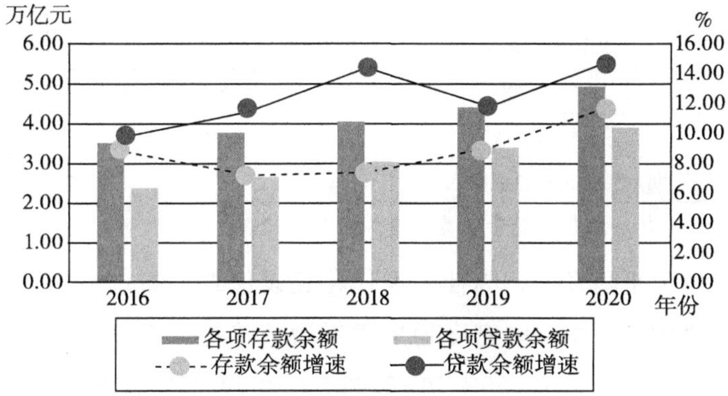

图 13-1　2016—2020 年陕西金融机构存贷款总体情况

资料来源：《陕西省国民经济和社会发展统计公报》。

资本市场稳步发展，多元化路径支持经济现代化。首先，股票市场蓬勃发展，至 2020 年年底，陕西上市公司共 59 家，累计发行股本 858 亿元，在股票市场上累计筹集 2451.59 亿元；公司债券与基金的交易额增速很快，近两年实现成倍增长；而且证券公司营业收入呈现基本增长态势，长安期货、西部期货与迈科期货三家公司的营业收入迅速增长（见表 13-1）。其次，推进新三板市场建设，解决科技型中小微企业融资问题。2020 年，省内新三板新增挂牌科技型企业 5 家，累计挂牌企业 135 家，在西部地区数量仅次于四川，累计融资额 110.89 亿元。同时，鼓励创业企业利用青年双创板融资，打通创业企业与资本市场的“最后一公里”，营造“大众创业，万众创新”良好氛围。最后，资本市场积极履行社会责任。陕西部分上市公司累计投入 21.85 亿元资金，建设 43 个产业帮扶项目，有力带动贫困地区经济发展，助力乡村振兴。

表 13－1　陕西资本市场综合信息报表

统计项目		2019 年上半年	2019 年下半年	2020 年上半年	2020 年下半年
基本情况	A、B 股累计上市公司数（家）	50	53	55	59
	累计总股本（亿股）	751.38	762.73	789.08	858.00
发行与融资情况/亿元	上市公司股票市场累计筹资额	2142.09	2170.57	2202.28	2451.59
	当期发行公司债券数额	82.70	338.10	242.76	566.50
市场交易情况/亿元	代理证券交易额	29978.09	26838.01	35334.77	44904.83
	基金交易额	566.46	571.59	951.31	1071.87
经营情况/亿元	证券公司营业收入	30.17	25.61	30.93	38.61
	期货经营机构营业收入	1.50	2.03	3.07	5.02

资料来源：《中国证券监督管理委员会——陕西局》。

保险业持续平稳发展，为社会现代化建设保驾护航。首先，保险业的收入、赔付总额和人均保险密度均呈逐年增长趋势。近五年来，人身保险收入与赔付年均增速达 10.56% 和 10.42%，2019 年与 2020 年财产险保费收入同比下降，财产险赔付年均增速为 9.85%（见图 13－2）。其次，陕西保险业为稳就业做出突出贡献。自疫情发生以来，在省银保监局的积极引导下，保险机构职员数量不降反升。截至 2020 年一季度末，陕西辖区保险分支机构 3367 个，较年初增加 103 个；从业人员 32.2 万人，较年初增加 1.69 万人，其中营销员 28.45 万人，较年初增加 1.64 万人。最后，差异化创新保险产品。宝鸡市凤县作为我国林麝第一大养殖基地，养殖规模占全国 60%，为促进产业进一步规模化、标准化发展，最大限度降低养殖风险，凤县首次推出林麝养殖保险，政府与保险公司对每头林麝分别给予

100 元保费补贴，养殖户支付 400 元，若林麝因病死亡可获得 1.2 万元的赔付。这一保险产品大力提高了养殖户的抗风险能力，逐步实现了生态、社会和经济效益的融合发展。

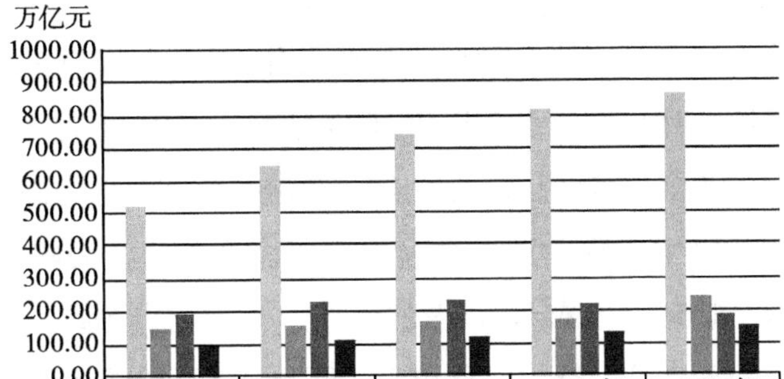

	2016年	2017年	2018年	2019年	2020年
人身险保费收入	523.35	643.88	739.72	816.25	864.70
人身险赔款与给付	145.01	152.35	162.63	169.84	238.04
财产险保费收入	191.38	224.82	229.68	217.45	182.73
财产险赔款与给付	93.43	107.66	118.29	130.20	149.45

图 13－2　2016—2020 年陕西保险业保费收入情况

资料来源：《陕西省国民经济和社会发展统计公报》。

从产业结构视角来看，三产的金融支持结构趋于合理。近年来，陕西第一产业的贷款以农业贷款为主，贷款余额的绝对量逐年增加，占三产总额的比重近年来维持在 10% 左右；第二产业的贷款比重经历了先上升后下降的趋势，在 2009—2011 年达到峰值，约为 70%，2011 年后逐年下降，2015 年以后在 45% ~50% 波动，但贷款的绝对增长量较高，可见第二产业尤其是重工业仍是陕西经济发展的主要力量。同时，近年来，陕西积极贯彻落实供给侧结构性改革，去高污染的过剩产能，走绿色发展之路，对产业结构进行优化，贷款政策也有所调整；第三产业的贷款比重呈现出先下降后上升的趋势，在 2009—2011 年处于低值，约占总体的 20%，2011 年以后逐年上升，2015 年以后在 38% ~43% 波动，印证了经济由高速发展向高质量发展转变以后，以服务业为主的第三产业蓬勃发展，利润空间大，吸引了大量资金的流入，服务业正逐步走上现代化发展之路。

具体来看，涉农贷款加速恢复，持续发力支持乡村振兴。截至 2019 年

11月末，陕西涉农贷款余额达7300.90亿元，同比增长4.2%，到2020年11月末，新增751.96亿元，同比增长9.1%，其中新增农村贷款占总新增额的73.17%。同时，为进一步落实《陕西省乡村振兴战略规划（2018—2022年）》，加快推进农业农村现代化，2020年5月陕西省发改委与农发行陕西分行签订《支持乡村振兴战略合作协议》，联合设立支持乡村振兴重点项目库，计划5年综合授信1000亿元，并于11月下发第一批入库项目名单，涉及全省多区县粮食安全、农村产业融合、生态文明建设、农村基础设施与民生工程、重点水利工程等多个领域，为陕西推进"一带一路"倡议、扶持"三农"，以及农业产业集群建设等重大工程提供融资服务，并在利率定价、贷款期限和业务创新等方面给予多种优惠。

加强金融支持力度，助力现代化工业与服务业发展。自疫情发生以来，陕西积极执行《〈中国制造2025〉陕西实施意见》，金融支持力度逆市上扬。首先，服务业受疫情影响严重，金融支持力度也最大。2020年一季度，陕西批发和零售业新增贷款89.59亿元，贷款总额是上年同期的9.3倍，住宿餐饮业新增贷款6.87亿元，贷款总额是上年同期的10.4倍。其次，制造业投资提质增效，助力产业去能升级。截至2019年11月末，陕西制造业贷款余额2387.58亿元，同比增长5.0%，至2020年11月末，制造业贷款新增额达272.19亿元，同比增长11.4%，处于持续回升态势。最后，重点向新兴行业融资倾斜，推进产业高端化智能化发展。新能源汽车、新型信息技术产业、高端装备制造业等同比增长达15%以上，环境保护专用设备制造业投资2019年同比增长高达70.6%，金融助力新支柱产业与环保产业共同推进产业实现绿色智慧可持续发展。

13.1.2 陕西基本实现现代化金融支持的具体态势分析

具体地，从普惠金融、绿色金融、金融助力"一带一路"三个视角分析金融支持陕西基本实现现代化的具体态势。

首先，开展全方位普惠金融业务，支持社会民生现代化建设。2020年，小微企业贷款增势良好，普惠小微贷款实现"量增""面扩""价降”。据统计，2020 年 1—11 月，陕西普惠小微贷款新增 590. 64 亿元，约为 2019 年同期的 2 倍；全省普惠小微贷款户数较年初新增 12. 63 万户，11 月末达到 36. 88 万户；全省普惠小微贷款加权平均利率为 5. 91%，较 2019 年同期下降 96 个基点；2020 年 11 月末，全省小微企业贷款余额 5196. 36 亿元（含票据融资），同比增长 16. 8%，高于各项贷款增速 2. 8 个百分点；11 月末普惠小微贷款余额为 2128. 54 亿元，同比增长 38. 0%（见表 13 - 2）。

表 13 - 2 陕西普惠小微贷款情况

类别	2019 年 11 月末	2020 年 11 月末	新增额	同比增长
贷款额	584. 92 亿元	1175. 56 亿元	590. 64 亿元	96. 7%
贷款户数	24. 25 万户	36. 88 万户	12. 63 万户	50. 4%
加权利率	6. 87%	5. 91%	-0. 96%	-14. 0%
小微企业贷款余额	4448. 94 亿元	5196. 36 亿元	747. 42 亿元	16. 8%
普惠小微贷款余额	1542. 42 亿元	2128. 54 亿元	586. 12 亿元	38. 0%

资料来源：笔者根据《陕西日报》中数据整理而得。

其次，发展区域绿色金融，推动经济与生态现代化建设。第一，为重点企业绿色智慧发展模式提供信贷服务。例如，陕西鼓风机（集团）有限公司利用绿色信贷资金积极研发“能源互联岛”技术，打造服务型智慧绿色“陕鼓模式”，极大地提升了清洁能源、可再生能源、一次能源综合利用率，降低碳排放量，积极践行“碳中和”目标与“零碳中国”行动，2020 年 12 月荣获第六届中国工业大奖，助力陕西经济生态高质量发展。第二，开展多元化绿色金融业务。浦恒丰银行通过自主创新的高新环保数据贷产品，为中小绿色企业解决了融资的资金需求；民生银行创新的主推产品“互助贷”，使绿色企业通过缴纳一定比例的风险准备金以及互助保证金，就可以获得所需要的贷款；邮储银行针对绿色的信贷业务，在信贷规模、利率等方面予以优惠。第三，区域绿色金融推进乡村振兴。汉中市西乡县农商银行发挥县域金融主力作用，以“茶金融”扶持贫困县，为茶农提供启动资本，为茶企提供流动资金。引导扶持“茶业园 + 贫困村 + 贫困户”“茶业企业 + 贫困户”“茶业企业 + 茶业合作社（基地） + 贫困户”，走出陕西特色茶文化绿色发展的道路。

最后，助力“一带一路”，提高经济与文化现代化建设水平。作为我国典型的内陆省份，陕西积极响应国家丝绸之路经济带战略，省内金融机构也为助力丝路项目安全落地积极改进服务模式，创新金融工具，优化要素配置，打造西部开放新格局。第一，资金到位支持项目建设。截至2019年8月末，国家开发银行陕西分行为重点工程累计融资额度超过60亿美元，成功推出境外人民币业务品种，强化境外业务产品创新。同时，国开行超额完成设立人民币专项贷款计划金额，为“一带一路”的基础设施建设、制造业产能合作、共同开发清洁能源等多领域提供启动资金。第二，保险助力实体经济，保障外贸稳定。中国出口信用保险公司陕西分公司2020年为1214家企业提供保险服务，同比增长21.6%；全年承保金额达391亿元，同比增长29.2%；向出口企业赔付总额5800万元，同比增长65.9%。为加快辖区出口企业复工复产，引导重点企业“走出去”，信保陕西分公司积极为企业保订单、保履约、保市场，为推进丝路建设带来强大的信心。第三，银行拓展跨境业务，深化区域金融合作。中国工商银行陕西分行发挥综合银行的国际化优势，积极完善跨境服务模式，截至2019年6月，工行为辖区外贸企业累计提供国际结算277亿美元、跨境人民币结算120亿人民币、结售汇55亿美元、国际贸易融资34亿美元，支持我省涉外企业在更多业务、更广领域、更高层次参与“一带一路”经济合作。

13.2 陕西基本实现现代化金融支持的路径

13.2.1 陕西基本实现现代化金融支持存在的问题分析

（1）金融市场发展不均衡，融资结构有待优化

第一，银行业创新能力不足，管理水平有待提高。省内银行普遍缺乏自身特色定位，产品设计与融资模式同质化严重。风险管理与防控的专业性较弱，在对高管尽职调查、融资审批、授信资金动态追踪等方面方案设

计不合理，导致银行成为信息弱势方而无法提供中介服务。银行一般性规范业务大多依靠人工作业，信息技术水平低下，无法建立大范围的征信体系，融资成本仍有下降空间。第二，直接融资占比较低，资本市场产品结构有待完善。投资者的跟风投资造成资本市场非理性波动，注重短线投资而忽视资本市场为服务长期价值型企业的本质，不良的市场氛围使得资本市场尚未成为科技型企业的主要融资渠道，直接融资在资金融通中的占比较低。从资本市场自身结构来看，股票融资的份额最大，债券、基金及期货、期权等衍生工具品种不全，相关规章制度尚不健全，宣传力度不足，投资品种交易不活跃影响到资本市场服务实体经济的总体效益。第三，保险产品顶层设计存在缺陷，市场主体存在行为偏差。陕西少数地区推出特色保险，如凤县的林麝养殖保险，但多数地方保险产品未能与区域特色深度融合，不能满足客户的保险需求。创新产品设计能力不足，保险产品缺乏前瞻性，多次出现“实践倒逼管理”的被动状态。同时，对保险市场的监管尚不完善，保险公司过于商业化运作，存在过度竞争与违规操作现象。

（2）金融机构分布不均，绿色金融改革尚需深化

一方面，金融机构分布不均导致金融支持现代化发展在空间上存在较大差异。陕西半数以上的金融机构、产业园区、基金小镇聚集于关中地区，陕北与陕南地区金融系统相对落后且仅小幅受到中部地区金融集聚溢出效益，诸多科技型小微企业、创业企业的金融服务需求未能得到充分满足，金融支持的普惠力度有待增强。除局部不均衡以外，从整体情况来看，与浙江、广东、四川等发达省份相比，陕西金融体系结构多样化程度低，非银金融机构数量少，尚未设立民营银行等法人金融机构；外资银行仅有六家，不足重庆市数量的一半；缺少像大连或郑州商品交易所等全国性的期货交易所；会计、律师事务所，资产评估以及信用评级等中介服务机构偏少。金融机构种类与数量不足导致产业缺乏特色优势，未形成核心竞争优势，在大数据、云计算、人工智能、区块链等新技术方面应用不足，为产业提供现代化支持存在瓶颈。

另一方面，绿色金融与产业结构优化拟合度欠佳，改革尚需进一步深化。从整体现状来看，陕西绿色金融起步较晚，发展滞后。与 2017 年 6 月批准建设的浙江、广东、江西、贵州、新疆五大绿色金融改革创新实验区相比，陕西绿色金融业务虽然具有一定规模，但尚未形成自身优势与特色。如浙江省湖州市绿色金融改革创新实验区在长期发展中形成了地区智库——“湖州南太湖绿色金融与发展研究院”，为绿色金融的发展提供智力支持，并致力于探索长江三角洲智库联盟，实现绿色金融智库一体化，为实体经济现代化提供金融支持；广州实验区设立期货交易所，首次推出特色产品——“碳排放权期货”，是广州绿色金融支持生态现代化与经济现代化的最好体现；结合陕西情况，西安灞柳基金小镇和中西部陆港金融小镇均为区域内科技型中小企业提供仓单融资、合同融资、现货回购、票据融资等线上线下融资服务，构建多层次、多渠道综合交易和金融服务体系，但还未形成陕西的优势项目与特色产品。同时，在支持绿色金融发展的财税政策、激励措施、风险管理方面设计不全面，对于创新性绿色金融产品，如碳金融、绿色保险、绿色信贷资产证券化、生态补偿抵质押融资等，研发力度、使用规模、普及程度远远不足。

(3) 金融监管有效性不足，监管体制仍需完善

一是陕西金融办双重职责的目标不一致性导致的监管缺位。省金融办既要满足中央政府金融维稳的要求履行金融监管职责，又要支持金融创新推动金融发展以配合政府的施政目标，二者存在内部矛盾，金融办难以权衡。二是针对金融科技的监管滞后，监管体系尚不健全。独立适用于金融科技的法律法规和监管规则还未出台，尤其是金融科技与非传统金融业态的交叉行业，现存的监管大多直接由传统金融监管体系衍生而成，缺乏针对性且监管环节松散，进而形成重准入、轻监管的局面。三是金融科技属地监管与全国经营的矛盾导致风险处置责任难以落实。由于互联网金融具有收益本地化、风险外部化的特性，属地监管与全国经营之间的矛盾易导致陕西金融行业的无序竞争，风险处置的责任难以落实。四是审慎监管与行为监管之间的矛盾弱化了金融消费者权益的保护。审慎监管的目标是保

护金融机构的健康，行为监管的目标是保护金融消费者，两者存在一定的内在冲突。部分金融机构偏好风险客户，非理性地追逐高额回报，严重侵害金融消费者的利益。陕西金融办遇到二者矛盾时，从金融机构审慎角度出发忽视对金融消费者的保护，特别是在金融科技时代，随着移动支付和互联网平台的应用，金融消费者的普及程度更高、范围更广、投资的准入门槛更低，忽视行为监管对金融消费者造成的损失会更大。

13.2.2 陕西基本实现现代化金融支持的路径设计

(1) 在改革中寻求发展，提升金融市场服务经济现代化的能力

首先，鼓励商业银行推进综合化轻型改革。一是“轻资本”改革，创新业务模式，加强部门沟通，拓展中间业务，以更少的资本和可控的风险获得较高的收益；二是“轻资产”改革，与数字化平台融合，搭建智能化获客模式，设计个性化互联网金融产品，利用信息化技术实现资金的高效配置。丰富资产业务种类，综合运用“贷款+投资”“融资+融智”模式，主动管理资产；三是“轻渠道”改革，完善“支行网点+智能机器+电子渠道”立体化服务，调整服务团队，降低运营成本，提高业务效率；四是“轻管理”，建立轻型组织架构，引入机器人流程自动化（RPA），智能团队与人工团队分工合作，缩短业务办理时间，以提升客户体验为目标，实施激励措施，优化考核机制。

其次，进一步完善资本市场。一是补足基本交易品种，满足不同参与者的投资需求，提升资本市场价格发现与规避风险功能。结合陕西自身优势，创新金融产品，筹建“一带一路”交易板块，让投资者可以共享亚欧经济带建设红利。二是规范资本市场交易制度，完善准入与退出机制，提高审批效率，缩短入市时间，对已上市企业施行动态跟踪，让低价值企业及时退出，提升上市公司整体质量。整顿对企业债券融资限制问题，减少资源浪费，推动市场高效运转。三是加大资本市场监管力度，增设针对性监管部门，强化信息披露细则，降低信息不对称程度，提高市场透明化。

最后，强化保险产品顶层设计，服务产业长久发展。一是提升保险公

司的专业性，结合区域特色，面向客户需求，设计多样化产品。二是强化保险行业稳健性运营，地方保险业协会加强行业自律，银保监会完善风险防控机制，保险公司肃清治理结构，避免行业恶性竞争引发金融风险。三是精简农业保险管理体系，包括横向多个政府部门，纵向五级政府，应统一协调落实部门责任，提升农业保险管理效率。

(2) 大力发展科技型民营银行，加快绿色产业转型升级

一方面，借鉴别省经验，大力发展科技型民营银行，增强金融的普惠性。以浙江网商银行、广东微众银行为代表的我国首批民营银行试点成功，致力于为微小企业提供差异化、有特色、优质便捷的金融服务。陕西应学习金融科技型民营银行的成功经验，低成本、高效率地解决小微企业融资难题，为陕西向工业化后期迈进提供普惠高效的金融服务。首先，明确经营理念，为小微企业提供针对性的金融服务；其次，致力于服务地市级、乡镇、农村等下沉市场与县域政府达成战略合作，解决农户贷款重大难题；最后，以科技发展为定位，应吸引技术人才、数据人才和风控人才，建立分布式云计算架构体系，利用人工智能开展无接触贷款模式，做到客户服务领域精准触达，后台管理环节的风险监控，实现可持续的长远发展。

另一方面，推动绿色金融与产业结构相协调，加快绿色产业转型升级。首先，完善政策体系，为绿色产业提供差异化支持。以市级行政区为单位，结合经济社会发展实际，制定针对性强的绿色发展地方法规，建立地方绿色发展指标体系，量化环境保护绩效，压实金融机构绿色产业项目和环境风险的责任义务。同时，为绿色企业提供财税政策支持，综合采用财政补贴、税收优惠、政府采购等手段，激励企业自愿减排，以绿色供给引导绿色消费，逐渐转变消费方式，形成绿色生产和消费的社会氛围。其次，创新符合生态产品价值的绿色金融产品。鼓励金融机构根据生态产品特点开展绿色金融创新，加大对绿色信贷、绿色保险、绿色债券、绿色基金和绿色信托等具有市场前景的生态产业的支持力度，如当前处于实施阶段的秦岭生态修复、黄河流域和污染治理等项目，采用政府和社会资本合

作（PPP）的模式，稳妥推进绿色生态保护工作。最后，密切与“一带一路”沿线国家和地区在产业链与供应链的互补关系，发挥陕西省在基础设施、清洁能源、绿色建筑产业等领域的技术能力，结合沿线国家和地区实际需求，引导涉外企业与东道国及相关市场主体开展产能、技术和投融资合作，严格遵守当地的环境法律、社会制度和相关规范，创新投融资方式，做好陕西省绿色金融与产业结构协调的同时加大对外交流力度。

（3）弥补金融监管缺位，保障金融消费者的合法权益

第一，完善陕西金融监管的协调机制。明确省金融监管机构之间的职责分工与定位，特别是在金融科技领域广泛应用的非传统金融业态的分工与定位，防止监管重叠与监管空白。二是落实陕西金融办的责任，强化对金融科技应用带来金融风险的监管和处置，防止收益本地化，风险外部化的倾向。三是依据金融科技发展的特征加强行为监管，切实保护金融消费者和投资者利益。四是充实基层监管力量，提升金融监管能力。五是加强监管科技在陕西金融监管中的应用，利用大数据、云计算和人工智能等监管科技识别风险隐患并及时采取措施。

第二，在强化央行统筹监管的同时加强地方自治，促进民间金融规范化发展。目前，监管部门的分业监管不适应混业经营发展趋势，导致监管割据、监管者不作为、监管非专业化，出现监管套利、效率低下等现象。解决乱象的关键并非对不同属性的资本进行区别对待，而是更应一视同仁，执行一致的市场准入、监管约束以及退出管理。同时，统筹审慎监管与行为监管体制框架，强化央行的统筹作用，省政府也应及时收集潜在问题与风险，采取相应措施并定期召开学术交流会议。共同推动金融监管向专业化以及高效化方向发展，促进民间金融规范化、合理化、正统化发展，更好地服务于实体经济。

第三，完善资本市场法制建设，以自身优势服务于成长性企业。一个成熟的资本市场必然是一个高度依赖法制的市场，陕西在逐渐完善多层次资本市场发展的同时监管也应并驾齐驱。一是与多层次资本市场相匹配，完善现有法律制度下的相关规定，优化法律体系；二是逐步放松对区域内

投资银行的业务限制，并为投资银行的发展壮大提供相应的法治环境，为未来直接融资体系的建设奠定基础；三是调整监管体系以适应未来资本市场数字化混业经营的发展趋势，着手改革监管体制，加强金融监管的统筹协调；四是提高监管水平，推进监管转型，加快探索监管理念、监管模式、监管办法的革新。监管重心应从偏向市场规模的发展向强化资本市场规模、结构和质量并重的方向发展；监管方式应从单一性、强制性向多样性、协商性转变；监管程序应向公正、透明、高效等多维度转变，以适应未来资本市场与科技融合的发展趋势。

13.3 未来15年陕西基本实现现代化金融支持的趋势预测

习近平总书记来陕考察发表重要讲话，贯彻“五个扎实”，增强“四个意识”，做到“两个维护”，把握新发展阶段，坚定新发展理念，紧扣现代化建设，推进高质量发展，创造高质量生活，谱写陕西“十四五”开局新篇章。经深化金融改革、调整融资结构、完善监管体系等方面的重构，至2035年陕西定能紧跟中央的步伐实现甚至超额完成基本实现现代化的目标，预期未来金融支持现代化发展大致会呈现出以下三个趋势。

第一，金融服务实现高效化与市场化，引导产业结构合理化发展。一方面，市场化是未来的大方向。未来金融服务将走上高质量发展之路，紧扣实体经济，以提高服务质量为宗旨，以实现高效便捷为导向，以贯彻绿色发展为理念，金融体系稳健运营，金融工具品种丰富，金融资产灵活变现，金融资源优化配置，金融市场包容开放。另一方面，金融引导产业结构合理化成效显著。在金融资源的支持下，陕西的产业结构将趋于均衡化发展，第一产业的农业、林业、牧业、渔业比重逐步提升，农产品形成特色化口碑，实现全方位发展，经济效益大幅提升；第二产业向科技化、轻型化、环保化方向发展。在资本要素的聚集，先进产业的集群，龙头企业的带动下，提升上下游配套率，产业结构持续升级，构建具备核心竞争力的产业链群。绿色环保理念深入人心，化工能源分级清洁利用，延伸发展下游终端应用产品；第三产业向先进化、高端化方向发展。金融支持服务业转型发展，做精传统服务业，拓展科技咨询、创意设计、信息服务高端业务领域，推动养老、教育、物业等生活性服务业的高品质发展。

第二，间接融资渠道向专业化发展，直接融资比重将有所提升。首先，传统金融机构的融资服务更精细与便捷。随着科技的进步，未来银行将改变零售模式，积极寻求与数字化平台合作，数字金融机构也依靠银行的资金来源广、使用成本低与人才素质高的优势与其合作。二者通力合作实现信息开放和资源共享，共同推进传统金融服务的普惠性、便捷度。其次，资本市场将实现多方位完善。市场信息披露真实性、及时性、实用性要求更高，有效降低投资者因信息不对称面临的风险；股价波动市场化程度更高，制度越发完善，涨跌幅限制逐步放宽，减少对企业首次公开发行政策干预；新兴直接融资市场也将完善结构性调整，私募股权市场将依靠市场竞争机制，进行行业内部自发调整，运营更加高效化，管理更加专业化，帮助成长性企业实现价值提升。最后，资本市场将更好地服务于科技创新型企业。资本市场具有服务创新、风险共担、收益共享的独特优势，未来陕西产业结构逐步升级，逐渐进入以技术突破为主导的发展阶段，涌现出一批高成长性、高风险性的中小企业，资本市场将在创业企业拓展直接融资渠道上发挥更大的作用。

第三，技术发展提升金融服务质量，产业互联网金融是未来金融的发展趋势。金融科技是金融与区块链、云计算等数字化平台相结合，利用“五全信息”而形成的新的经济组织方式。五全信息是数字化平台的最大优势，包括全空域、全流程、全场景、全解析、全价值信息，具有结构型、动态型、秩序型、信用型、生态型的特点。聚焦于陕西未来，科技平台与金融机构各尽所能、合作共赢是未来最合理的发展趋势，双方要形成明确的各方多赢的效益格局。平台将其在产业互联网运营中获取的客户信用、尽职调查等信息转让给商业银行，实现数据开放与机构合作，最大限度优化资源配置；同时，商业银行在分析客户信息时也应有自己的判断，也就是说两大类机构在数据使用的过程中明确双方责任，数字金融平台提供的客户信息仅供参考，商业银行应发挥自身强项进行实际信用调查，并承担决策带来的一切后果。总之，金融科技的发展最终要让各方受益，要降低陕西实体经济中小微企业的融资成本，降低商业银行等金融机构的授信成本，降低数字化平台的杠杆风险，在这个过程中，可以通过科技手段获得合理的收益，并将这些效率红利返还于产业链、供应链的上下游和金融方及数据平台经营方，从而产生“万流归宗”的“洼地”效益和商家趋利集聚效益。

14 陕西基本实现现代化的人才战略支持

根据《中共陕西省委关于制定国民经济和社会发展第十四个五年规划和二〇三五年远景目标的建议》，到2035年基本实现新型工业化、信息化、城镇化、农业现代化，建成现代化经济体系。对于陕西而言，实现现代化就是追赶发达地区和国家的进程，以发达地区和发达国家的经济发展和社会发展作为参考，不断提升地区的经济发展水平和社会发展水平。要坚持把人才战略放在突出位置，经济社会要实现现代化，人才是第一资源，也是一个地区经济实力提升的核心力量，在基本实现现代化的科技成果转化、技术创新、产业转型等方面发挥着不可忽视的作用。陕西基本实现现代化对人才的需求，既是地区经济发展的内在需要，也是实现现代化的关键所在。因此，本章通过梳理陕西人才发展的现状，通过与北京、上海、江苏、浙江地区人才发展对比，发现陕西基本实现现代化人才发展主要存在的问题，提出陕西基本实现现代化的人才战略支持路径，结合陕西人才需求的经济社会实现现代化的影响因素，预测陕西基本实现现代化的人才战略支持趋势，为陕西实现现代化的人才需求提供战略指导。

14.1 2018—2019年陕西基本实现现代化人才战略支持的态势分析

14.1.1 2018—2019年陕西人才发展概述

2018—2019年陕西人才培养卓有成效，人才培养能力有所提高，人才素质不断提升，高层次学术科研人才引进有新进展，高层次人才增长较快，教育普及程度明显提升，人才效能不断增强。陕西2019年高等教育在校生147.22万人，比2018年增长7.76%，其中普通高等教育本专科在校生112.20万人，成人高等教育本专科在校生19.44万人，研究生在校生15.59万人，分别比2018年增长6.37%、21.74%、2.75%。高等教育毕业生38.81万人，比2018年下降4.32%，其中普通高等教育本专科毕业生29.35万人，成人高等教育本专科毕业生6.24万人，分别比2018年下降5.63%、2.41%。研究生毕业生3.23万人，比2018年增长4.99%。2019年陕西普通高中学生68.39万人，比2018年下降5.37%，初中学生数112.35万人，小学生数277.59万人，分别比2018年增长3.51%、4.51%。

2019年陕西教育经费1137.51亿元，比2018年增长7.86%，科技支出377.24亿元，比2018年下降18.16%。普通高等教育学校95所，与2018年相比未发生变动。2019年陕西普通高校在校研究生中博士研究生2.27万人，硕士研究生13.32万人，分别比2018年增长5.53%、2.29%。毕业研究生中博士研究生3032人，硕士研究生2.93万人，分别比2018年增长7.56%、4.74%。高等教育学校（机构）教职工中正高级教师0.98万人、副高级教师2.26万人，分别比2018年增长6.23%、5.92%。

2019年，陕西新增“两院”院士6人，其中工程院院士4人，科学院院士2人，两院院士累计71人，“长江学者”特聘教授21人，国家优秀青年科学基金获得者22人，国家杰出青年科学基金获得者6人。2019年陕西15岁及以上人口有3303.85万人，其中，文盲人口有131.28万人，文盲人口占15岁及以上人口比重为3.97%，与2018年文盲人口占15岁及以上人口比重4.96%相比明显下降。2019年陕西申请专利9.21万件，比2018年增长20.36%，其中申请发明专利3.48万件；专利授权4.41万件，比2018年增长6.32%，其中发明专利授权0.98万件。R&D项目6098项、研发人员4.30万人、研发经费240.80亿元，分别比2018年增长36.42%、9.33%、11.20%（见表14－1）[①]。

① 资料来源：《中国统计年鉴(2020)》和教育部统计数据库。

表 14－1　2018—2019 年陕西人才发展概况

人才指标	单位	2018 年	2019 年	2019 年比 2018 年增长率
高等教育在校生	万人	136. 62	147. 22	7. 76%
高等教育毕业生	万人	40. 57	38. 81	－4. 32%
教育经费	亿元	1054. 59	1137. 51	7. 86%
科技支出	亿元	460. 94	377. 24	－18. 16%
普通高等学校	所	95	95	0
在校博士生	万人	2. 15	2. 27	5. 53%
在校硕士生	万人	13. 02	13. 32	2. 29%
毕业博士生	人	2819	3032	7. 56%
毕业硕士生	万人	2. 79	2. 93	4. 74%
普通高校正高级教师	人	9231	9806	6. 23%
申请专利	万件	7. 65	9. 21	20. 36%
授权专利	万件	4. 15	4. 41	6. 32%
R&D 项目	项	4470	6098	36. 42%
R&D 研发人员	万人	3. 93	4. 30	9. 33%
R&D 研发经费	亿元	216. 56	240. 80	11. 20%

14. 1. 2　陕西与其他省份人才发展对比

与发达的北京、上海、江苏、浙江地区相比，陕西中低层人才较为充足，高层次人才相对短缺，2019 年陕西在校高中生人数 68. 39 万人，次于江苏、浙江；在校本专科生 112. 20 万人，次于江苏；在校研究生 15. 59 万人，仅高于浙江在校研究生数；研发人员 4. 30 万人，低于其他四个地区，远低于江苏的 50. 84 万人。高级师资力量薄弱，陕西普通高校正高级教师 0. 98 万人，远低于北京 2. 12 万人。人才培养经费不足，陕西教育经费 951. 23 亿元，低于其他四个地区，远低于江苏 2213. 84 亿元；科学技术支出 337. 24 亿元，低于其他四个地区，远低于江苏 2548. 44 亿元。但陕西教育支出占地区一般公共预算支出比重与其他四个地区基本保持在同一水平，甚至高于北京、上海地区，陕西地区生产总值远低于其余四个地区。可见，地区生产总值制约着教育投资水平。陕西基础性教育成效显著，文盲人口占 15 岁及以上人口比重从 2018 年的 4.96% 下降到 2019 年的 3.97%，低于江苏、浙江地区。陕西科研项目、专利申请与授权数较之 2018 年取得明显进展，但仍落后于其余省份，其中，专利申请 9.21 万件，远低于江苏 59.42 万件；专利授权 4.41 万件，远低于江苏 31.44 万件；R&D 项目数 6098 项，远低于浙江 98501 项（见表 14－2）①。

表 14－2　陕西与其他省份人才对比

人才指标	单位	年份	陕西	北京	上海	江苏	浙江
在校研究生	万人	2019	15.59	39.14	21.15	24.08	10.03
		2018	15.11	38.33	20.21	22.82	9.36
在校本专科生	万人	2019	112.20	60.15	52.66	187.41	107.47
		2018	105.48	59.49	51.78	180.63	101.95
普通高校正高级教师	万人	2019	0.98	2.12	0.90	1.76	1.01
		2018	0.92	2.05	0.85	1.64	0.96
R&D 研发人员	万人	2019	4.30	4.42	8.07	50.84	45.18
		2018	3.93	4.69	8.80	45.55	39.41
教育经费	亿元	2019	951.23	1137.18	995.70	2213.84	1764.69
		2018	871.44	1025.51	917.99	2055.56	1572.47
教育支出占比/%		2019	16.63%	15.35%	12.17%	17.61%	17.55%
		2018	16.43%	13.73%	10.99%	17.63%	18.22%
科学技术支出	亿元	2019	377.24	1607.64	1101.12	2548.44	1721.31
		2018	460.94	1579.65	1205.21	2260.06	1266.34
科学技术支出占 GDP 比重/%		2019	1.46%	4.55%	2.89%	2.56%	2.76%
		2018	1.89%	5.21%	3.69%	2.44%	2.25%
研发项目投入经费	亿元	2019	240.80	285.19	590.65	2206.16	1274.23
		2018	216.56	274.01	554.88	2024.52	1147.39
专利申请	万件	2019	9.21	22.61	17.36	59.42	43.59
		2018	7.65	21.12	15.02	60.03	45.56
专利授权	万件	2019	4.41	13.17	10.06	31.44	28.53
		2018	4.15	12.35	9.25	30.70	28.46

① 资料来源：《中国统计年鉴(2020)》和教育部统计数据库。

续表

人才指标	单位	年份	陕西	北京	上海	江苏	浙江
R&D 项目数	项	2019	6098	7671	13636	95240	98501
		2018	4470	7039	12442	72426	77940
文盲人口占15岁及以上人口比重/%		2019	3.97%	1.73%	2.49%	4.75%	4.52%
		2018	4.96%	1.69%	2.38%	5.77%	4.93%

资料来源：《中国统计年鉴（2020）》和教育部统计数据库。

14.1.3 陕西基本实现现代化人才发展中主要存在的问题

（1）中低层人才充足，高层人才短缺

第一，陕西人才总量占比低。陕西是人口大省，人口基数大，2019 年陕西总人口为 3876 万人，人才总量与其他地区相比较为充足，但人才总量占人口比重低，越高层次人才发展水平越低。

第二，陕西人才结构不合理。2019 年陕西基础教育普及成果显著，文盲人口占 15 岁及以上人口比重为 3.97%，低于全国平均水平 4.59%。中低层人才较为充足，2019 年陕西普通本科在校生人数为 69.32 万人，占陕西人口总数的 1.79%；小初高人员总数分别为 277.59 万人、112.35 万人、68 万人.39 万人，分别占陕西人口总数的 7.16%、2.90%、1.76%。高层人才相对短缺，高级专家严重匮乏，高级技工、专业性人才缺失，2019 年陕西研究在校生人数为 15.59 万人，占陕西人口总数 0.40%；R&D 研究人员总数 4.30 万人，占陕西人口总数 0.11%；正副高级教职工人数为 3.24 万人，占陕西人口总数的 0.08%；2019 年陕西两院院士新增 6 人，获长江学者荣誉的有 21 人。

（2）人才总量无法满足现代化需求

近年来陕西人才战略取得明显成果，人才素质教育水平不断提升，人才总量实现明显增长，但所培养的人才不能完全适应现代化市场经济的需要。传统教育理念对人才的培养大多止于理论传授，对于人才创新能力、国际化视野、现代化思维的培养还非常欠缺。由于教育的滞后性，高校培养的人才供给结构与市场需求严重不符，大学生就业难成为社会难题。中国教育政策与经济社会发展脱节，经济建设与人才队伍建设不相匹配，造成高学历人才总量逐年上升，但与现代化需求不相适应，人才配置市场化水平低，效率低下，配置方式单一，存在人才资源结构的失衡现象。

（3）人才激励机制及公共配套政策有待进一步完善

目前，陕西人才引进的力度大，总量增长效果显著，但对人才的激励、评价方面的机制还有待进一步完善，引进的人才在发挥作用方面有待进一步加强。新推出的相关人才政策不能对现有人才和引进人才一视同仁，重视新引进的人才，给予其更好的待遇，而对现有人才的培养力度和重视程度不足。同样能力的人才待遇却不尽相同，从而使现有人才产生了一定的心理落差，造成一定量的现有人才流失。传统的人才政策已经难以满足新时代高质量发展、创新性发展的人才需求，多数只立足于给予短期内的物质优惠政策，关于人才引进流程、人才的养老保险、子女教育、户籍制度未给予帮助，不合理的人才公共配套政策使得陕西人才流出严重。人才激励机制及公共配套政策不完善使得人才引进难，人才外流快，人才战略难以进行。

（4）环境条件缺乏人才吸引力

陕西的相关人才引进政策及资源同其他省份相比不具有竞争优势。陕西属于西部内陆地区，相关优惠政策，如薪资待遇、科研经费等方面远低于东部沿海城市。社会保障部门各扫门前雪，遇到问题时相互推脱，人才引进时的承诺也很难实现。陕西人才聚集环境有待进一步改善，西部地区居住和生活方面存在诸多不便，这也成为中高端人才不愿在西部地区长久发展的原因之一。对人才的吸引不仅是在物质生活上给予相应的优惠政策，同时也要兼顾相关人才的户籍、住房、工作、科研、子女教育等方面的优惠，而这些方面，陕西的发展水平同沿海城市相比不具备明显的竞争优势。此外，陕西人才政策的灵活性有待进一步加强，人才引进机制烦琐复杂，如过多的申请注册流程、过高的人才落户政策等。对于外籍人员也没有完善的社会保障体系，入境、居留、科研申请等都会遇到不同程度的政策阻碍，从而影响海外人才尤其是高级专家的引进。

14.2 陕西基本实现现代化人才战略支持的路径

14.2.1 面向现代化人才战略的内涵

人才战略是国家为实现经济和社会发展目标，把人才作为一种战略资源，对人才培养、吸引和使用做出的重大的、宏观的、全局性构想与安排，人才战略的核心在于培养人、吸引人、使用人、发掘人。人才战略是对未来的思考，着重研究人才对推动可持续发展、长远发展的作用。当前，我国正处于开启全面建设社会主义现代化国家新征程的关键时期，“十四五”规划对人才战略提出了新的要求，要建立面向现代化的人才战略。

面向现代化的人才战略有着新的发展阶段，科技革命、产业变革、国际环境扩大了对人才的需求，需要更多更具创新精神、实干精神、改革精神的人才投入变革之中。面向现代化的人才战略有着新的发展理念，“十四五”时期，我国经济由中高速增长转向高质量发展，人才的高质量是重中之重。面向现代化的人才战略有着新的发展格局，“十四五”乃至更长远的 2035 年，是我国构建以国内大循环为主体、国内国际双循环相互促进的新发展格局的关键时期，人才是实现这一目标的关键动力。

综上所述，面向现代化的人才战略就是进入新发展阶段、践行新发展理念、面对新发展格局的人才战略，为 2035 年基本实现社会主义现代化、到本世纪中叶把我国建成富强民主文明和谐美丽的社会主义现代化强国提供重要引擎和动力。

14.2.2 人才战略在陕西基本实现现代化中的必要性

（1）人才资源是陕西实现现代化的第一资源

在陕西的现代化建设过程中，要将人才战略放在首位。人才的现代化往往超前于社会现代化，陕西现代化进程要依靠人才来推动，以人才的现代化来推动陕西现代化进程。对于陕西现代化的实现有东部发达地区的经验可借鉴，只有拥有了高水平、高质量的优秀人才，才能推动现代化进程。作为欠发达地区，陕西面临着更多的发展问题，因此人才战略对陕西实现现代化更为重要，陕西可以利用后发优势借鉴东部发达地区和国际现代化的经验教训，重视人才发展战略，以人才的现代化促进和推动现代化的发展进程。

（2）人才是陕西实现现代化的核心力量

人才战略是一个国家一个地区发展的核心。随着我国进入现代化建设的关键时期，人才在技术创新、产业结构调整、生产模式转变和经济增长方式转变过程中的作用日益明显。习近平总书记在准确把握时代变化的趋势上提出了建设“现代化经济体系”，随着中国经济近几年来快速发展，经济业态、产业结构对人才需求提出了更高的要求。人才发展战略能够提升人才吸引力，增强区域综合实力，为陕西经济发展提供充足的人才和智力支撑。

（3）人才战略是陕西基本实现现代化的重要决定因素

人才资源是经济社会发展的第一资源，人才战略涉及人才的培养、引进和保留等方面的内容。陕西的经济发展和建设离不开人才的支撑，根据“十三五”规划中有关产业结构整合的相关需求，只有确保了人才结构同经济结构相匹配，才能有效推进相关机制的建设。建立健全一套有针对性和可行性的人才战略，对陕西加速经济社会全面协调可持续发展有着重要意义。人才战略能够促进地区经济迅速发展，促进经济内部结构完善，因此，不管对于企业还是政府，人才战略将成为实现现代化需要重视的问题。

14.2.3 陕西基本实现现代化人才战略支持的路径

（1）完善人才引进、培育和保留机制，实现现代化人才战略

一是完善人才引进机制。首先，明确人才的内涵，改变仅通过学历和相关证书来判定人才能力的状况。引进人才范围要广，类型要全，人才引进不只局限于高学历人才、高端人才、海归人才等高大上的人才群体，还

应包括受过正规职业技术培训等的专业技术人才。其次，相较于陕西，东部沿海城市更具有人才竞争优势，应尽量避免与东部沿海城市发生正面的人才争夺冲突，要从陕西自身特点入手。例如，利用历史文化、“一带一路”政策等吸引人才。最后，改进资格认定授予和相关咨询服务，简化引才程序，并提供具有吸引力的人才优惠政策，为人才提供更多的就业机会和更好的生活工作环境。二是完善人才培育机制。加大实施人才强省战略的工作力度，注重发展实施各类人才培养计划，积极构建适应陕西发展的人才队伍。要充分挖掘陕西内部人才潜力，高校应将基本实现现代化投入日常教学活动中，培育适应现代化发展需求的人才。要将学校学习和企业培训相结合，促进校企合作，让企业参与人才培育，为学校师生提供更多符合现代社会发展的资源，共同培育出更具市场竞争力的人才。三是完善人才保留机制。留得住人才是发挥人才这一战略性资源的关键一环。首先，对陕西自主培养人才与引进人才要实行一视同仁、机会均等、待遇均等的政策。其次，短期内的物质优惠条件无法长期留住人才，政府必须充分发挥宏观调控作用，优化人才发展环境，建立多主体激励机制，为人才提供良好的就业、住房、养老医疗、子女教育等环境条件，提高陕西对人才的长久吸引力，为人才提供更好的人文环境和发展平台。

（2）加强区域合作，实现资源优势互补

陕西区域发展水平不统一，人才实力参差不齐，人才多集中于省会城市西安，实施跨区域融合人才战略是促进陕西内部人才协调发展的关键。一是以企业为媒介，加强省内人才合作交流。企业间的合作交流可以打破地区性人才流动壁垒，加强省内地区间联系，整合资源、信息、技术等要素，推动陕西协同发展，进而提升区域整体竞争优势，实现跨区域人才融合战略。二是完善省内人才共享机制。加深区域分工和协作程度，破除人才流动障碍。加强区域间交通、信息、工程等基础建设的合作，搭建人才资源信息共享交流平台、人力资源合作平台、高层次人才交流平台，不断推进资源共享和服务贯通，逐步形成统一人才服务体系，使区域间人才发展互通、便捷、共享，促进人才资源更有效的流动。三是统一规划人才发展政策。陕西人才发展要实现现代化的区域协调，就要打破省内的行政制度限制，统一进行人才管理改革，推动区域经济一体化，建立区域人才协同创新机制，实现区域人才联动互通。让陕西更加开放，招商引资、招财引智，实现人才地理的重塑。政府在进行政策规划时，要从提高整体人才发展水平出发，相互协调，克服不同地区的政策和体制落差。四是充分发挥省内人才发达地区对落后地区的影响力和辐射力。率先实现人才现代化的地区会对相邻地区的人才发展有明显的外溢性，要扩大省会城市西安对周围地区人才发展的带动作用，为落后地区提供政策建议和体制发展经验，优势互补、资源共享、互利互惠。

（3）统筹整合人才战略，完善人才战略集成体系

一是促进人才发展与经济社会发展深度融合。持续谋划人才战略在基本实现现代化的布局调整和行动策略，结合经济社会发展阶段性特征，与时俱进，为陕西提供人才支撑和智力支持。要挖掘陕西诸如地理区域、文化历史、产业布局、自然资源等要素禀赋的比较优势，使人才在区域经济发展中推动现代化进程。二是构建完整的人才战略政策体系和配套服务。引育人才是基础，用好人才是目的。调整和制定面向基本实现现代化的专业人才政策，在人才选拔与培养、流动与引进、评价与激励、安全与保障等相关的环节中，合理倾斜政策重心，建立健全人才成果转化机制，完善不同人才战略环节的连续性和衔接性，打造“引”才、“留”才、“育”才、“用”才的全流程多主体发展体系，采取积极措施来最大化发挥人才效能。三是促进人才资源在地区间的高效配置。政府、企业、高校、科研机构、经济协会等多方面共同协作，推动政策实施，实现产学研深度融合。政府应和相关部门架好企业与人才之间的桥梁，把人才配置到合适的岗位，使人才资源配置与陕西产业链相匹配，减少两者因不对称信息造成的人才资源浪费。完善高校、科研单位科技成果转化奖励政策，推动科研经费管理改革，鼓励高校、科研单位探索各类要素参与分配，引导企业建立健全技术技能人才独立的奖励机制。

14.3 未来15年陕西基本实现现代化人才战略支持的趋势预测

14.3.1 影响陕西人才战略的现代化经济发展指标选择

现代化人才战略与地区的经济发展水平密切相关，在影响人才战略的诸多因素中，社会经济、科技因素的影响最为重要，最核心的表现是经济现代化和科技创新现代化。因此，本章基于陕西的经济现代化和科技创新现代化预测陕西省基本实现现代化的人才支持战略。

在经济快速发展的环境下，各产业现代化发展的需求引致了对现代化人才的需求。通常来讲，现代化产业越发达的区域对人才的需求量越大。区域的经济发展水平与人才需求之间相互影响、紧密联系，区域发展作为人才需求的重要支撑，对人才需求的数量和质量等方面存在着影响，而人才需求作为区域发展的有用推动力，是区域经济发展不可或缺的因素。一个地区的经济发展水平越高，现代化水平就越高，对人才的数量、质量和层次的要求也就越高。现代化人才能够吸引现代投资资本，形成技术创新，激活了各种现代化的生产要素，因此对区域经济发展实现现代化有重大的促进作用。

影响地区人才战略的现代化因素多种多样，不同的影响因素对人才需求和战略的动力不尽相同。在定量的模型预测中，如果考虑的影响因素过多，会增加模型运算的复杂程度及降低模型预测的精度，也会减弱核心影响因素的作用。在众多影响现代化人才需求的经济因素中，本章以经济现代化发展为目标，主要关注陕西省的经济现代化发展水平对人才战略的影响。经济发展的现代化主要体现在产出、经济结构、城镇化率、劳动生产率和信息农业现代化水平等方面，因此本章根据选取的基本实现现代化的经济发展主要指标，作为影响人才战略主要因素指标进行预测，具体如表14－3所示。

表 14 -3　影响陕西人才战略的现代化经济发展指标

	序号	指标名称	单位	目标 1	目标 2	目标 3
经济发展现代化	1	地区人均生产总值	元	100000	130000	180000
	2	服务业增加值占 GDP 比重/%		55	60	65
	3	工业全员劳动生产率	千元	450	480	500
	4	城镇化率/%		65	70	75
	5	信息现代化发展水平/%		20	30	50
	6	现代农业发展水平/%		20	30	50
	7	研发支出占 GDP 比重/%		2.5	2.8	3

14.3.2　预测方法与数据处理

（1）预测方法选取

常用的人才需求预测方法一般可以分为两大类：相关分析法和时间序列法。时间序列法主要是从时间序列中发现规律，反映人才需求的变化趋势，其需要以充分的历史数据为基础，且无法根据影响因素变化而调整。相关分析法则是根据人才需求及其所处的经济社会科技环境以及它们之间的相互影响构建模型。诸多的研究表明，时间序列法更适合于短期预测，而相关分析法适合于长期预测，本章预测未来 15 年的人才需求战略，因此采用更适合于长期预测的神经网络预测法。

（2）数据处理、网络设计与检验

本章选择地区人均生产总值、服务业增加值占 GDP 比重、工业全员劳动生产率、城镇化率、信息现代化发展水平、现代农业发展水平和研发支出占 GDP 比重作为现代化人才需求的影响因素，同时考虑到人才的层次、人才的结构以及人才的数量，分别利用工业企业研究人员当时量（用以表示产业人才）、高校专职教师数（用以表示教育人才）和高层次人才数量来衡量人才发展需求。其中，高层次人才包括国家优青、杰出青年、工程院院士、科学院院士和长江学者。数据主要来源于《中经网统计数据库》《中国统计年鉴 2020》和《中国经济数据库》。影响因素指标中现代农业发展水平用人均农业机械总动力度量，信息现代化发展水平利用人均宽带接入数量度量，城市化率利用城镇人口占区域人口的比例来度量。目前，关于现代化的研究还处于起步阶段，对于现代化也没有明确的界定，不同地区实现现代化的目标不尽相同，很多地区根据地区发展状况建立了自己的现代化的指标体系，但还没有统一的现代化目标和指标体系。本章参考江苏、广东、天津、武汉等已建立现代化指标体系的省份和城市，结合它们实现现代化指标体系的目标值，根据目标从小到大，设立三种方案，分别在三种方案下预测陕西实现现代化的人才战略目标需求（见表 14－4）。

表 14－4　未来 15 年陕西基本实现现代化的人才需求　（%）

人才类型	2025 年			2030 年			2035 年		
	目标 1	目标 2	目标 3	目标 1	目标 2	目标 3	目标 1	目标 2	目标 3
产业技术人才	61.10	80.62	110.18	161.25	161.25	220.23	183.30	241.87	330.28
高等教育人才	112.24	120.38	121.65	224.48	240.77	243.30	336.73	361.15	364.95
高层次人才	60.93	62.27	62.93	120.87	122.54	125.87	180.80	183.80	188.80

由于神经网络具有良好的非线性变化和自适应的学习能力，能够从样本中学习以前的经验，解决数学模型难以处理的问题，因此本章选择神经网络预测陕西的人才战略需求。网络预测的结果与样本的选择以及网络结构的设定关系密切。为了保证了数据的一致性，神经网络在做预测之前，对数据进行标准化处理，标准化可以减少量纲差异，加快神经网络的收敛速度，本章标准化的方法为 $(X-\mu)/\sigma$ ，其中 μ 为样本均值，σ 为样本标准差。

关于网络结构设计，目前并没有明确的参考，需要重复实验才能确定最佳的节点数量和网络层数。例如，经过较多轮迭代后，训练误差数值仍很高，说明需要增多神经元个数以提高模型复杂度。若训练完成后，训练误差远高于测试误差，则需要减少神经元数量以降低模型复杂度对抗过拟合。本章通过大量重复实验最终确定网络类型为全连接神经网络，输入层 18 个神经元，第一层全连接层 256 个神经元，第一层激活函数为：

$$eaky - relu(x) = \begin{cases} x & x \geqslant 0 \\ 0.01x & x < 0 \end{cases}$$

第二层全连接层有 512 个神经元，第二层激活函数为

$$relu(x) = \begin{cases} x & x \geqslant 0 \\ 0 & x < 0 \end{cases}$$

输出层 1 个神经元。

本章的样本集来自 2011—2019 年西部地区 12 个省份的数据①，随机选择 70% 的样本作为训练集，训练结束后，利用剩余的 30% 测试模型预测的精度。网络训练的方法是先正向建立如上网络结构，通过 Adam 优化器反向传播梯度值更新参数。

14.3.3 未来 15 年陕西基本实现现代化人才需求预测

根据《中共陕西省委关于制定国民经济和社会发展第十四个五年规划和二〇三五年远景目标的建议》，到 2035 年基本建成现代化经济体系，因此本文的预测中，设定这些目标将在 2035 年实现。根据表 14－4 设定的三种方案，分别在三种方案下，预测陕西省基本实现现代化的人才目标需求。由于篇幅所限，只显示了在 2025 年、2030 年和 2035 年三种目标方案下，陕西人才需求相对于 2019 年变化的百分比。根据模型预测结果，基本实现现代化的目标越高远，对产业技术人才的需求就越多。例如，根据表 14－4，到 2035 年，在目标 1 下陕西的产业技术人才需求相对于 2019 年增加 183.30%，而在目标 3 下，产业技术人才相对于 2019 年增加 330.28%。而对于高等教育人才和高层次人才，各种目标下人才的需求量差异不显著。例如，相对于 2019 年，到 2035 年在目标 1 下陕西省高等教育人才和高层次人才需求量分别增加 336.73% 和 180.80%，而在目标 3 下分别增加 364.95% 和 188.8%，说明高等教育人才和高层次人才对实现现代化有明显的边际生产力递减效应。随着基本实现现代化的不断深化，地

① 为了提高模型的精度，本章的训练集样本选取西部地区 12 省的数据，增加样本容量，提高模型的稳定性。

区对于高等教育人才和高层次人才的需求量增加速度在逐渐降低。同时根据预测结果，要实现现代化的目标，陕西目前不管是产业技术人才、高等教育人才还是高层次人才的人才储备量都严重不足。要实现现代化的目标，人才的需求量相对于2019年至少要增加一倍。

14.4 陕西基本实现现代化的人才战略政策建议

人才战略要突出解决区域社会经济发展的重点问题，陕西现代化建设中面临着社会发展滞后、经济发展创新动力不足、服务竞争力不足等一系列现实问题。陕西人才战略应该以科学的发展观和现代化理论为指导，以解决陕西实现现代化中存在的问题作为人才战略的出发点，据此提出如下政策建议：

14.4.1 深化教育改革，完善人才结构

加强教育培训力度和普及程度，明确教育资源侧重方向，加大高层次专业技术人才、高技能人才、农村实用人才发展投入，普遍提升省内人力资源教育水平，优化人才培育环境，合理调整省内人才结构，注重人才数量与质量同步提升。在加强现代化建设背景下，人才培养机制要灵活机动，紧跟时代需求，树立科学的人才发展观，根据现代化经济社会的发展需求进行及时调整，削弱教育制度的滞后性。要将人才教育与现代化需求紧密结合，建立适应现代化发展的人才体系。优化人才效能转化机制，充分开发人才资源，实现人才、经济、科技协同推动现代化发展。

14.4.2 搭建人才共享平台，打造人才高地

陕西存在各地市发展不平衡、政府财力分布不均衡的情况，其他各地市与省会城市西安相比在社会发展与财力等方面没有可比性，人才引进也不具有竞争力。要想实现现代化人才战略，关键在于区域人才共享。要打破省内区域间行政区划壁垒对人才共享的限制，鼓励人才短期流动与交流互鉴，实现省内人才共享，避免地区之间恶性竞争。人才共享平台有利于

实现人才高发展地区带动周围地区人才发展的人才模式，让先发展起来的省会西安凭借其较高的综合实力吸引大量人才，而后加强区域内人才合作交流，推动企业、项目跨县域合作，加强人才资源区域内流动，扩大人才实力较高地区的影响力和辐射力，在欠发达地区进行成功经验复制推广，最终实现人才共同发展。

14.4.3 创新人才激励、评价机制，完善陕西人才社会保障制度

陕西相较东部沿海城市人才吸引政策本就不具有竞争优势，要想推动人才战略发展，更需要创新人才优惠政策，简化人才评定、入境、居留程序，完善人才福利体制。更重要的是要真正为人才考虑，顾及其心理因素，从配偶迁移、户籍制度、子女教育、养老保险等角度为人才提供充分保障，完善医疗、交通、环境、社会保障等基础设施建设，不仅让引进人才长期居留陕西，还要留住本地原有人才。创新人才评价机制，改善更多依托于学历、职称、资力、奖项的原有评价机制，选取更多评价指标，注重人才品德、能力、知识，建立多元化、全方位人才评价体系，针对不同人才建立不同体系，重视人才实际贡献率，更好地体现人才价值。

14.4.4 发展陕西综合实力，提高人才吸引力

地区综合实力是制约人才发展的重要因素。只有强盛的综合实力才是吸引人才、留住人才的根本保障。高水平的综合实力会带来更好的就业机遇、更开放的发展空间、更高的生活水平、更完善的基础建设、更先进的科研条件，这些对人才无疑是强大的吸引力。充分发挥陕西地理位置、特色产业、资源禀赋、历史文化等独特优势，基于西部大开发、“一带一路”等政策推动经济发展，以省会城市西安为核心，带动其他地区共同发展。深化重点领域和关键环节改革，积极打造优良的人才发展环境，提升环境吸引力，使陕西具有强劲的人才竞争优势。

15 陕西基本实现现代化的营商环境支持

我国经济已由高速增长阶段转向高质量发展阶段，从主要依靠要素投入向依靠创新驱动转变，经济的发展将主要依靠人力资本质量和技术进步。打造国际一流营商环境，吸引各类高端要素，形成以人才、资本、技术、服务、品牌为核心的综合竞争优势，是推动高质量发展的必然选择。近年来，我国高度重视优化营商环境。2018 年，国家发展和改革委员会牵头构建了具有中国特色的营商环境指标体系；2019 年，国务院出台《优化营商化境条例》，为优化营商环境改革提供制度保障；2020 年，国家“十四五”规划强调要持续优化市场化、法治化、国际化营商环境。陕西认真贯彻党中央国务院决策部署，于 2018 年 5 月 1 日出台，并于 2020 年重新修订了《陕西优化营商环境条例》，2021 年，陕西“十四五”规划强调要落实《陕西省优化营商环境条例》，加快打造市场化、法治化、国际化营商环境。

15.1 陕西基本实现现代化营商环境支持的态势分析

顺应国际形势的新变化和国内改革发展新趋势的要求，认真贯彻落实党中央、国务院的决策部署，陕西实现了营商环境持续稳定的提升。

15.1.1 陕西营商环境支持的评价指标体系

2003 年，世界银行首次发布《营商环境报告》，并将营商环境定义为企业在申请开设、生产经营、贸易活动、纳税、关闭及执行合约等方面遵循政策法规所需要的时间和成本等条件的总和，并提出了营商环境综合评价体系。基于我国国情，我国学者陈伟伟、张琦（2019）将营商环境定义为某一区域内对企业生产运作有直接或间接影响的外部环境，且这些外部环境对企业存在普遍影响，是企业无法通过自身能力轻易改变的，若想改善这一外部环境需要政府、社会等多方力量的介入。对于营商环境应包含的因素，娄成武、张国勇（2018）认为营商环境应包含政务环境、市场环境、法治环境、基础设施环境、要素环境等在内的发展环境；魏淑艳和孙峰（2017）认为营商环境应当包括政治环境、经济和市场环境、法律环境、融资环境和社会化服务环境等因素。借鉴世界银行的指标体系，结合我国国情以及陕西区域经济发展状况，本章构建了陕西营商环境评价指标体系（见表 15－1）。

表 15－1　陕西营商环境评价指标体系

指标类型	具体测度指标	指标类型	具体测度指标
市场环境	国民生产总值	创新环境	R&D 经费投入力度
	国民生产总值增长幅度		R&D 人员投入力度
	人均生产总值		R&D 项目数
	人均可支配收入		专利申请数
	人均消费支出	政商关系环境	对不同企业一视同仁
	企业税费负担		政府规章制度公开透明
	金融服务和融资成本		政府干预程度
	市场环境和中介服务		审批手续简便易行
	—		与政府打交道时间比例
生活环境	每万人医疗床位数		综合行政干预和政府效率
	人均教育经费投入	监管执法与法治保障环境	行政执法公正
	人均社会保障和就业投入		司法公正和效率
	城市绿化覆盖率		企业合同正常履行
	全年空气质量优良比率		经营者财产和人身安全
	基础设施条件		知识产权、技术、品牌保护
	—		企业经营综合法治环境

15.1.2 陕西营商环境支持的态势分析

（1）市场环境支持的态势分析

市场环境直接决定投资者的决策行为，是营商环境优化的基础和依据。如表15－2所示，近年来陕西的市场环境逐步向好。首先，就经济实力总量而言，陕西国民生产总值稳步增长，由2015年的17898.80亿元增长为2019年的25793.17亿元，增长幅度在2015—2018年均超过国家平均水平，2019年6.0%的增速基本与国家整体6.1%的增速持平。其次，就人均经济实力而言，人均生产总值、人均可支配收入和人均消费支出呈逐年稳步递增趋势（见图15－1）。其中，人均生产总值由2015年的人均47 301元到2019年的人均66 649元，5年时间增长幅度达40.9%。

表15－2 2015—2019年陕西市场环境指标值

年份	国民生产总值/亿元	生产总值增长幅度/%	人均生产总值/元	人均可支配收入/元	人均消费支出/元
2015	17898.80	8.0	47301	17395.0	13087
2016	19045.75	7.6	50081	18873.7	13943
2017	21473.45	8.0	56154	20635.2	14900
2018	23941.88	8.3	62195	22528.3	16160
2019	25793.17	6.0	66649	24666.3	17465

资料来源：历年《陕西省统计年鉴》。

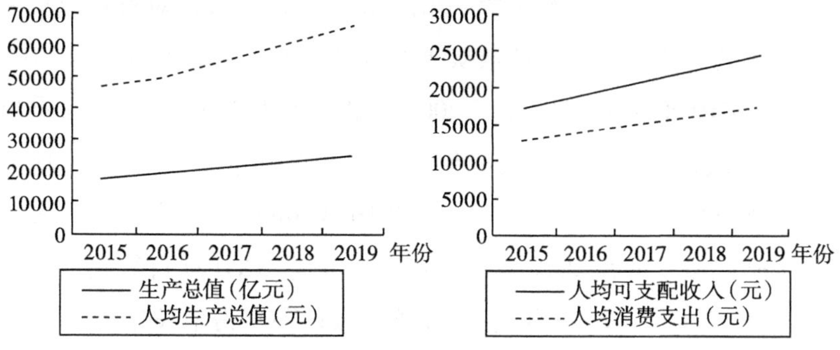

图15－1 陕西经济实力增长趋势

另外，根据王小鲁、樊纲和胡李鹏的《中国分省份企业经营环境指数报告2020》（以下简称《经营环境2020》）（见表15－3），陕西金融服务和融资成本、市场环境和中介服务两个指标值均在2012—2019年的三次评分中呈稳步提升趋势，说明陕西的金融服务、融资成本、市场环境和中介服务等方面的营商环境逐步向好。企业税费负担指标值自2012年的2.84提高至2016年的3.53，但在2019年出现小幅度下滑，说明陕西应当继续在降低企业税费负担方面作出努力。

表15－3　陕西市场环境指标值

年份	企业税费负担	金融服务和融资成本	市场环境和中介服务
2012	2.84	3.03	2.92
2016	3.53	3.47	3.26
2019	3.43	3.56	3.40

（2）创新环境支持的态势分析

创新创业是促进区域发展的重要力量，人才引进和技术创新是企业实现长期驱动发展的必备要素。政府、企业加强研发投入力度，能够吸引并留住人才，推动企业发展和经济转型升级，从而优化营商环境。反过来，营商环境具有显著的技术促进效应（卢万青、陈万灵，2018）。如表15－4所示，2015—2019年，陕西工业企业研发经费投入力度逐年递增，尤其是2018年和2019年增幅分别超过20亿元和24亿元，显著高于2016年和2017年11亿元的增幅。陕西省快速增加的R&D投入，对科技成果的产出产生了显著的影响，专利申请数从2015年的7521件逐年递增至2019年的12797件，2019年较上年增加了2000多件，增幅远远超过之前年份。在R&D投入力度快速加大和科技成果产出骤增的背景下，企业R&D人员的投入力度则整体呈先增后减趋势，在2016年R&D人员数量达到峰值，随之出现下降趋势，但在2019年有所回升。企业R&D项目数则呈曲线上升趋势（见图15－2），2019年达6098项，较以前年份增长显著。

表 15－4 陕西创新环境指标值

年份	R&D 经费投入力度/万元	企业 R&D 人员投入力度/人	R&D 项目数/项	专利申请数/件
2015	1725829	45052	4054	7521
2016	1844216	45362	4487	8142
2017	1963697	44672	5125	9232
2018	2165554	39315	4470	10182
2019	2408037	42983	6098	12797

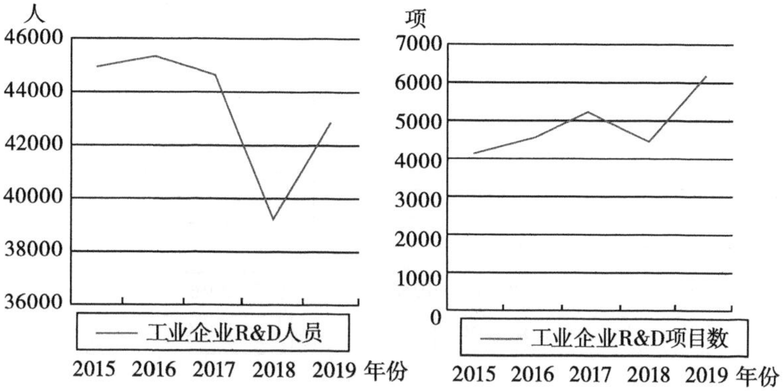

图 15－2 陕西工业企业 R&D 人员和项目增长趋势

（3）生活环境支持的态势分析

生活环境是营商环境的基础，好的营商环境首先是宜居宜业，满足当地民众的公共需求。收入水平、医疗、教育、社会保障和就业以及生态环境是一个地区人民群众基本生活条件的保障，好的生活环境可以为营商环境提供土壤。由表 15－5 可知，陕西的生活环境整体向好。医疗、教育和社会保障方面，2015—2019 年，每万人医疗床位数和人均社会保障和就业投入逐年增加，人均教育经费投入逐年增加，在 2019 年出现大幅度增加。在生态环境方面，陕西的城市绿化覆盖率在 2015—2018 年逐年下降，但 2019 年有所回升；全年空气质量优良比率 2016 年最低，之后便逐年提升，至 2019 年达到 72.7%（见图 15－3）。基础设施条件方面，根据《经营环境 2020》，2012 年的指数值为 2.29，2016 年和 2019 年的指数值提升为

3.89 和 3.85，较 2012 年有了较大幅度的提高。

表 15－5 陕西生活环境指标值

年份	每万人医疗床位数（张/万人）	人均教育经费投入（元/人）	人均社会保障和就业投入/亿元	城市绿化覆盖率/%	全年空气质量优良比率/%
2015	55.87	1998.60	1666.20	40.6	69.5
2016	59.11	2039.16	1719.07	40.1	62.9
2017	62.95	2159.71	1872.80	39.9	65.3
2018	65.66	2255.28	2054.50	38.8	66.5
2019	68.58	2454.15	2202.12	39.3	72.7

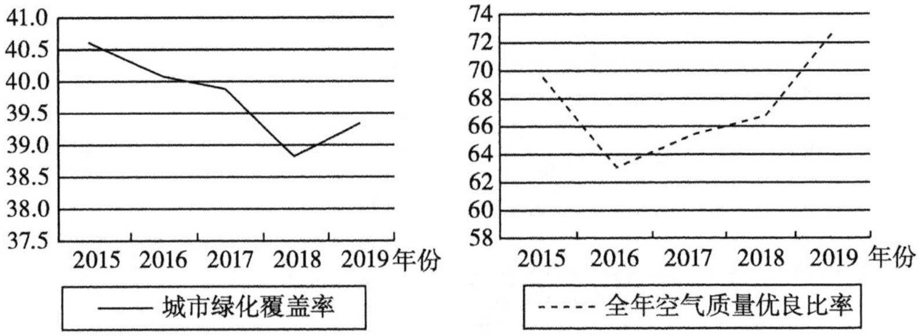

图 15－3 陕西省城市绿化覆盖率和空气质量变化趋势

（4）政商关系环境支持的态势分析

政商关系是营商环境的关键。政府效率、政府干预程度、与政府打交道的时间比例以及是否能够对不同企业一视同仁是一个地区和城市与企业沟通效率的直接体现。由表 15－6 可知，陕西对不同企业一视同仁、审批手续简便易行、综合行政干预与政府效率等三个指数值自 2012 年至 2019 年逐年提高；政策规章制度公开透明、政府干预程度的指标值在 2016 年最高，在 2019 年出现小幅度下滑，但仍高于 2012 年的指标值，整体趋势向好；与政府打交道时间比例指标值在 2016 年最低，在 2019 年最高。说明近几年陕西推行的审批服务事项颗粒化和流程化再造，丰富完善全省统一事项库和省市县三级“马上办、网上办、就近办、一次办”事项等优化政务服务环境的措施取得了显著的成效。

表 15-6　陕西政务服务环境指标

年份	对不同企业一视同仁	政策规章制度公开透明	政府干预程度	审批手续简便易行	与政府打交道时间比例	综合行政干预与政府效率
2012	2.72	3.14	3.24	2.69	3.35	3.14
2016	3.25	3.69	3.83	3.22	2.64	3.37
2019	3.54	3.57	3.58	3.67	3.77	3.67

资料来源：《中国分省份企业经营环境指数报告（2020）》。

（5）监管执法与法治保障环境支持的态势分析

2020 年 10 月，习近平总书记主持召开的中央全面依法治国委员会第二次会议强调，“法治是最好的营商环境”，法治化营商环境是竞争优势的关键。由表 15-7 中可以看出，陕西司法公正和效率与知识产权、技术、品牌保护两个指标值在 2012—2019 年稳步提高，行政执法公正、企业合同正常履行、经营者财产和人身安全与企业经营综合法治环境等四项指数值的最高值均在 2016 年，2019 年虽有所下滑，但高于 2012 年的指标值。

表 15-7　陕西省监管执法与法治保障环境指标值

年份	行政执法公正	司法公正和效率	企业合同正常履行	经营者财产和人身安全	知识产权、技术、品牌保护	企业经营综合法治环境
2012	3.12	2.99	3.41	3.45	3.35	3.20
2016	3.69	3.72	3.83	4.33	3.72	3.90
2019	3.49	3.83	3.66	3.94	3.83	3.81

资料来源：《中国分省份企业经营环境指数报告（2020）》。

15.1.3　陕西营商环境支持现存的问题

（1）市场环境支持现存的问题

其一，经济实力低于全国平均水平。如图 15-4 和图 15-5 所示，虽然陕西国民生产总值、人均国民生产总值、人均可支配收入、人均消费支出逐年递增，但基于我国东西部地区经济发展不均衡的现状，这些指标的整体水平低于全国平均水平，更是远远低于东南沿海省份，而且差距有逐步加大的趋势。其二，企业经营成本较高。由表 15－8 可知，2019 年，陕西省企业的税费负担、金融服务和融资成本两个指标值在全国 31 个省（市、区）中均排在第 19 位，说明陕西企业税费负担和融资成本高于全国大部分省（市、区）。其三，市场环境和中介服务不完善。陕西市场环境和中介服务指数 2019 年排在第 16 位，也具有较大的上升空间。

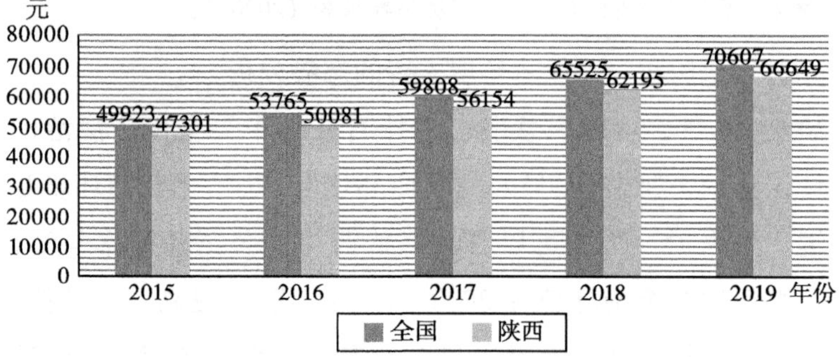

图 15－4　陕西与全国人均生产总值比较

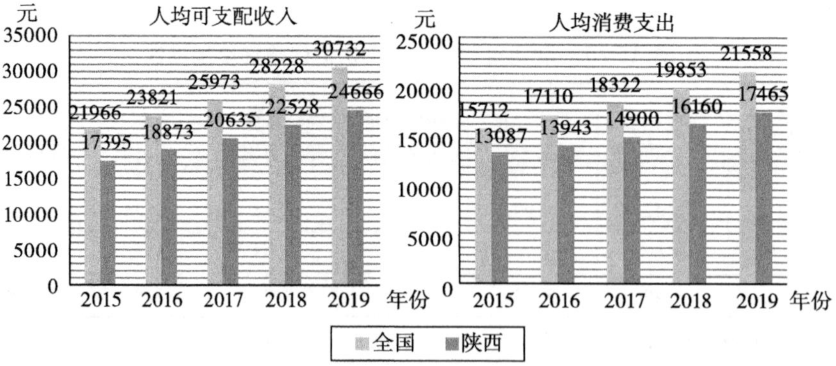

图 15－5　陕西与全国人均可支配收入、人均消费支出比较

表 15－8　陕西市场环境指数排名

年份	企业税费负担排名	金融服务和融资成本	市场环境和中介服务
2012	10	16	18
2016	22	12	14
2019	19	19	16

资料来源：《中国分省份企业经营环境指数报告 2020》。

（2）创新环境支持现存的问题

陕西工业企业 R&D 经费投入近几年保持较快增长，但仍然存在如下问题：其一，工业企业 R&D 经费投入较低。根据《全国科技经费投入统计公报》，陕西 2018 年全省 R&D 经费投入排在全国第七位，2019 年继续保持全国第七位，居中西北部地区第一位，但工业企业 R&D 投入力度则排在全国第 17 位，远不如全省 R&D 整体投入的排名靠前。其二，人才引入和保持能力有待提升。由图 15－2 可知，2018 年陕西 R&D 人员投入急剧下跌，2019 年虽有所回升，但根据《中国统计年鉴（2019）》，陕西省 R&D 人员投入居全国第 18 位，较为靠后。

（3）生活环境支持现存的问题

其一，生态环境有待于改善。陕西地处中国内陆西北地区，大部分地区冬季寒冷干燥，作为能源大省，环境保护有待加强，尤其进入冬季采暖期以后，大气污染较为严重，空气质量较差。如表 15－9 和图 15－6 所示，陕西全年空气质量优良比率一直低于全国平均水平，城市绿化覆盖率自 2016 年以来也一直低于全国平均水平，这会对外来投资者在陕西投资决策带来负面影响。其二，基础设施条件有待改善。虽然陕西在公、铁、空、管道等交通方式上拥有一定的便利条件，但整体基础设施建设较为落后。根据《经营环境 2020》，陕西基础设施条件指数值在 2012—2016 年一直排在全国第 16～第 18 位。陕西作为“一带一路”重要省份，基础设施建设有待加强。

表 15－9　陕西与全国生态环境比较　（%）

年份	全国城市绿化覆盖率	陕西城市绿化覆盖率	全国全年空气质量优良比率	陕西全年空气质量优良比率
2015	40.1	40.6	76.7	69.5
2016	40.3	40.1	78.8	62.9
2017	40.9	39.9	78.0	65.3
2018	41.1	38.8	79.3	66.5
2019	41.5	39.3	82.0	72.7

资料来源：《陕西环境状态公报》和《中国生态环境状态公报》。

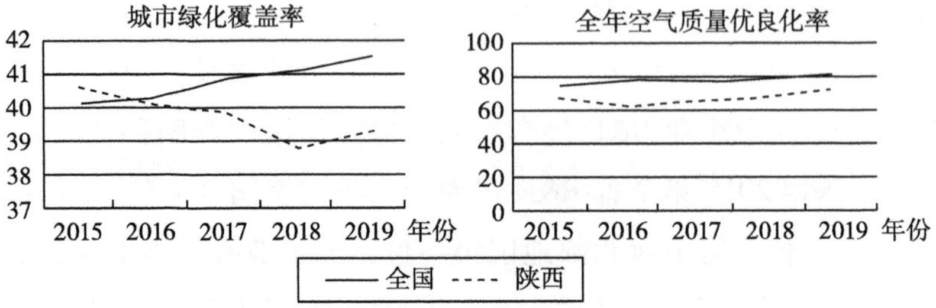

图 15-6　陕西与全国生态环境对比

（4）政商关系环境支持现存的问题

陕西作为传统工业和能源企业占主体的省份，长期以来的政务环境形成的治理模式具有一定程度的“强政府、弱市场”特征，尤其是省会城市西安，拥有较大数量和体量的国有企业，长期以来形成“政府干预市场”的局面。由表 15-10 可知，2019 年，陕西对不同企业一视同仁和与政府打交道时间比例两个指标值分别排在全国第 12 位和第 11 位，较之以前年度排名提前较多，但陕西政商关系仍存在以下问题：其一，政府干预程度较大，陕西的政府干预程度指标值一度在 2016 年全国各省中排名第四位，但 2019 年排名下滑到第 20 位，可见政府干预程度在“十三五”期间不减反增。其二，政策规章制度不够公开透明，陕西政策规章制度公开透明指数在 2012—2019 年全国排名一路下滑，至 2019 年下滑至全国倒数第一，说明了问题的严重性。其三，政府审批手续有待进一步精简，2012—2019 年，审批手续简便易行指标在全国排名逐年提升，至 2019 年提升至全国第 18 位，但仍然存在较大的提升空间。

表 15-10　陕西政府服务环境指数全国排名

年份	对不同企业一视同仁	政策规章制度公开透明	政府干预程度	审批手续简便易行	与政府打交道时间比例	综合行政干预与政府效率
2012	13	14	26	23	23	20
2016	29	18	4	26	26	25
2019	12	31	20	18	11	16

资料来源：《中国分省份企业经营环境指数报告（2020）》。

(5) 监管执法与法治保障环境支持现存的问题

通过陕西近年的改革，司法公正和效率得到很大提升，经营者财产和人身安全的保护方面也卓有成效，但从表 15－11 可知仍然存在一些问题：其一，司法公正和行政执法公正性有待于提高。2019 年，陕西行政执法公正、司法公正和效率指数的排名较之前年度出现明显下滑，其中行政执法公正下滑至全国倒数第二，企业合同正常履行受到挑战，其指数在 2019 年排名全国第 20 位。其二。经营者财产和人身安全不能有效保障，其指数在 2016 年上升为全国第四位，却在 2019 年下降到全国第 22 位。其三，知识产权、技术、品牌保护力度不够，其指数一直在全国排名较为靠后，2019 年居全国第 20 位。

表 15－11 陕西监管执法与法治保障环境指数全国排名

年份	行政执法公正	司法公正和效率	企业合同正常履行	经营者财产和人身安全	知识产权、技术、品牌保护	企业经营综合法治环境
2012	11	11	18	20	17	16
2016	13	7	13	4	24	8
2019	30	22	20	22	20	23

资料来源：《中国分省份企业经营环境指数报告（2020）》。

15.2 陕西基本实现现代化营商环境支持的路径

15.2.1 加强营商环境相关顶层设计

《陕西省优化营商环境条例》（以下简称《条例》）于 2018 年 5 月 1 日开始实施，标志着陕西营商环境优化工作进入规范化、法制化轨道。该条例从保护市场主体、提升政府公共服务水平、规范政府监管行为、维护市场秩序、明确监督保障措施等方面，对优化提升全省营商环境工作进行了规范。同时应当看到，优化营商环境顶层设计应多层次、立体化，在注重确权规制的同时，还应根据优化营商环境的客观规律和发展趋势，针对具体问题具体分析。陕西虽然有了统一规范的营商环境法律制度，但是全省各地经济发展水平不同，南北产业结构、生态环境差异较大，经济体量更是大小不一，《条例》中主要是原则性的要求，针对各地的具体问题缺乏具体的可操作性。因此，应在陕西统一的法律规范之下，充分利用各地市的立法权，针对各地的具体问题进行立法，增强法律规范的可操作性，使各地的营商环境提升不仅有法可依，还要有具体标准可循。

15.2.2 营造开放活跃的市场环境

陕西具有独特的优势和良好的基础，既有交通、区位等硬支撑，又有文化、科技、人才等软实力。陕西应当基于区位和资源优势，主动融入新发展格局，全面扩大开放和高质量发展，逐步缩小与东南沿海地区的经济实力差距。在提高经济实力的同时，其一，构建现代产业体系，主动融入国际分工体系，从全球产业链、价值链、供应链的视野出发，构建融合科技与创新协同发展的产业生态体系，注重企业集群的形成，从而提升产业的整体竞争力。其二，降低企业融资成本，尤其要解决民营及小微企业的融资困境，建立小微企业的信用评级制度，对优质民营企业和小微企业提供贷款优惠政策，推动生产性经营成本的降低，缓解小微企业的融资压力。其三，推进税制改革，实施以制造业为中心的减税降费措施，在切实降低企业税费（尤其是中小企业税负）的同时，结合陕西的实际情况，增加对企业的税收补贴，让利于市场，让利于企业。其四，规范中介服务市场。禁止带有政府性质的资源介入中介服务市场，实现中介服务的市场化运营。严厉打击黑恶势力介入中介服务市场，实现中介服务的合法化运营。

15.2.3 营造宽松有序的创新创业氛围

首先，优化人才发展环境。人才是创新创业的主体，陕西应注重人才引入和人才保持策略，制定出台会聚人才的具体措施，实施更积极有效的人才政策，加大力度支持国际高端人才及其团队的引进，出台针对国内外专家个人所得税减免、保险保障、科研创新支持等政策，不仅要把人才引进来，还应该让人才有用武之地和发展前景，扎下根。其次，持续完善有利于企业创新的体制机制。李克强总理说，创新还要依靠市场的力量，企业是创新的主体。政府不仅要加大工业企业创新投入力度，还应当出台有利于企业创新的机制体制，鼓励企业和社会力量加大技术创新投入。最后，增强对企业创新投入的事中事后监督，应创新对企业创新投入的监管方式，既要杜绝对企业创新活动的唯结果论，也要防止对创新投入放任不管，在提高产出投入比的同时，维护企业创新创业的积极性。

15.2.4 营造绿色完善的生活环境

生活环境是营商环境的重要组成部分，更好的教育、医疗、社保等公共服务体系可以提供更高质量的生活，公共基础设施和生态环境可以提高人们生活的幸福感和获得感，成为吸引高端人才和高端要素的重要因素。为了多方位优化陕西营商环境，陕西应当注重以下方面的提升。其一，进一步完善教育、医疗、社保等公共服务体系，健全多层次社会保障体系，改善民生，维护社会公平。其二，加强陕西的生态环境建设，建立良性的循环体系，加强对大气和水资源污染的治理，着力提高全省空气质量，加强对城市环境建设的重视程度，打造宜居生活环境。其三，加强基础设施建设，布局科学、合理的交通基础设施，不仅要规划城市交通的便利度，也应该加强各城市之间的通勤能力。

15.2.5 营造简单规范的政商关系环境

市场主体在许多方面需要与政府打交道，政府依法行政是优化营商环境的重要环节。首先，应当厘清政府与市场的关系，转变政府职能。政府应充分尊重市场经济运行规律，营造宽松的环境，充分释放市场主体活力，对市场的干预只是为了解决市场解决不了的问题，弥补市场缺陷。其次，公开政策规章制度，构建科学有效的行政权力运行制约和监督体系，打造市场主体公平竞争的营商环境。最后，进一步提高精简高效的政务服务效率。建立运用互联网、大数据、人工智能等技术手段进行行政管理的制度规则，加快推进一体化政务服务平台建设，不断创新和优化办事流程，精简不必要的程序，有效缩减企业与政府打交道的时间，使政商关系变得简单规范。

15.2.6 营造公平诚信的法治人文环境

创造法治化的营商环境，科学立法是前提，严格执法是关键，公正司法是保障，全民守法是基础，谁拥有法治化营商环境，谁就拥有竞争优势①。将优化营商环境建设全面纳入法治化轨道，把依法平等保护各类市场主体产权和合法权益贯彻到立法、执法、司法、守法等各个环节。陕西要建立法治化的营商环境，其一，应当规范行政执法，强化政府工作人员的法治思维，使其在处理工作中的问题和矛盾时，能够使用合理合法的方式维护社会公平，树立政府的公信力。其二，依法保护企业的合法权益，尤其对涉及财产问题的事件，要明确划分各项财产的归属权，做到各项操作有法可依、依法处理。其三，应当加大对知识产权、技术和品牌的保护力度，严格执行法律法规，对涉嫌侵权的事件要及时受理并审查，处理结果要公开透明。

15.3 未来15年陕西基本实现现代化营商环境支持的趋势预测

随着贯彻实施党的十九大对实现第二个百年奋斗目标分两个阶段推进的战略安排，围绕2035年基本实现社会主义现代化目标任务，陕西营商环境在未来15年将基本实现市场化、法治化、国际化，处在全国第一方阵。

15.3.1 经济综合实力大幅度提升

陕西将形成对外开放新格局，成为内陆开放新高地，建成内陆地区效率高、成本低、服务优的国际贸易通道，市场主体更加充满活力。陕西自贸试验区的改革创新经验得到推广，在投资贸易便利、金融服务、“一带一路”经济与人文交流、现代农业国家交流合作等方面构建开放创新的制度环境和发展环境。通过构筑亚欧陆海贸易的通道，西安国际港务区、西

① 法治是最好的营商环境[N]. 人民日报,2020-10-16.

线新区空港新城得到建设发展，中欧列“长安号”市场化运营，形成效率高“成本低”服务优的国际贸易通道。在高质量发展的基础上，人均生产总值较2020年翻了一番，城乡居民收入较2020年翻一番以上，中等收入群体显著扩大。

15.3.2 广聚海内外高层次人才

通过建立新型人才培养和引进机制，实施更具吸引力的人才集聚政策，畅通校企人才交流渠道，设立人才引进创投基金等多种人才集聚措施，陕西未来15年将广泛汇聚海内外高层次人才。同时，人才服务保障优化，开辟海外高层次人才高级职称评审绿色通道，建立与国际标准接轨的科技人才评价标准；陕西教育和社会保障体系更加健全，义务教育学校和幼儿园布局科学，优质教育资源配置均衡；多层次社会保障体系健全，全民参保得到落实；基本医疗保险覆盖全民，医疗资源下沉，形成公共卫生防护网，构建高质量医疗服务体系，为留住人才提供保障。未来15年，陕西将成为教育强省，社会保障体系健全，将成为国内外高端人才的聚集地。

15.3.3 创新创业型省份基本建成

未来15年，通过与创新相关的税收优惠和财政奖补政策的激励，陕西企业研发投入力度加大。企业在技术创新中将发挥主体作用，以企业为投入主体、政府作政策引导、科技与市场紧密结合的研发机制得以健全。更多的规模以上工业企业、农业龙头企业和特级建筑企业等设立研发机构，建立起全链条产业技术创新体系。科技成果、知识产权归属和利益分享机制完善，通过建设全省知识产权大数据公共服务平台，设立中国（陕西）知识产权保护中心，高质量发明专利数量大幅度提升。国家有关研发费用税前加计扣除、重大装备首台（套）、重点新材料首批次、重要工业软件首版次保险补偿、高新技术企业税收优惠政策落实。减税降费政策完善，各类涉企收费规范，减税降费等各项纾困惠企政策落实，中小企业融资困难的局面得以缓解，企业税费负担大幅度降低。未来15年，陕西高标准的市场创新体系将基本形成，市场主体更加充满活力。

15.3.4 建成绿色宜居的美丽陕西

未来15年，陕西的生态环境实现根本好转，关中地区大气污染治理取得明显成效，实现能源、经济、生态一体化高效发展。"绿水青山就是金山银山"的理念深入人心，绿色生活方式广泛形成，三秦大地山更绿、水更清、天更蓝。城市安全宜居水平也将大幅度提高，城市消防、公共卫生等安全设施更为完备；城市园林建设更为完善，绿色空间更为广泛。系统完备、高效实用、智能绿色、安全可靠的现代化基础设施体系形成，通过提升铁路网、优化公路网、拓展航空运输网、发展城市轨道交通网，构建安全、便捷、高效、绿色、经济的现代化综合交通体系，全省交通网络布局更加优化，高效率交通运输基础设施覆盖率达到100%；通过智能电网、油气管道、储气库的建设与完善，构建安全高效的现代能源基础设施。

15.3.5 形成数字化、规范化的政商沟通渠道

未来15年，互联网、大数据、人工智能等技术手段在行政管理中广泛应用，数字政府建成，职责明确、依法行政的政府治理体系得以完善。"放管服"改革取得成效，行政审批制度全面推开"一件事一次办"，政府服务可以"跨省通办""一网通办""一网办好"。涉企经营行政许可事项精简，对新产业新业态更包容。实现政务服务标准化、规范化和便利化，形成高效便捷的政务服务环境。国有、民营、外资等各种企业自主经营权得到依法平等保护，政企沟通渠道规范化、机制化，企业家意见诉求通道畅通，意见诉求受理处置、反馈、督办程序优化，行业协会商会、人民团体在企业与政府沟通方面发挥建设性作用。形成公平参与竞争的市场环境，各类显性和隐性壁垒得到清理，在市场准入、审批许可、经营运营、招投标等方面对所有市场主体一视同仁。未来15年，陕西政府行政效能和公信力显著提升，政务服务基本实现标准化、规范化、便利化、社会公平正义进一步彰显。

15.3.6 建成全民普及法治观念的法治陕西

未来 15 年，陕西将实现全省各级政府依法全面履行政府职能，机构、职能、权限、程序、责任法定化，重大行政决策程序制度落实，政府决策质量和效率大幅度提升，行政执法体制完善，行政执法责任落实，实现对行政权力的监督制约，建立陕西法治政府。法治宣传教育取得成效，广大群众法治观念增强，民法典得到大力宣传和推动实施，领导干部带头尊法学法守法用法，构建公共法律服务体系，法律援助、司法救助制度完善，优质法律服务资源下沉，法治乡村建设完成，人民陪审员、人民监督员制度落实，律师制度完善，建立法治社会。未来 15 年，法治陕西、法治政府、法治社会基本建成。

16 陕西基本实现现代化的政策支持

自“十三五”以来，在以习近平同志为核心的党中央坚强领导下，西部地区经济社会发展取得重大历史性成就；但由于西部地区整体与东部地区发展差距较大，维护民族团结、社会稳定、国家安全任务依然繁重，仍然是实现社会主义现代化的短板和薄弱环节。陕西作为西部地区重要省份，“十三五”期间经济社会发展取得重大进步。“十四五”期间陕西积极探索开启基本实现现代化建设新征程，实现2035远景目标，不仅对陕西省经济社会发展具有重要现实意义和深远历史意义，也对促进西部地区与东部地区区域协调发展，加快形成西部大开发新格局，推动西部地区高质量发展有重要意义。陕西基本实现现代化的政策支持从金融政策支持、财政政策支持、产业政策支持、人力资本政策支持等方面进行深入探讨。

16.1 陕西基本实现现代化的金融政策支持

“经济是肌体，金融是血脉，两者共生共荣”，陕西基本实现现代化需要高质量的金融发展支持。然而，自改革开放以来，相比经济体中的其他部门，中国金融发展严重滞后，阻碍经济高质量发展。陕西地处西部，与东部发达省份相比，其金融发展水平劣势明显。在数字经济时代，陕西可以依靠大数据、人工智能、云计算、区块链等新一代信息技术，实现传统金融的数字化转型，提高金融服务经济的能力。

16.1.1 在改革中寻求发展，提升金融市场服务经济现代化的能力

第一，鼓励商业银行推进综合化轻型改革。一是“轻资本”改革，创新业务模式，加强部门沟通，拓展中间业务，以更少的资本和可控的风险获得较高的收益。二是“轻资产”改革，与数字化平台融合，搭建智能化获客模式，设计个性化互联网金融产品，利用信息化技术实现资金的高效配置。三是“轻渠道”改革，完善“支行网点＋智能机器＋电子渠道”立体化服务，调整服务团队，降低运营成本，提高业务效率。四是“轻管理”改革，建立轻型组织架构，引入机器人流程自动化，智能团队与人工团队分工合作，缩短业务办理时间，优化考核机制。

第二，继续完善资本市场。一是补足基本金融资产交易品种，满足不同参与者的投资需求，提升资本市场价格发现与规避风险功能。结合陕西自身优势，创新金融产品，筹建“一带一路”交易板块，让投资者可以共享亚欧经济带建设红利。二是加大资本市场监管力度，增设针对性监管部门，强化信息披露细则，降低信息不对称程度，提高市场透明化。

第三，强化保险产品顶层设计，服务产业长久发展。一是提升保险公司的专业性，结合区域特色，面向客户需求，设计多样化产品。二是强化保险行业稳健性运营，地方保险业协会加强行业自律，银保监会完善风险防控机制，保险公司肃清治理结构，避免行业恶性竞争引发金融风险。三是精简农业保险管理体系，统一协调落实部门责任，提升农业保险管理效率。

16.1.2 大力发展科技型民营银行，加快绿色产业转型升级

一方面，大力发展科技型民营银行，增强金融的普惠性。陕西应学习浙江网商银行、广东微众银行为代表的金融科技型民营银行的成功经验，低成本、高效率地解决小微企业融资难题，为陕西向工业化后期迈进提供普惠高效的金融服务。还需要明确经营理念，为小微企业提供针对性金融服务，致力于服务地市级、乡镇、农村等下沉市场与县域政府达成战略合

作，解决农户贷款重大难题。

另一方面，推动绿色金融与产业结构相协调，加快绿色产业转型升级。一是创新符合生态产品价值的绿色金融产品，鼓励金融机构根据生态产品特点开展绿色金融创新，加大对绿色信贷、绿色保险、绿色债券、绿色基金和绿色信托等具有市场前景的生态产业的支持力度。例如，当前处于实施秦岭生态修复、黄河流域和污染治理等项目阶段，采用政府和社会资本合作（PPP）模式，稳妥推进绿色生态保护工作。二是密切与“一带一路”沿线国家和地区产业链与供应链的互补关系，发挥陕西在基础设施、清洁能源、绿色建筑产业等领域的技术能力，结合沿线国家和地区实际需求，引导涉外企业与东道国及相关市场主体开展产能、技术和投融资合作，创新投融资方式，提高陕西绿色金融的对外交流能力。

16.1.3　弥补金融监管缺位，保障金融消费者的合法权益

第一，完善陕西金融监管的协调机制。一是强化对金融科技应用带来金融风险的监管和处置，防止受益本地化，风险外部化的倾向。二是依据金融科技发展的特征加强行为监管，切实保护金融消费者和投资者利益。三是加强监管科技在陕西金融监管中的应用，利用大数据、云计算和人工智能等监管科技识别风险隐患并及时采取措施。

第二，强化央行统筹监管同时加强地方自治，促进民间金融规范化发展。统筹审慎监管与行为监管体制框架，强化央行的统筹作用，陕西应及时收集潜在问题与风险，采取相应措施并定期召开学术交流会议。共同推动金融监管向专业化以及高效化方向发展，促进民间金融规范化、合理化、正统化发展，更好地服务于实体经济。

第三，完善资本市场法治建设，以自身优势服务成长性企业。一是完善现有法律制度下的有关规定，优化法律体系。二是逐步放松对区域内投资银行的业务限制，并为投资银行的发展壮大提供相应的法治环境，为未来直接融资体系的建设奠定基础。三是调整监管体系以适应未来资本市场数字化混业经营的发展趋势，着手改革监管体制，加强金融监管的统筹协

调。四是，监管重心应从偏向市场规模的发展向强化资本市场规模、结构和质量并重的方向发展；监管方式应从单一性、强制性向多样性、协商性转变；监管程序应向公正、透明、高效等多维度转变，以适应未来资本市场与科技融合的发展趋势。

16.2 陕西基本实现现代化的财政政策支持

16.2.1 “三农”问题的财政政策支持

第一，陕西“三农”问题的财政投入深度和广度还有待加强。加大“三农”事业发展的财政投入力度不仅要增加资金的总投入量，还必须注意财政支农结构的合理和优化配置，具体可以通过减少流通环节的支出，强化农民收入的直接补贴制度，将“三农”问题的财政政策支持工作落实到实际。

第二，提高财政支农资金的使用效率。首先，统一预算管理，整合支农资金，由县级政府主管部门统一行使农业支出资金管理权限，彻底改变资金分散、不到位以及使用效率低下的局面。其次，改变自上而下的决策程序，必须根据基层农民实际需求来确定资金投入重点，杜绝表面工程和政绩工程，切实保障和维护广大农民的根本权益。最后，完善支出方式，必须根据项目特点的多样化和要求的不同而采取不同的投入和使用方式。

第三，完善财政支农资金的监督和管理制度。一是完善支农财政资金的管理制度，加强责任追究制度，对贪污、私自挪用或挤占公共资金的现象进行严惩严办。二是完善财政监督制度，建立健全绩效评价机制，合理地评估和审查有关“三农”支出的使用去向。

16.2.2 重点生态功能区的财政政策支持

第一，制定和执行各类不同生态区域恢复和保护专项规划。需要确定完善水源涵养、土壤保持、防风固沙、生物多样性保护等不同生态区域，在此基础上制定专门的财政支持政策，加大对各类不同生态区域恢复和保护的财政投入力度。

第二，对有利于资源和环境保护的信贷活动提供财政贴息。对污染企业，尤其是对碳排放量较大、危害环境较大的消费品征收环境保护税。对易造成地质灾害和环境破坏的矿产开采活动在征收资源税的同时再适当征收环境保护税。

第三，建立生态补偿基金。扩大生态补偿基金来源，主要用于陕西省内生态屏障区域的建设和保护。

第四，制定鼓励生态移民的财政政策。在财政政策上加大对生态移民工作的财政投入力度。在合适地点建设工业园区，发展第二产业和第三产业并建设和发展具有现代化公共服务设施的城市或小城镇，使生态移民搬得出，稳得住，有发展，从而既进一步保护了生态环境，又进一步提高了城镇化水平，使大面积的国土生态保护与合适点的工业城镇化开发有机结合。

16.2.3　中小微企业的财政政策支持

第一，财政资金支持的着力点应集中于中小企业融资。首先，支持建立中小企业信用担保体系。其次，对银行开展中小企业贷款业务进行风险补偿。最后，支持中小企业资本市场融资。地方政府应出台财政支持中小企业股票市场融资的政策措施，包括境内外公开上市奖励、全国中小企业股份转让系统（“新三板”）挂牌资助和区域性股权交易市场交易资助等。

第二，财政资金支持中小企业发展的税收优惠政策。一类是以中小企业为直接受益主体的企业各项税赋的减免，目的在于减轻中小企业税费负担；另一类是对担保再担保机构和银行金融机构开展与中小企业融资相关的业务予以税收减免或税前列支优惠等，目的在于引导和鼓励金融机构向中小企业提供融资服务。

第三，实施政府采购融资担保政策。省内各级政府应依据《财政部、工业和信息化部关于印发〈政府采购促进中小企业发展暂行办法〉的通知》（财库〔2011〕181 号），制定面向中小企业的年度政府采购项目预算总额在 30% 以上，其中将不低于 60% 的份额预留给小型和微型企业，特别是向有竞争力的中小微企业实行采购的政策。

16.2.4 科技创新的财政政策支持

第一，从财政税收政策上支持和鼓励东部地区优质企业和产业向陕西转移。从财政税收政策上支持和鼓励东部发达地区的优质企业和产业向陕西转移，不仅可以增加陕西企业数量，扩大产业规模，还引进了先进的科学技术和设备以及相应的科学技术人才，提高劳动生产率。

第二，从财政税收政策上支持和鼓励科技人才的培养和使用。先进科学技术的研究开发和利用，既需要先进设备的支撑，更需要科技人才的支撑，科技人才的培养使用是陕西迅速提高科技应用水平的关键。通过增加财政支出中科研经费以改善科技人员的科研条件，提高科技人员的福利待遇，通过鼓励科研人员创办科技型企业的税收优惠政策提高科技应用和推广速度等。

第三，发挥税收优惠对科技投入的导向作用，鼓励和引导企业成为技术进步的主体。运用税收优惠这个经济杠杆和政策手段，允许陕西省内采用先进技术设备的企业加速折旧，允许省内企业对科学技术的研究开发费用加速摊销，对用于研究与开发的费用实行税收抵免等，让省内企业从财政税收的政策环境上得到对科技研究与开发的鼓励和支持，并成为技术进步和技术革新的主体。

第四，建立陕西科技发展基金，推动科技进步。在财政支出中除加大科技发展基金的比例之外，还要广泛吸收各类企业、其他社会团体以及个人的捐赠资金以形成数额较可观的省内科技发展基金，以便为省内一些重大科技攻关项目提供经费支持，改善科技人员的科研条件和生活条件，奖励在科技研发和科技应用上做出突出贡献的科技人员，形成科技研究和应用的激励机制，提高科技人员的积极性。

16.3 陕西基本实现现代化的产业政策支持

16.3.1 农业产业政策

全面加快农业现代化进程，加快实现由农业大国向农业强国转变，将是未来中国建设社会主义现代化强国的核心任务之一。实现由农业大国向农业强国转变的任务依然十分艰巨。一是增强陕西农业供给保障能力，这是陕西农业发展的根本基础。农业供给保障能力既是衡量中国能否成为现代农业强国的前提，也是体现中国特色农业现代化水平的重要指标。当前阶段，关键是确保粮食、生猪等重要农产品的有效供应，并适应多样化的市场需求。二是提高陕西农业竞争力，这是陕西农业发展的直接体现。农业竞争力的强弱决定了农业发展水平的高低，是陕西迈入农业强省需要突破的重点方面，涉及农业竞争力的关键指标需要重点关注。

16.3.2 高端能源化工产业政策

第一，推动产业链整合，实行大企业引领。一是能源化工是陕西经济发展的重要产业，陕西能源产业链的纵向整合应以大型能源企业为主体，实现上游产业与下游产业的有效衔接，打通全产业链条。二是鼓励具有核心技术优势和资金优势的企业进行横向合作，形成特大型能源龙头企业，避免过多同质企业恶性竞争，实现分工明确精细，产业链条紧密完善，研发能力突出的产业分布格局。三是注重以“一带一路”能源合作为抓手，进行要素重组和优势重构。对发展中经济体进行投资，巩固资源禀赋优势。例如，对油、气、煤等能源资源较为丰裕的中亚国家（尤其是哈萨克斯坦和土库曼斯坦等国家）进行优先选择。

第二，形成产学研协同新体系，推进大平台驱动。打造西部高端能源化工基地，必须改变传统的要素驱动型产业发展模式，实现创新驱动能源化工产业发展的转型。一是在企业层面构建以大企业为主导的产业联盟创新网络。二是在产业层面构建产学研协同创新网络。采取有效措施促进能源化工业创新资源跨区域、跨界地整合、利用及优化，盘活用好高校、研究机构和企业研发中心等创新资源，建立风险和成本分担机制，推进科研成果的工程化和产业化，疏通科技成果转化通道。三是在区域层面构建聚焦产业基础研究和共性技术研究的公共创新服务平台，加强技术创新链条中各环节间的衔接和联系，通过联合设立国家或省级重点实验室等研究组织，有效解决行业面临的基础性问题和共性技术问题，加速形成陕西能源化工产业参与国际能源合作的核心技术优势。

第三，推动紧缺要素优化配置，培育大园区承载。园区化模式已被证明是行之有效的产业培育模式，而能源化工产业由于生产安全性和技术聚集性等特点，更适合进行园区化培育。但是，目前陕西省内能源化工产业园区存在“小而散”问题。传统基于行政区划的能源化工产业园区面临着土地和水资源等生产要素供应短缺以及环境容量指标不断压缩的困境，可持续发展已经受到严重挑战。因此，要培育陕西高端能源化工基地，必须对园区化产业培育模式进行二次创新，打破行政区划限制，依托不同区域的生态环境条件、水资源和土地资源储量条件以及产业发展支撑条件等，设置专业化的跨区域大能源化工园区。

第四，以智能制造为主攻方向，加码推进全产业提质升级。要成为世界领先企业，必须具备世界领先的资源配置能力和运营管理能力。陕西能源化工企业应深入落实发展工业互联网、推进智能制造等国家战略部署要求，加快智能油气田、智能工厂、智能加油服务站、智能研究院、智能工程建设推广，聚焦系统优化、协同生产、智能运营，建设集团智能运营中心，打造能源化工智慧大脑，构建陕西能源化工的工业互联网，实现全产业云生产、智运营，推动组织升级、流程升级、技术升级、管理升级，整体提升运营数字化、网络化、智能化水平。

第五，以盘活数据资产为切入点，着力打造价值创造新高地。要成为高端能源化工企业，必须具备世界领先的创新引领能力和价值创造能力。在数字经济时代，数据成为驱动创新、引领升级的关键生产要素，是企业可持续发展的重要战略资产。陕西能源化工企业应高度重视数据资源挖掘与分析利用，建设经营管理数据服务平台，形成数据治理和服务管理体系，逐步支持财务、物资、营销、金融等业务领域数据分析类应用。并且，在生产领域开展异常工况识别、生产预警、设备故障诊断分析等工业大数据应用，实现设备运行状态的在线评估和故障诊断预警；开发客户画像、客群分析、采购预测、营销分析等客户大数据应用。

16.3.3 装备制造产业政策

第一，建设基础数字化技术平台。响应新基建的要求，加大基础设施投资，采用模块化技术建设新的数据中心，进一步提高各项数据的处理能力和效率。建设陕西省级装备制造业“云平台”，利用虚拟化、云计算等技术支撑省内装备制造业企业的稳定运行。开展5G应用，实现5G高清视频监控、车间环境信息采集、车间试点机床联网。

第二，持续推进两化融合管理体系贯标应用。全面推进信息化与工业化两化融合管理体系贯标工作，构建基于两化融合体系的数字化转型方法论，通过两化融合贯标对陕西装备制造业现状进行充分评估与诊断，进行多种形式的宣贯和推广，营造数字化转型氛围，汇聚以价值效益为导向，新型能力建设为主线的数字化转型合力，务实有效推进装备制造业企业的数字化转型。

第三，建立数据治理和信息安全体系。推动工业企业数据治理和数字化创新应用的整体解决方案，成立专门服务装备制造业的数据标准化运维团队，实现对数据的长效治理，数据质量大幅提升，形成了符合陕西装备制造业发展的数据标准化体系和数据治理体系。同时，加强信息安全体系建设，构建具备内生安全特色的立体防护体系，应用信息安全态势感知平台，为数字化转型筑牢新安全防线。

第四，开展业务系统平台化整合。按照“抓顶层、夯基础、强管理、促应用”的总体思路，夯实业务系统的支撑基础，对业务系统进行整合，建设敏捷化辅助决策、精益化运营管控、数字化产品开发、智能化制造执行、集成化基础应用五大平台，改造完成财务、营销、采购、物流、人力资源等19个主营业务系统，解决了“信息孤岛”“数据壁垒”“资源分散”等问题，打通业务系统底层数据，实现数据相通和资源共享，支撑集团管理数字化。

第五，建设数字化车间并发挥示范作用。以智能制造为主攻方向，选取专项产品为试点，通过应用三维工艺设计、柔性制造、智能仓储物流、大数据分析等技术，打造集工艺优化、仓储物流智能化、生产管理透明化和精益化的数字化机加装配车间，优化设计、工艺、制造、物流、自动加工、装配、质检等整个业务流程的资源利用，生产管理及服务的精细化水平显著提升。

16.3.4 航空航天产业政策

第一，研发设计由串行异构向并行协同转变。传统航空航天行业研发设计二维、三维辅助软件混用，在工具、模型、数据、API、操作规范等方面差异较大，研发设计流程冗长复杂，研发成本较高。随着业内基于MBD研发设计模式的应用推广，将三维模型作为唯一数据源进行几何、工艺、质量和管理等属性标注，有利于统一标准，改善数据差异问题，打破研发设计的空间、时间、组织限制，降低跨专业、跨部门、跨企业协同研发设计门槛。

第二，生产制造由以数映物向数物融合转变。在传统生产制造过程中，将研发设计模型转化为生产制造模型需消耗大量人力物力，零部件加工主要以常规加工为主，生产质量管控成本较高。在图纸到实物的转化过程中，因缺乏三维空间信息，过度依赖操作工人的理解、经验和技能水平。随着数字孪生技术在生产制造环节的应用，助力企业依据统一模型、统一数据源进行制造，解决从CAD到CAM的集成问题，实现生产过程可预测、可调整、可追溯，降低生产成本。

第三，生产管理由单点对接向动态调整转变。相较传统离散行业，航空航天对材料供应和资源调配都具有极高要求，既要求尽量采用灵活的零部件管理来降低运营成本，又需要保证交付的速度。传统数据交换模式以单点管理为主，缺乏节点间统筹管理，无法适应复杂场景下的动态调整需求。工业互联网聚焦人、传感器、生产设备和云端等节点的互联互通，打通研发、生产、管理等环节“数据孤岛”，可有效构建大协作、大配套的生产管理体系。

第四，运维服务由定期维护向视情维护转变。传统运维以基于经验和规律的定期检修为主，不同零件、组件在制造工艺、故障类型和生命周期等方面差异巨大，维护成本高昂。通过在飞机维修领域引入大数据、人工智能等新一代信息技术，有利于开展故障溯源、辅助设计和工艺改进，提高设备描述、仿真诊断、预测维护的精密度和准确率，达到“治未病、自感知、自决策”的效果。

16.3.5 电子信息产业政策

第一，设立产业发展基金。建立陕西电子信息产业专项投资基金，并吸引社会资本、产业资本和金融资本的参与。专项基金主要用于支持电子信息产业重大产业化项目、公共技术服务平台建设、重点企业培育、重大项目重组并购等。尤其重点支持集成电路、新型显示、5G、人工智能、大数据、信息安全、工业互联网等电子信息产业类企业。

第二，鼓励企业总部落户。对新引进实缴注册资本1亿元以上的具有独立法人资格的总部企业（机构），按其新注册时实缴注册资本金进行一定比例的奖励，并重点奖励高级管理和核心技术团队。对新引进的研发设计企业购买土地建设研发总部的，经认定后，按其固定资产投入进行一定比例的奖励。

第三，鼓励企业加大固定资产投入。对新引进的先进工艺生产线、特色工艺生产线等重大生产性投资项目，经认定后，进行一定比例的融资支持；对新引进的生产性企业，经认定后，进行一定比例的补助。

第四，大力鼓励研发创新。支持企业加大研发投入，支持企业使用先进技术，鼓励企业承担上级创新项目。

第五，支持企业做大做强。支持企业壮大规模。加强企业梯度培育。支持企业并购重组。支持企业贷款融资，尤其支持中小微企业获得银行贷款。支持企业上市（挂牌），对成功在主板、中小板、创业板、科创板首次公开发行股票（IPO）的企业，给予管理团队奖励。

第六，支持创新平台建设。加强公共技术服务平台建设，对新建开放式、专业化共性技术服务平台并提供公共服务的企业，经认定后，给予一次性补助；对获得国家、省认定的，给予配套奖励。支持企业为主体的创新平台建设。对以企业为主体创建的工程实验室、重点实验室、工程（技术）研究中心、企业技术中心、工业设计中心等创新平台，经认定，给予一次性奖励。

第七，大力培育新业态。支持信息安全技术产品创新。支持安全芯片、安全操作系统、高性能服务器等关键信息技术的重大突破与整合，为工业控制领域自主可控提供基础支撑；支持工业物联网系统、工业控制系统、工业应用系统等领域自主可控信息安全防护技术、产品和服务的研发及应用推广，提升工业信息基础设施安全防护能力。推动工业软件发展和新兴技术应用。促进边缘计算、人工智能、增强现实、虚拟现实、区块链、信息物流系统等新兴前沿技术的应用研究与探索，对示范应用项目给予补助。

第八，强化服务保障。畅通政企交流渠道。解决企业历史遗留问题。解决用工难问题。加强就医保障。解决入学问题。优化行政审批服务。保障住房需求。

16.3.6 汽车制造产业政策

第一，汽车产业向电动化、绿色化、智能化、网联化、共享化发展的特征愈加明显。当前，能源和环境挑战日益严峻，新一轮科技革命和产业变革持续演进，新材料和新能源、大数据、云计算、移动互联、人工智能等新兴技术与汽车产业形成历史性交汇，汽车产业生态面临重塑的新局面。

第二，推动能源利用结构调整，加速汽车产业向电动化、绿色化方向发展。汽车排放仍然是当前环境污染，尤其是城市环境污染的重要来源。

因此，清洁化、低碳化、电气化能源结构调整将加速汽车产业向电动化、绿色化方向发展。提高陕西电动乘用车市场的渗透率。

第三，推动汽车行业与信息通信技术融合，加速汽车行业向数字化、网联化、智能化和共享化方向发展。随着5G等基础设施加速构建，数以万亿计的新设备将接入网络并产生海量数据，人工智能、边缘计算等新技术加速与智能网联汽车结合，车联网迎来跨界融合、集成创新和规模化发展的新阶段，将向“车—路—云—网”协同发展的方向演进，推动车联网通信产业持续升级。积极推动陕西智能网联汽车工作，加快道路载人载物测试检测的应用。

16.4 陕西基本实现现代化的人力资本政策支持

16.4.1 打造高素质干部队伍的政策支持

第一，提高干部理论素养。加强党的理论、路线、方针等知识培训学习，提升干部的政治理论水平。同时在最基层的岗位上锻炼培养干部，通过压担子、压任务的方式，培养干部在实践中掌握工作规律，改进工作方式方法，以提高引领发展、服务群众的能力。

第二，培养干部谋划能力。教育引导各级干部树立高站位思想，开阔干部思维，提升干部战略思维能力。分批次选派优秀的年轻干部到一线锻炼，通过岗位轮换提升干部的问题应对能力和实践操作水平。

第三，增强干部担当意识。敢于担当是干部从政准则，是一种态度，更是一份责任，提升干部能力须把增强干部担当能力作为一项重要任务来抓。建立健全绩效考核管理办法，建立工作例会制度、限时办结制度等，量化工作目标，按时完成工作任务。建立激励机制，有效利用各类检查成果，对检查中发现工作落实不到位的单位及个人，予以严厉批评并罗列清单责令整改，并与年终绩效挂钩，对巡视检查中表现优异的单位及个人予以褒奖，激励干部勇于担当。

16.4.2 注重选拔符合陕西经济特色的专业化人才

第一，完善职称层级设置。工程技术人才职称设置为初级、中级、高级三个层级，其中初级职称分设员级和助理级，高级职称分设副高级和正高级；员级、助理级、中级、副高级和正高级职称名称依次为技术员、助理工程师、工程师、高级工程师和正高级工程师。

第二，建立职称专业动态调整机制。紧紧围绕陕西省经济社会高质量发展，关注未来产业发展方向，聚焦新技术、新工艺、新装备、新材料等战略性新兴产业，对工程系列相关评审专业进行动态调整，促进专业设置与陕西战略需求和产业发展同步。

第三，完善职称制度与职业资格制度衔接机制。工程技术领域实行职业资格考试的专业，不再开展相应层级的职称评审。工程技术人才取得的工程领域职业资格，可对应相应层级的职称，并可作为申报高一级职称的条件，职业资格分级设置的，其初级（二级）、中级（一级）、高级分别对应职称的初级、中级、高级，未分级设置的一般对应中级职称，国家另有规定的从其规定。

第四，贯通技能人才与专业技术人才发展通道。完善技能人才与专业技术人才互通机制，进一步拓宽技能人才职业发展通道。在工程技术领域生产一线岗位，具有高级工以上职业资格或职业技能等级，符合工程技术人才职称评价基本标准条件的人员，可参加工程系列职称评审。技能人才职称评审，论文论著不作为必备条件。注重考察专业技能水平、实际贡献和业绩成果。

第五，工程技术人才各层级职称分别与事业单位专业技术岗位等级相对应。正高级对应专业技术岗位一至四级，副高级对应专业技术岗位五至七级，中级对应专业技术岗位八至十级，助理级对应专业技术岗位十一至十二级，员级对应专业技术岗位十三级。

第六，完善评价标准。①坚持德才兼备、以德为先。坚持把品德放在工程技术人才评价的首位，重点考察工程技术人才的职业道德。建立完善职称申报诚信承诺和失信黑名单制度，对品行不端、学术造假者实行“一票否决制”，对通过弄虚作假、暗箱操作等违纪违规行为取得的职称，一律予以撤销，并追究相关责任人责任。②突出评价能力和业绩。适应工程技术专业化、标准化程度高的特点，分专业领域完善工程技术人才评价标准，杜绝评价标准“一把尺子”的简单化现象。重点评价工程技术人才发明创造、技术推广应用、工程项目设计、工艺流程标准开发、产品质量提升、科技成果转化等方面的能力，引导工程技术人才解决工程技术难题、实现现代工程技术突破，创新成果。专利成果、技术报告、软课题研究报告、规划设计方案、施工或调试报告、工程试验报告、标准规范制定、行业工法等均可作为业绩成果。重大原创性研究成果可“一票决定”。

第七，创新评价机制。①丰富职称评价方式。建立以同行专家评审为基础的业内评价机制，注重社会和业内认可，综合采用评审、考核认定、个人述职、面试答辩、实践操作、业绩展示等多种评价方式，提高职称评价的针对性和科学性。②畅通职称评价渠道。进一步打破户籍、地域、身份、档案等制约，积极拓宽非公有制领域工程技术人才职称申报渠道，非公有制领域工程技术人才按照属地原则自愿参加职称评审。③建立评审绿色通道。对符合陕西突出贡献和引进的高层次高级职称考核认定办法的工程技术人才，建立高级职称评价绿色通道，职称评审实行考核认定，各评委会组建单位随时受理，及时办理。

第八，加强职称评审监管。加强职称评审工作的监管力度。实行职称评审委员会核准备案管理制度。注重职称评审委员会能力建设，遴选能力业绩突出、声望较高的同行专家和活跃在生产一线的工程技术人才担任评委，确保评审结果权威性。明确职称评审责任，用人单位和主管单位要按照权限做好申报材料的审核工作，对其真实性负责，评审委员会组建单位要按照有关规定组织开展评审工作，对评审质量负责，各级人社行政部门认真履行监管责任，对评审工作把关不严、程序不规范，造成投诉较多、争议较大的评委会组建单位，责令限期整改，对整改无明显改善或逾期不予整改的，暂停其评审工作直至收回评审权，并追究相关责任。

16.4.3 建立健全吸引、激励和留住人才的体制机制

第一，拓宽人才引进渠道。把引进高层次人才作为人才强区的“源头工程”，以聚天下英才而用之的视野和胸怀，打破传统引才引智思维困局，人才结构逐步优化。一是搭建毕业到就业的“直通车”。二是打好引资与引智“组合拳”。三是开启所有变所用“云智库”。

第二，盘活人才存量资源。在注重外引的同时，把培育人才摆在重要位置，坚持分类培训和重点培养相结合，着力培养高素质专业化人才队伍。一是专题培训。与国内知名大学合作，常态化举办符合陕西特色的专题培训班，培养各类专业人才。二是 MBA 研修培育。将民营企业家培训工作纳入全省人才培育计划，引进现代企业经营管理机制，鼓励引导民营企业家参加工商管理硕士研修，建设高素质企业家队伍。三是依托博士后科研工作站、科技专家大院、市级技术研发中心、众创空间等平台，培育创新创业领军人才，带动培育创新创业人才。

第三，完善配套服务。千方百计解决人才的实际困难，创造良好环境，用周到细致的服务拴心留人。一是强化用编支持，动态调整事业编制指标。二是加强安居保障，建成人才公寓。三是开辟绿色通道，探索实行“人才绿卡”，为持卡人开辟户籍办理、医疗服务、子女就学等绿色通道，享受优先评聘高级职称，最大限度地为人才提供方便。

第四，激发内生动力。一是政策引导。出台高层次人才、教育卫生优秀人才、创新创业团队等激励办法，设立专项人才资金，从科研支持、成果转化、重点培养、分配激励等方面支持人才创新创业。二是平台助推。深入实施创新驱动发展战略，积极鼓励企业加大创新投入、培育创新人才，对新设立科研平台的企业给予奖励。三是“双创”激励。树立创新创业先进典型，在全省营造“大众创业、万众创新”的良好氛围。

16.4.4 推动事业单位人事改革，激发人才活力

第一，推动国有企业的人事改革。①积极开展市场化选聘职业经理人试点工作。市场化选聘职业经理人，对于解决国有企业内部创新活力不

足、新兴产业领军人才匮乏等问题，具有十分重要的意义。参照市场基本做法，结合企业实际建立健全关于职业经理人选聘、激励、考评、约束、退出等完整的配套机制。真正起到"引进一个人才、创新一个机制、搞活一个企业"的带动和辐射效应。②积极进行薪酬分配的探索创新推进薪酬分配机制改革。要充分体现业绩导向，坚持"不搞大锅饭、不撒胡椒面"，通过实施企业负责人差异化薪酬分配、员工工资与企业效益同向联动等措施，充分发挥薪酬管理对企业效益提升的撬动作用。③积极进行以股权激励为重点的多元化激励模式。陕西国有企业应抓住国家有关国有控股上市公司股权激励、员工持股以及科技型企业分红激励等中长期激励政策，吃透政策、争取政策、用好政策，加快建立符合自身实际的长效激励约束机制，把经营管理团队、核心骨干人才的中长期激励与企业长期可持续发展结合起来。通过构建利益共同体，向创新要活力，向改革要动力。

第二，推动高等院校的人事改革。①完善评价标准。进一步明确评价导向，强调严把思想政治和师德师风考核关，将师德表现作为教师职称评审的首要条件，突出教育教学能力和业绩，注重对履责绩效、创新成果、人才培养实际贡献的评价，强化教师思想政治工作要求，把课程思政建设情况和育人效果作为评价的重要内容，推行代表性成果评价，克服唯论文、唯"帽子"、唯学历、唯奖项、唯项目等倾向。②创新评价方式。结合学校特点和办学类型，针对不同类型、不同层次的教师，实行分类分层评价，鼓励采取个人述职、面试答辩、同行评议、实践操作、业绩展示等多种灵活评价方式，完善同行专家评议机制，健全完善外部专家评审制度，探索引入第三方机构进行独立评价。给内外部评审专家预留充足时间进行评鉴，引导评审专家负责任地提供客观公正的专业评议意见，严格规范专家评审行为，提高职称评价的科学性、专业性、针对性。③建立重点人才绿色通道。为引导教师主动服务国家重大战略需求，激发人才活力，对取得重大基础研究和前沿技术突破、解决重大工程技术难题、在经济社会事业发展中做出重大贡献的教师以及招聘引进的高层次人才和急需紧缺人才等，在严把质量和程序的前提下，可制定较为灵活的评价标准，申报高级职称时论文可不作限制性要求，畅通人才发展通道。④深化“放管服”改革。重申高校教师职称评审权直接下放至高校，自主制定教师职称评审办法、操作方案等评审文件，自主组织评审、按岗聘用，主体责任由高校承担。同时，加强对高校教师职称评审工作的监管，开展业务指导，优化服务。

第三，推动医疗单位的人事改革。①健全医疗卫生机构和医务人员绩效考核机制。完善三级公立医院绩效考核，启动二级公立医院绩效考核，推进妇幼保健机构绩效考核。将疾病预防控制、公共卫生应急、健康促进与教育等纳入考核范围。推进公立医院经济运行信息公开。推进建立健全现代医院管理制度试点，深入开展公立医院综合改革示范和绩效评价工作。制定推进公立医院高质量发展的政策文件。②建立和完善医疗服务价格动态调整机制。按照设置启动条件、评估触发实施、有升有降调价、医保支付衔接、跟踪监测考核的基本路径，整体设计动态调整机制，抓住药品耗材集中采购、取消医用耗材加成等降低药品耗材费用的窗口期，及时进行调价评估，达到启动条件的要稳妥有序调整价格。推动完善医疗服务项目准入制度，加快审核新增医疗服务价格项目。③深化薪酬制度和编制管理改革。全面推开公立医院薪酬制度改革，指导地方完善公立医院薪酬总量核定、内部绩效考核和收入分配办法，建立健全医疗卫生机构保障与激励相结合的运行机制。统筹盘活用好医疗卫生领域编制资源，重点用于加强公立医院、基层医疗卫生机构、各级疾病预防控制等公共卫生机构编制配备。④落实政府对符合区域卫生规划的公立医院基本建设和设备购置等投入政策，加大对中医医院、传染病医院的支持力度。积极稳妥推进化解公立医院符合规定的长期债务，严禁举债建设和超标准装修，对公立医院违规举债行为严肃问责。

参考文献

[1]程靖峰．陕西三大区域竞发展[N]．陕西日报,2021－02－08(2).

[2]工信部赛迪智库工业经济研究所“工业发展质量”课题组．中国工业发展质量区域排行榜[J]．中国工业评论,2016(7):34－46.

[3]郭朝先．当前中国工业发展问题与未来高质量发展对策[J]．北京工业大学学报(社会科学版),2019,19(2):50－59.

[4]韩毅．论工业现代化的世界历史进程[J]．中国社会科学院研究生院学报,2007(1):97－103.

[5]何传启．现代工业的新前沿——中国现代化报告2014—2015:工业现代化研究综述[A]．中国科学院中国现代化研究中心．科学与现代化,2015,3(64)[C]．中国科学院中国现代化研究中心,2015:19.

[6]黄群慧．以高质量工业化进程促进现代化经济体系建设[J]．行政管理改革,2018(1):11－14.

[7]李悦．产业经济学(第二版)[M]．北京:中国人民大学出版社,2004.

[8]刘世锦．补短型增长与升级型增长[J]．比较,2020(4):50－66.

[9]任保平,张倩．西部地区高质量发展中现代化产业体系的评价及其构建路径[J]．中国经济报告,2020(2):40－53.

[10]萧新桥．马克思主义理论指导下的中国工业高质量发展的逻辑与出路[J]．新型工业化,2019,9(8):118－124.

[11]张立．两化融合步入数字化转型新阶段[N]．中国工业报,2020－06－03(004).

[12]陈柳钦．国内外现代化指标体系和标准概述[J]．全球科技经济瞭望，2011，26(1)：63－72.

[13]姜晓萍．国家治理现代化进程中的社会治理体制创新[J]．中国行政管理，2014(2)：24－28.

[14]姜玉山，朱孔来．现代化评价指标体系及综合评价方法[J]．统计研究，2002，19(1)：50－54.

[15]蒋正云，胡艳．中部地区新型城镇化与农业现代化耦合协调机制及优化路径[J]．自然资源学报，2021，36(3)：702－721.

[16]王胜利．关中区域现代化研究[D]．杨凌：西北农林科技大学．

[17]叶裕民．中国城市化质量研究[J]．中国软科学，2001(7)：28－32.

[18]张占斌．新型城镇化的战略意义和改革难题[J]．国家行政学院学报，2013(1)：48－54.

[19]浙江省统计局课题组，黄洪琳，王杰，等．以人为核心的现代化指标体系构建与实证[J]．统计科学与实践，2020(1)：24－28.

[20]中国科学院中国现代化研究中心．21世纪现代化的特征与前途[M]．北京：科学出版社，2012.

[21]中国社会科学院工业经济研究所课题组，张其仔．提升产业链供应链现代化水平路径研究[J]．中国工业经济，2021(2)：82－99.

[22]陈伟伟，张琦．系统优化我国区域营商环境的逻辑框架和思路[J]．改革，2019(5).

[23]娄成武，张国勇．基于市场主体主观感知的营商环境评估框架构建——兼评世界银行营商环境评估模式[J]．当代经济管理，2018，40(6).

[24]卢万青，陈万灵．营商环境、技术创新与比较优势的动态变化[J]．国际经贸探索，2018，34(11).

[25]魏淑艳，孙峰．东北地区投资营商环境评估与优化对策[J]．长白学刊，2017，198(6).

[26]洪银兴．社会主义现代化读本[M]．南京：江苏人民出版社，2014.

[27]我国东部发达地区率先基本实现现代化的理论和实践研究课题组. 区域现代化理论与实践研究[M]. 南京:江苏人民出版社,2014.

[28]付波航,方齐云,宋德勇. 城镇化、人口年龄结构与居民消费——基于省际动态面板的实证研究[J]. 中国人口·资源与环境,2013,23(11):108-114.

[29]洪银兴. 进入新时代的中国特色社会主义政治经济学[J]. 管理世界,2020(9):1-10.

[30]穆怀中,吴鹏. 城镇化、产业结构优化与城乡收入差距[J]. 经济学家,2016(5):37-44.

[31]朱楠,任保平. 中国公共服务质量评价及空间格局差异研究[J]. 统计与信息论坛,2019,34(7):100-107.

[32]高丙成. 我国教育现代化评价指标体系的构建与应用[J]. 教育科学研究,2019(7):5-12.

[33]曾天山. 加快教育现代化的时代主题与路径创新[J]. 中国教育学刊,2018(9):1-6.

[34]顾明远,滕珺.《中国教育现代化2035》与全球可持续发展教育目标实现[J]. 比较教育研究,2019,41(5):3-9,35.

[35]袁利平. 教育现代化的现代性向度及其超越[J]. 陕西师范大学学报(哲学社会科学版),2020,49(1):159-168.

[36]褚宏启. 推进教育现代化:如何从"表面"走向"本质"[J]. 人民教育,2019(2):45-49.

[37]马晓强,崔吉芳,刘大伟,何春,赵子莹,马筱琼,李锋亮,赵琦,王颖喆,陈佳鹏,康世联,祝新宇,田凤,魏轶娜,张臻,金龙. 中国教育现代化发展的总体趋势和挑战[J]. 教育研究,2017,38(11):18-27.

[38]高耀,刘志民. 长三角城市群高等教育与经济水平协调度实证研究——基于2000年和2006年横截面数据的比较[J]. 复旦教育论坛,2010,8(3):58-65.

[39]许玲. 区域高等教育与经济发展水平协调性研究——基于2004

年和2011年横截面数据的分析[J]. 教育发展研究,2014,34(1):24-29.

[40]褚宏启. 构建教育现代化指标体系的思考[J]. 中国高等教育,2013(11):14-16,26.

[41]张天雪,孙不凡. 迈向教育现代化2035的浙江方案——基于《浙江教育现代化2035行动纲要》的分析[J]. 中国教育学刊,2020(4):41-47,84.

[42]高书国. 中国教育现代化六大趋势[J]. 人民教育,2020(8):36-41.

[43]吕干洋. 略论企业管理现代化的特征[J]. 广州师院学报(社会科学版),1994(3):14-16.

[44]黄津孚,温晋. 我国企业管理现代化的进程研究[J]. 首都经济贸易大学学报,2007,9(5):29-36.

[45]马岩. 现代化企业管理模式创新研究[J]. 知识经济,2020(1):100-102.

[46]黄津孚,王建军. 企业管理现代化的六大趋势[J]. 福建论坛(人文社会科学版),2010(3):14-19.

[47]胡佳. 企业管理模式与企业管理现代化路径分析[J]. 营销界,2019(46):247-248.

[48]杨莉娜. 企业管理模式与企业管理现代化的发展与探索[J]. 中国商论,2020(1):122-123.

[49]周洁. 企业管理模式与企业管理现代化探讨[J]. 企业科技与发展,2019(9):168-169.

[50]陈健,陈志. 提升我国产业链现代化水平的方略——以钢铁产业为例[J]. 科技中国,2020(9).

[51]戴圣良. "十四五"时期福建省制造业产业链现代化发展路径研究[J]. 福建论坛(人文社会科学版),2020(11).

[52]胡奎. 坚决打好产业基础高级化、产业链现代化攻坚战[J]. 浙江经济,2020(1).

[53]李万．加快提升我国产业基础能力和产业链现代化水平[J]．中国党政干部论坛,2020(1).

[54]刘志彪．产业链现代化的产业经济学分析[J]．经济学家,2019(12).

[55]罗仲伟,孟艳华．“十四五”时期区域产业基础高级化和产业链现代化[J]．区域经济评论,2020(1).

[56]马朝良．产业链现代化下的企业协同创新研究[J]．技术经济,2019(12).

[57]盛朝迅．推进我国产业链现代化的思路与方略[J]．改革,2019(10).

[58]涂人猛．实现湖北省产业链现代化的路径与对策[J]．湖北社会科学,2020(10).

[59]肖荣美,霍鹏．以工业互联网为关键抓手推动制造业产业链现代化[J]．长沙大学学报,2020,34(1)

[60]潘胜强, 马超群．城市基础设施发展水平评价指标体系[J]．系统工程, 2007(7): 88 -91.

[61]董建锴．陕西工业化发展战略研究[D]．长春:吉林大学,2010.

[62]侯倩茹．陕西省农业信息化发展现状与对策研究[D]．杨凌:西北农林科技大学,2014.

[63]郭俊华,许佳瑜．工业化、信息化、城镇化、农业现代化“四化”同步协调发展测度与对策研究——以陕西为例[J]．西北大学学报(哲学社会科学版),2017,47(4):32 -39.

[64]王亚玲,邓玲．陕西新型工业化现状、问题及路径选择[J]．理论导刊,2009(3):64 -66.

[65]樊长军,付之巧．西部地区信息化建设存在的问题及对策研究[J]. 理论导刊,2005(12):45 -47.

[66]冯煜雯,杨洁,王建康,王长寿．陕西新型城镇化质量综合评价及空间分异研究[J]．理论导刊,2015(2):81 -85.

[67]赵国锋. 陕西农业现代化发展现状、问题及推进路径研究[J]. 改革与战略,2015,31(12):90-93.

[68]吕园,刘科伟,牛俊蜻,刘林,赵丹. 城市型社会内涵视角下城镇化发展问题及应对策略——以陕西省为例[J]. 经济地理,2013,33(7):59-66.

[69]杨佩卿. 陕西数字经济现状及发展路径优化探析[J]. 理论导刊,2019(4):106-112.

[70]孙国峰. 金融科技时代的地方金融监管[M]. 北京:中国金融出版社,2019.

[71]陈晓雨. 我国融资结构不合理问题的影响及破解之道[J]. 银行家,2019(6).

[72]黄奇帆. 结构性改革——中国经济的问题与对策[M]. 北京:中信出版社,2020.

[73]黄益平,殷剑锋,张斌,等. 中国金融改革路线图[M]. 北京:中信出版集团,2018.

[74]程实. 吉林省人才引进策略分析[J]. 山西农经, 2020(2).

[75]丁红卫. 日本的国际组织人才战略[J]. 国际论坛, 2020,22(4).

[76]郭哲, 王晓阳. 美国的人才吸引战略及其启示[J]. 科技管理研究, 2019,39(23).

[77]国家社科基金重大项目课题组. 区域现代化理论与实践研究[M]. 南京:江苏人民出版社, 2014.

[78]洪银兴. 现代化理论和区域率先基本现代化[J]. 经济学动态, 2012(3).

[79]洪银兴. 以建设现代化经济体系开启现代化新征程[J]. 红旗文稿, 2019(2).

[80]金碚. 域观范式下的中国经济现代化理论与实践[J]. 现代经济探讨, 2019(12).

[81]李楠. “一带一路”背景下陕西省人才战略研究[J]. 知识经济,

2018(1).

[82]梁淑贞，陈昭．粤港澳大湾区科技创新人才资源的需求预测研究[J]．当代经济，2020(10).

[83]沈钰，韩永强．技术技能人才需求预测模型及其检验——基于BP神经网络视角[J]．当代职业教育，2020(2).

索　引

后　记

“十四五”时期，是陕西深入贯彻习近平总书记来陕考察重要讲话精神、奋力谱写陕西新时代追赶超越新篇章的关键时期，也是陕西迈入现代化新征程的新起点。身处重要的战略机遇期，陕西完全有基础、有条件下好先手棋，掌握主动权，在基本实现现代化新征程上实现新的更大突破。2021 年是“十四五”开局之年，也是新时代追赶超越关键之年。如何抢抓机遇、把握规律、扬长补短，在追赶超越、勇立潮头中迈好基本实现现代化的第一步，是当前极具现实意义的重要课题。《陕西宏观经济发展报告（2021）：陕西基本实现现代化的路径》在把握经济社会发展规律、精准预判陕西发展态势的基础上，研究陕西基本实现现代化的路径，为奋力谱写陕西新时代追赶超越新篇章贡献智慧。

陕西省宏观经济研究院自 2017 年起，每年出版一期“陕西宏观经济发展报告”，今年是第 5 部。“陕西宏观经济发展报告”年鉴式地记录和梳理陕西地方经济社会的发展进程，展示报告期内陕西省十市一区的高质量发展风貌，针对陕西实现高质量跨越式发展中的热点、难点、重点问题展开研究，为陕西经济结构调整、区域经济发展、投资效率提升、创新发展驱动、资源经济转型、对外开放升级等方面提供建设性的参考意见。既对省市层面的决策者有所裨益，也有助于广大读者深入了解陕西经济社会发展状况，对奋力谱写全面建设社会主义现代化国家陕西篇章、描绘好新时代陕西改革发展新画卷具有重要意义。

今年报告的主题是研究陕西基本实现现代化的路径。整体报告分为17章，具体内容包括三大部分。第一部分是总报告：陕西基本实现现代化的形势与趋势展望。第二部分是路径与政策研究，包括陕西三农基本实现现代化的路径与政策、陕西工业基本实现现代化的路径与政策、陕西城市基本实现现代化的路径与政策、陕西人民生活现代化路径与政策、陕西教育现代化的路径与政策、陕西企业管理的现代化的路径与政策、陕西产业链现代化的路径与政策、陕西基础设施现代化的路径与政策。第三部分是支持体系研究，包括陕西基本实现现代化的产业支持、开放战略支持、生态环境战略支持、金融支持、人才战略支持、营商环境支持、政策支持。

本报告由我选定报告主题，拟定大纲，之后由陕西省宏观经济研究院根据写作大纲和要求发布招标公告，面向校内外招标，经过对投标人和团队的考评，组成写作团队。我和吴振磊、李林阳召集写作团队，经过多次务虚讨论，形成各章节的基本研究内容，报告的分工如下：第1章，任保平、李梦欣；第2章，吴振磊、康颜钰、刘泽元；第3章，高煜、张春迪；第4章，李林阳、田瑶；第5章，朱楠、陈维茹；第6章，姚聪莉、刘源宏、蒙恬；第7章，潘颖、刘婉青、韩少真；第8章，白嘉；第9章，谢莹、李宗昊；第10章，刘军胜、王晨；第11章，史贝贝；第12章，岳利萍、李秀梅；第13章，刘希章马敬彪；第14章，张涛、仇俊艳；第15章，郭宏，梁安迪；第16章，葛鹏飞、李洋。各章初稿完成后，我、吴振磊教授、李林阳副教授进行了最初的统稿，最后统一由我加工润色。

在报告的撰写过程中，西北大学校长郭立宏教授经常关心本报告的进度，并在百忙之中为本书作序。同时感谢陕西省发展和改革委员会张晓光主任，刘迎军副主任，规划处徐田江处长，综合处朱刚处长；西北大学发展规划与学科建设处汪涛处长，社科处马朝琦处长、李丰庆副处长的关心与支持。学术界的一些师长和朋友也时常给予鼓励和支持。

本报告得到西北大学“双一流”建设项目、陕西省宏观经济研究院年度报告项目、陕西省宏观经济软科学研究基地项目、教育部人文社会科学重点研究基地——中国西部经济发展研究院建设项目、陕西省哲学社会科学重点研究基地——陕西省宏观经济与经济增长质量协同创新中心项目等的支持，在此表示感谢。恳请陕西省实际工作部门和社会各界不吝指教，以使我们研究报告的质量得以进一步提升。

任保平

2021 年 8 月 5 日于西北大学长安校区